A TRIGONOMETRIA DOS
INVESTIMENTOS

ENSINAMENTOS E INSIGHTS DAS
RESENHAS DA TRÍGONO CAPITAL

WERNER MUELLER ROGER
FREDERICO MESNIK

Camelot
EDITORA

Copyright © 2021 Werner Mueller Roger
Direitos reservados e protegidos pela lei 9.610 de 19.2.1998.
Nenhuma parte deste livro pode ser reproduzida, arquivada em sistema de busca ou transmitida por qualquer meio, seja ele eletrônico, xérox, gravação ou outros, sem prévia autorização do detentor dos direitos, e não pode circular encadernada ou encapada de maneira distinta daquela em que foi publicada, ou sem que as mesmas condições sejam impostas aos compradores subsequentes.
1ª Edição 2021

Presidente: Paulo Roberto Houch
MTB 0083982/SP

Revisão: Priscilla Sipans
Projeto Gráfico: Fábio Kataoka e Rubens Martim
Arte: Rubens Martim, Evelin Cristine Ribeiro e Raissa Ribeiro
Publisher: Guilherme Houch e Leonardo Houch
Marketing: Marcelo Fernandes

Impresso no Brasil.
Foi feito o depósito legal.

Dados Internacionais de Catalogação na Publicação (CIP)
(eDOC BRASIL, Belo Horizonte/MG)

R723t	Roger, Werner A trigonometria dos investimentos / Werner Roger, Frederico Mesnik. – Barueri, SP: Camelot, 2021. 272 p. 15,5 x 23 cm ISBN 978-65-87817-29-3 1. Investimentos. 2. Finanças. 3. Negócios. I. Título. <div align="right">CDD 332.6</div>

Elaborado por Maurício Amormino Júnior – CRB6/2422

Direitos reservados à
IBC – Instituto Brasileiro de Cultura LTDA
CNPJ 04.207.648/0001-94
Avenida Juruá, 762 – Alphaville Industrial
CEP. 06455-907 – Barueri/SP
Vendas: Tel.: (11) 3393-7723 (vendas@editoraonline.com.br)
www.editoraonline.com.br

SUMÁRIO

APRESENTAÇÃO **23**

INTRODUÇÃO **25**

CAPÍTULO 1   O grande trígono – fusão cósmica **31**

CAPÍTULO 2   Desvendando o EVA **37**

CAPÍTULO 3   Desvendando o ESG **49**

CAPÍTULO 4   O poder dos dividendos **58**

CAPÍTULO 5   As sete lendas do mercado sobre *small caps* **65**

CAPÍTULO 6   Por trás do pânico surge uma oportunidade **78**

CAPÍTULO 7   Roberto Van Winkle **88**

CAPÍTULO 8   Visão conjuntural do gestor **92**

CAPÍTULO 9   Empresas investidas **103**

CAPÍTULO 10 Visita à mina da Tronox **150**

CAPÍTULO 11 Ferbasa – Cia. de Ferro Ligas da Bahia **155**

CAPÍTULO 12 Lutar ou fugir: a hora da decisão **210**

CAPÍTULO 13 Sir John Maynard Keynes – grande investidor
e nossa referência **213**

CAPÍTULO 14 Um guia de orientação pessoal para investimentos **220**

CAPÍTULO 15 *Should I stay or should I go?* **234**

CAPÍTULO 16 Quem planta, colhe. Quem guarda, tem **238**

CAPÍTULO 17 Abrem-se as cortinas e começa o espetáculo **243**

CAPÍTULO 18 Tamanho não é documento? *Small is beautiful* **253**

CAPÍTULO 19 István Kovács **263**

CAPÍTULO 20 O futebol é uma caixinha de surpresas **268**

Capítulo 1
O GRANDE TRÍGONO – FUSÃO CÓSMICA
(Frederico Mesnik)

Neste capítulo nosso sócio cofundador explica um pouco o que representa o nome Trígono e a base de nosso processo de investimentos, baseado em três princípios que se entrelaçam e se fortalecem: EVA, ESG e dividendos. Nos capítulos posteriores explicamos com mais detalhamento a importância do nosso processo de investimentos e por que o baseamos nesses três quesitos. Também contamos um pouco da relação dos sócios e da minha pessoa.

Capítulo 2
DESVENDANDO O EVA
(Werner Roger)

Aqui explicamos o que é o EVA – *Economic Value Added* (Valor Econômico Adicionado, em livre tradução para o português) e a dificuldade em definir o valor de uma determinada empresa. Iniciamos citando o matemático Daniel Bernoulli, que escreveu o clássico *Exposition of a New Theory of the Measurement of Risk* (Exposição de uma Nova Teoria de Medida de Risco, em tradução livre). Mais adiante chegamos à história do EVA e de seu criador, Joel M. Stern, e de sua associação com Gordon Bennet Stewart III na consultoria Stern Steward & Co. em 1982, que perdurou até 2006. Contamos como e quando o EVA chegou ao Brasil e quais as primeiras empresas a utilizarem esta ferramenta na gestão de seus negócios. Explicamos, também, o cálculo do EVA e recomendamos uma bibliografia para enriquecer o conhecimento do leitor sobre os principais conceitos. Podemos dizer que o EVA é uma ferramenta de gestão empresarial, mas na Trígono talvez tenhamos sido os pioneiros em usá-lo como método principal para avaliação das empresas na atividade de gestão de recursos de terceiros (*asset management*). O uso do EVA pode ser um dos fatores que diferenciam nosso processo de investimentos e ajudam nossos fundos a se destacarem no mercado pela rentabilidade e consistência ao longo do tempo nas diversas estratégias (*small caps*, dividendos, carteira livre e previdência). Diz o provérbio chinês: cavalo ganhou, sorte; cavalo ganhou novamente, coincidência; cavalo ganhou uma vez mais, aposte no cavalo. Espero que nossos métodos não sejam obra de sorte ou coincidência.

Capítulo 3
DESVENDANDO O ESG
(Werner Roger)

Neste capítulo explicamos o que é o ESG e sua importância cada vez maior na seleção de empresas pelos principais investidores no Brasil. No entanto, a prática de *greenwashing*, ou apresentar apenas atitudes novas e positivas, tem servido para desviar a atenção dos problemas. O uso intenso da mídia é uma forma. Esclarecemos aos nossos leitores, por meio de uma analogia, que o "E" (de *environment* em inglês, ou meio ambiente) representa a "mãe natureza"; o "S", a sociedade, ou filhos, ou todos nós que dependemos da natureza e impactamos ou somos impactados, pois vivemos numa sociedade que interage entre si e com as empresas; e o "G", de governança. Na realidade é a governança, por intermédio dos acionistas e conselheiros, que determinará as práticas ambientais e sociais das empresas. Eles é que estabelecem e/ou aprovam as propostas da administração.

Sem boas práticas de governança, dificilmente serão encontradas boas práticas sociais e ambientais. A palavra governança deriva de governo e, segundo o Banco Mundial, "é a maneira pela qual o poder é exercido na administração dos recursos sociais e econômicos de um país (o banco esqueceu ambientais, nossa observação), visando ao desenvolvimento, e a capacidade dos governos de planejar, formular e programar políticas e cumprir funções". Em nossa analogia, dissemos que a governança é como o pai de uma família, responsável pelo bem-estar material, entre outras coisas (hoje cada vez mais os papéis do pai e da mãe são compartilhados). Portanto, a governança pode ser exemplificada como o pai, ou dirigente (conselho de administração ou sócios). O "E" corresponde à mãe natureza e o "S", à sociedade (filhos), que depende da natureza, mas também a agride ou a protege. Quantas histórias já não ouvimos de pai que agride a esposa, de filhos que agridem as mães, ou mesmos de pais que agridem filhos, até bebês? Por analogia, o mesmo acontece com as empresas. Cabe a todos nós proteger nossos pais; e a eles, os filhos.

Capítulo 4
O PODER DOS DIVIDENDOS
(Werner Roger)

Os dividendos deveriam ser considerados a maior motivação para investimentos em empresas, sejam elas negociadas em bolsa ou não (não listadas). Neste caso, além dos salários e benefícios que muitas vezes os controladores de uma empresa não listada em bolsa recebem como executivos, só lhes restam os dividendos como remuneração. Pois imaginem se o sócio controlador de uma empresa nela não trabalhasse, portanto, sem remuneração como executivo. Qual seria o propósito de tal investimento, se não houvesse dividendos ou outra fonte de renda nem fosse possível vender ações para suas necessidades financeiras?

Pois bem, nas empresas negociadas em bolsa é a mesma coisa. Nós, acionistas minoritários, não recebemos salários e então nosso investimento só pode ter dois propósitos: receber dividendos ou comprar as ações hoje por um valor X e vendê-las amanhã por X + Y, sendo Y um valor sempre positivo. Ou seja, especulação, esperando que alguém julgue que uma ação vale mais do que eu paguei – e sempre aparecerá este indivíduo. Mas, se não aparecer, por exemplo, numa crise econômica ou recessão de três anos que arraste todos os preços das ações para baixo? Qual o propósito do investimento se o preço amanhã será sempre X – Y (sendo Y também um número positivo)?

Os dividendos ou lucros das empresas independem do mercado, e boas empresas pagadoras regulares de dividendos são uma garantia de renda, a despeito dos humores do mercado. Estudos demonstram que no mundo, em média, num período de 20 anos, dois terços dos ganhos de investimentos em ações derivam dos dividendos e não da apreciação ou valorização delas. É sobre isso que tratamos neste capítulo, junto com o EVA e o ESG, cuja importância nossos leitores já conhecem, formando nosso trígono de investimentos, ou triângulo perfeito (equilátero), com cada vértice ou lado tão importante quanto os outros, equilibrando as forças que regem nosso processo de investimentos.

Capítulo 5
AS SETE LENDAS DO MERCADO SOBRE *SMALL CAPS*
(Frederico Mesnik)

Lendas são narrativas transmitidas oralmente para explicar acontecimentos ou supostos fatos ocorridos misteriosamente ou imaginariamente, tidos como sobrenaturais. Mitos eram usados na Antiguidade para narrar fatos ou fenômenos naturais que não eram entendidos ou pudessem ser explicados. Bruxas, magos, gnomos, Saci-Pererê, lobisomem, Remo e Rômulo, Minotauro, Hydra, Perseu e Medusa, Cupido, uma infinidade em todos os povos e tempos. Como de praxe, sugerimos a leitura de *O Poder do Mito*, de Joseph Campbell (1904-1987), o maior e mais renomado mitólogo do século XX, ele mesmo se transformando em mito. Autor de muitas obras sobre mitologia e religiões comparadas, faleceu em Honolulu pouco depois da filmagem do documentário *O Poder do Mito*, realizado pelo jornalista e crítico Bill Moyers.

Mas voltando ao tema deste capítulo, Freddy desmistifica as lendas ou mitos a respeito das empresas denominadas *small caps*, com dados e fatos que demonstram cabalmente tais mitos. Fico surpreso, atônito até, quando pergunto a investidores, consultores e alocadores de recursos a razão pela qual não se interessam em investir em nossos fundos, e ouço "*small caps* são muito arriscadas", comportando-se como investidores iniciantes ou ingênuos que afirmam "ouvi dizer que ...". Pois bem, após este capítulo, nossos leitores decidirão se acreditam em mula sem cabeça ou Curupira ou vão avaliar de forma objetiva as diferenças e riscos entre *small caps* e *large caps*, ou as *blue chips*. Sempre digo que o risco não é o tamanho da empresa – já que *small caps* refere-se a valor de mercado em bolsa, nada mais – mas sim o próprio investidor ou gestor selecionar mal as empresas em que irá investir, em especial as práticas de ESG, esse sim um grande sinalizador de risco. Infelizmente, nosso mercado está povoado de investidores que acreditam que a "Cuca vem pegar" se investirem em *small caps*. Cuca, na realidade, deriva de coco, fruto usado pelos gregos como máscara para assustar crianças. Já os leitores de Monteiro Lobato aprenderam e se amedrontaram com a Cuca, uma velha feia que tem forma de jacaré e voz assustadora, que costuma soltar berros, atemorizando crianças que não querem dormir cedo. Portanto, até a origem da Cuca é incerta, mas, para nós, o medo de *small caps* assemelha-se ao medo de tais personagens que assombravam os povos na Antiguidade e crianças nas fábulas infantis e, por que não, até hoje? O mercado financeiro está cheio desses seres assustadores. Os mitos são deveras poderosos, e desmistificar as *small caps* no Brasil, um verdadeiro trabalho de Hércules.

Capítulo 6
POR TRÁS DO PÂNICO, SURGE UMA OPORTUNIDADE
(Werner Roger)

Trouxemos para nossos investidores e leitores um texto escrito em outubro de 2008 quando estivemos em *road-show* (reuniões com investidores) em vários importantes centros financeiros na Europa, como Londres, Paris, Zurique, Genebra, Amsterdam e até um pequeno principado (em visita aos gestores dos recursos da família real). Nosso propósito era mostrar a investidores sofisticados – como aqueles do principado e até uma facção de importante família britânica cuja história cruza com o Brasil (já nossa investidora, e importante) – a oportunidade de investir em nossos fundos *small caps* em momento de crise. Na carta, relatamos as várias crises do Brasil e um pouco da história econômica e do comportamento dos mercados e investimentos desde a década de 1970, mas com mais detalhes a partir dos anos 1980, quando me inseri no mercado financeiro, no Banco Chase Manhattan, em 1982.

No texto fizemos algumas observações já no contexto de quando escrevemos a resenha de dezembro de 2019, parece que adivinhando a crise que se aproximava com a covid-19. Pois bem, o Brasil foi um dos países que melhor enfrentou a tal crise da *sub-prime*, com uma das maiores altas da bolsa em dólares nos dois anos e meio seguintes, com o Ibov subindo 144% de outubro de 2008 a junho de 2011 e nosso fundo *small cap* valorizando cerca de 300% neste período. Não captamos um único centavo. Os gestores da família britânica resgataram 90% de nosso fundo, fato já comunicado na reunião como decisão do comitê de investimentos, e soubemos depois que a família do principado havia perdido 25% de seus investimentos devido a posições em fundos de Bernie Madoff. Estima-se que seu famoso *hedge fund*, um dos mais bem conceituados na época, tenha deixado um rastro de prejuízos de US$ 65 bilhões aos sofisticados investidores. Toda a equipe dos gestores de investimentos do principado que nos recebeu foi demitida e, anos depois, a nova equipe investiu conosco. Madoff está preso em penitenciária na Carolina do Norte e em 2017 foi pego traficando achocolatado suíço dentro da prisão. Menos mal.

Capítulo 7
ROBERTO VAN WINKLE
(Frederico Mesnik)

Esta divertida história que Freddy nos conta faz uma analogia com o conto de Rip Van Winkle, escrito por Washington Irving e publicado em 1819, baseado em lendas germânicas. Trata-se de uma comparação com o personagem que dorme durante 20 anos e quando desperta encontra uma sociedade completamente diferente, ou seja, dormiu sob a tutela americana pelo King George e acorda com os Estados Unidos já como nação independente. Freddy escreveu o texto em plena pandemia, em meio a uma aguda queda dos preços das ações, e novamente uma janela de oportunidade se abrindo. Investidores que, como Winkle, simplesmente acreditassem que, como se dizia na época, "tudo vai passar" aproveitariam a oportunidade de investir para possivelmente "acordar" numa situação bastante diferente. Freddy, inclusive, apontou algumas possíveis ações governamentais para retomar a economia. Também ele nos dizia que a pandemia era um momento de reflexão e de podermos até nos tornar "mais humanos" pelo aprendizado. Mas talvez a mensagem principal seja que o personagem Rip Van Winkle se tornou um símbolo de pessoa que passa por uma situação social, como o antes e pós-revolução da independência americana, ou como nós vivemos a pandemia, muitos "trancados em casa, ou adormecidos". Devemos agir como Winkle, permanecendo os mesmos antes e depois da pandemia? Ou nos adaptamos à nova realidade? Um momento para pausa e reflexão.

Capítulo 8
VISÃO CONJUNTURAL DO GESTOR
(Werner Roger)

Neste texto comentamos nossa visão sobre o panorama da economia ainda no meio da pandemia. Destacamos que a China apareceria como vencedora, com sua economia recuperando-se rapidamente e o dragão chinês se aproximando do Tio Sam como grande potência econômica mundial, estreitando a diferença a cada ano. Chamamos a atenção, em especial, para dois setores impulsionados pela demanda chinesa, mineral a agronegócio, para satisfazer as necessidades das suas siderúrgicas, que produziriam, ainda em 2020, um volume recorde de aço superior a 1 bilhão de toneladas, demandando cada vez mais minério de ferro, além de outros metais e minerais. Também o consumo de proteínas pelo dragão chinês continuou a crescer, favorecendo, portanto, muitas empresas brasileiras e nosso agronegócio.

Ainda no mesmo texto, mostramos um panorama dos principais setores com ações negociadas na B3, destacando aqueles com os quais estávamos mais otimistas e em que possuímos investimento, citando alguns nomes de nossas carteiras. Analisando o que na época era nossa visão, e verificando o que ocorreu até o fim do ano, podemos afirmar que nossas expectativas setoriais se confirmaram.

Capítulo 9
EMPRESAS INVESTIDAS
(Werner Roger)

Quase como um complemento ou sequência do capítulo anterior, saímos do macro setorial e saltamos para o micro, relacionado a algumas das principais empresas investidas. Abordamos a estratégia e elaboramos uma breve análise de algumas delas, com resultados semestrais disponíveis e com os importantes resultados do segundo trimestre, quando as empresas foram mais impactadas pelos *lockdowns* e ações preventivas visando a assegurar as condições sanitárias de todos os colaboradores, além de medidas de adaptação na volta das operações. Nossa grande preocupação eram as condições de liquidez financeira das empresas, alongamento dos financiamentos e formação de um colchão de liquidez caso os efeitos da pandemia se prolongassem.

A grande preocupação não era a rentabilidade momentânea, pois o trimestre e mesmo o semestre pouco importavam, mas principalmente o que viria pela frente. Tanto quanto no capítulo anterior, nossa visão se mostrou assertiva a respeito das empresas investidas.

Capítulo 10
VISITA À MINA DA TRONOX
(Werner Roger)

Continuando com capítulos relacionados a empresas e ESG, relatamos nossa visita à mina de titânio da Tronox, no município de Mataraca, na Paraíba, divisa com o Rio Grande do Norte. Foi uma visita de um dia inteiro, precedida de uma apresentação que seria realizada na semana seguinte para a diretoria, inclusive o CEO mundial da Tronox Corporation, que pela primeira vez visitava a mina. Foi também o primeiro CEO mundial da empresa (antes com os nomes Cristal, Millennium e Tibras), desde quando, ainda de capital nacional, foi vendida para o grupo multinacional Millennium em 1998. Interessante que a cada mudança de controle – a ex-controladora Millennium foi vendida para a canadense Lyondell – a empresa brasileira foi incorporando novas práticas de segurança de trabalho e ambientais, principalmente.

Este legado levou as operações de mineração, umas das 20 maiores movimentações de minerais do Brasil, e ainda em área de dunas, a transformar-se numa referência de gestão e recuperação ambiental e de relações sociais com a comunidade, a ponto de ser destacada pelo próprio Ibama. Mostramos em nosso relatório que, mesmo em mineração, as melhores práticas de ESG são possíveis, ainda que em ambientes muito sensíveis (no encerramento das operações de mineração previsto para 2020, a empresa devolveria o ambiente em melhores condições do que as encontradas há mais de 30 anos, com o plantio de mais de 2 milhões de árvores). Aprendemos igualmente que, para o grupo Tronox, a segurança do trabalho está acima de qualquer outro item e que alocação de recursos ao meio ambiente não é custo nem despesa. É o melhor investimento que a empresa poderá fazer, e prioritário em relação a aumentar a produção ou a rentabilidade.

Capítulo 11
FERBASA – CIA. DE FERRO LIGAS DA BAHIA
(Werner Roger)

Prosseguindo com resenhas sobre empresas, esta foi dedicada à Ferbasa, também de mineração e uma das primeiras em que investi, contando minha história pessoal de ingresso no mercado de trabalho no setor financeiro em 1982.

Ao longo de 37 anos de conhecimento da Ferbasa e quase todo o tempo como investidor, foi um extenso aprendizado, desde minha vida profissional como analista de crédito em Salvador, em 1986, passando pela extraordinária história e legado de seu fundador José Carvalho. A fundação filantrópica que leva o seu nome, voltada para a educação de crianças carentes no interior da Bahia, também foi abordada. À parte da história do fundador, da empresa e da fundação, fizemos uma análise detalhada de produtos, mercados, estratégia, perspectivas e até de possíveis novos negócios.
Para nossa satisfação, muitos dos elementos relacionados ao mercado dos produtos da empresa e à conjuntura setorial mundial, três meses após a elaboração daquela resenha, mostraram-se assertivos, vindo ao encontro de nossas expectativas, mas ainda mais favoráveis e rápidos do que imaginávamos naquele momento. Curiosamente, quando a resenha se encontrava em fase de diagramação e edição, a empresa divulgou, por coincidência, seu *Relatório de Sustentabilidade*, que levou mais de três anos para ser finalizado, e em cuja produção tanto insistíamos. Tal relatório dá mais transparência às práticas sociais e ambientais conduzidas pela empresa, pouco conhecidas pela sociedade e pelo mercado financeiro, notadamente os ligados a bolsas de valores.

Capítulo 12
LUTAR OU FUGIR: A HORA DA DECISÃO
(Werner Roger)

Neste texto, mais uma reflexão sobre tomada de decisões, e desta vez com abordagem comportamental, citando Richard Thaler, ganhador do prêmio Nobel de Economia em 2017. Thaler pode ser considerado um dos fundadores da ciência comportamental, e descreve em seu *best-seller Misbehaving* como o ser humano não reage racionalmente às tomadas de decisões econômicas. Estávamos ainda no meio do ano de 2019, e o objetivo do texto era orientar a tomada de decisões e lembrar o fato de o ser humano, usando ainda seu instinto animal, buscar muito mais se proteger do que se arriscar, muitas vezes abdicando de excelentes oportunidades de investimento. Imaginem se Colombo não quisesse se arriscar!

Mas Richard Thaler já havia escrito um *best-seller* em coautoria com Cass R. Sunstein, professor de Harvard. *Nudge*, escrito em 2007 e publicado em fevereiro de 2008, foi eleito o livro do ano, tanto pela publicação *The Economist* quanto pelo *Financial Times*. *Nudge* aborda a necessidade de tomada de decisões, muitas vezes equivocadas. Mas outra edição foi publicada em novembro de 2008, abordando a crise da *sub-prime*, quase simultaneamente à nossa carta de outubro de 2008. Tanto *Nudge* quanto *Misbehaving* são leituras obrigatórias sobre a economia comportamental e como tomamos decisões, não só a respeito de finanças pessoais, mas sobre saúde, como durante a pandemia, e nossa felicidade. Neste capítulo apenas despertamos a curiosidade de nossos leitores, e até para refletirem sobre tolerância a risco e necessidades pessoais de poupança, além de um convite à leitura destes clássicos de Thaler.

Capítulo 13
SIR JOHN MAYNARD KEYNES – GRANDE INVESTIDOR E NOSSA REFERÊNCIA
(Werner Roger)

Este texto é um dos meus favoritos. Embora conhecido como economista, talvez o maior do século XX, Keynes sequer foi economista. Filho de professor de economia na Universidade de Cambridge, na qual ele próprio se formou em matemática, estudou economia apenas informalmente.

Fizemos uma minibiografia de Keynes, incluindo suas principais obras literárias e seus diversos cargos, mas nosso propósito principal foi apresentá-lo como investidor, até especulador. Mas o papel que destacamos foi como gestor chefe do fundo por ele criado, batizado de Nest (ninho), de parte dos recursos da King´s College, terceira universidade mais antiga na Inglaterra, tendo entre seus alunos 12 ganhadores de prêmios Nobel e 16 chefes de Estado. Mas o inusitado é que Keynes revolucionou a gestão desse tipo de fundo que aplicava as reservas financeiras das universidades, alocando quase todas em ações, algo inimaginável na época. Naquele tempo esse tipo de fundo era regulado pelas autoridades competentes e, basicamente, investia em fazendas e propriedades imobiliárias, sendo remunerado por aluguéis e eventualmente valorização patrimonial. Partindo de apenas 8% das reservas aplicados em ações em 1924, já em 1946 as ações representavam 64% do total, graças aos excepcionais retornos.

Nossa identificação com Keynes: a ousadia que ele demonstrou, saindo do senso comum (como nós fazemos ao investir em *small caps*, prioritariamente). Inicialmente, Keynes praticava uma abordagem *top-down* (macroeconômica) dos investimentos, mas migrou para o *bottom-up*, focado nos fundamentos das empresas e seus resultados, além de nortear seus investimentos em dividendos. Para ele, os investimentos significavam rendimentos por meio de dividendos (e não aluguéis), enquanto o ganho de capital mediante valorização das ações era, meramente, especulação. Destacamos sua preferência por empresas ligadas à fabricação de veículos, que na época era algo como tecnologia, e mineração. Finalmente, para abreviar, Keynes era adepto da concentração e não da diversificação para mitigar riscos e possuía um senso de contrariar o mercado, chamado estilo *contrarian* (investidor que costuma atuar de forma diferente em relação ao consenso e tendências típicos do *top-down*). Quem nos acompanha certamente saberá por que tanto nos identificamos com Sir John Maynard Keynes, um dos nossos Reis Magos dos investimentos, tema do nosso próximo capítulo.

Capítulo 14
UM GUIA DE ORIENTAÇÃO PESSOAL PARA INVESTIMENTOS
(Werner Roger)

Neste importante capítulo e com estreita associação ao capítulo 12, apresentamos aqueles que consideramos nossos Três Reis Magos dos investimentos, Sir John Maynard Keynes, Benjamin Graham e Charlie Munger. Além de associar estes personagens bíblicos a magos no mundo dos investimentos pelas notáveis contribuições e influências, aproveitamos para elencar, sob nossa visão, os Sete

Pecados Capitais dos investidores: avareza, inveja, ira, gula, luxúria, preguiça e soberba.

Uma vez conhecido os Reis Magos e os Sete Pecados Capitais, apresentamos, em seguida, os Dez Mandamentos dos investidores, também de acordo com a nossa visão, e sem uma ordem de importância: paciência; conhecimento; disciplina; ler e estudar (reforçando o mandamento conhecimento, importantíssimo); evitar a teimosia; distinguir preço de valor; não diversificar excessivamente; não acreditar na racionalidade do mercado; e, finalmente, investir em empresas sólidas e que pagam bons dividendos.

Com este verdadeiro guia de orientação – e o investidor realizando uma espécie de autoanálise, conhecendo sua tolerância a risco e perdas, necessidades de preservação ou crescimento de capital, objetivos de curto, médio e longo prazos – esperamos ajudar nossos leitores a traçarem o próprio perfil como investidor e uma estratégia de investimentos de forma a atender suas necessidades de poupança e crescimento do capital. E que nossos magos e várias citações de outros personagens históricos e ligados a investimentos, filosofia e conhecimento, entre outros segmentos, inspirem nossos leitores a escreverem o seu próprio roteiro e a definirem a estratégia para chegar ao final da melhor maneira possível. Mãos à obra.

Capítulo 15
SHOULD I STAY OR SHOULD I GO?
(Werner Roger)

Fazendo uso do nome de uma canção da banda inglesa The Clash (1976-1986), percorremos o complicado território dos IPOs. Recorremos uma vez mais à história, e trouxemos à tona casos de ruidosos prejuízos causado pelos IPOs e contamos o caso da maior corretora de valores da década de 1970, M. Marcello Leite Barbosa, líder absoluta no lançamento de novas ações e o caso Merposa.

Nos tempos atuais verificamos um comportamento parecido e, caros leitores, não deixem de ler antes o capítulo anterior, caso estejam lendo este livro de forma aleatória, pois muito tem a ver com Os Sete Pecados Capitais e a não observância dos Dez Mandamentos do Investidor.

Em se tratando de IPO, todo cuidado é pouco, especialmente com empresas que os bancos e corretoras muito habilmente relacionam à tecnologia – quando na realidade não são –, e desta forma conseguem inflar o valor delas, enquanto incautos investidores imaginam ter descoberto a verdadeira pedra filosofal dos alquimistas, transformando chumbo em ouro.

Ao final desta leitura, meus caros, lembrem-se também de complementar o vosso conhecimento com Richard Thaler e, a partir daí, responder antes de se aventurar num IPO, lembrando do refrão final da canção do título deste capítulo:

Devo ficar ou devo ir agora?/ Se eu for, haverá problemas/ E se eu ficar, haverá o dobro/ Então você tem de me dizer/ Devo ficar ou devo ir?

Capítulo 16
QUEM PLANTA, COLHE. QUEM GUARDA, TEM.
A PACIÊNCIA É A FONTE DA RECOMPENSA
(Werner Roger)

Aqui comento a importância de uma boa poupança para o longo prazo ou reserva financeira. Conto um pouco da minha formação acadêmica em agronomia, um curso bastante generalista, e depois uma breve trajetória da minha carreira profissional. Assim, fiz uma analogia de investimentos com a agricultura. Inicialmente, o bom preparo da terra, a escolha de boas sementes, a condução da lavoura e a colheita no momento correto. É como funcionam nossos investimentos: como na agricultura, boas sementes geram boas plantas, e no caso das frutíferas, boas frutas; da mesma forma, dividendos distribuídos pelas empresas são como frutos produzidos pelas frutíferas, dos quais podemos plantar as sementes, que gerarão novas árvores e mais frutos. É um círculo virtuoso. Mas, na seleção tanto das empresas quanto das boas sementes frutíferas, antes devemos estudar as melhores opções e aprender o máximo que pudermos, antes de investir ou semear.

Capítulo 17
 ABREM-SE AS CORTINAS E COMEÇA O ESPETÁCULO
(Werner Roger)

Neste capítulo, revemos o que se passou em 2020, desde nossa primeira resenha do ano, fazendo uma analogia com uma peça de teatro com vários atos. No início do ano, parecia uma premonição, antes mesmo da chegada da covid e todas as consequências. Depois, fomos relatando o comportamento do mercado, as expectativas relacionadas às eleições, tanto municipais no Brasil como gerais e presidencial nos Estados Unidos, e nossas estratégias no novo cenário econômico e conjuntural, tendo a pandemia como pano de fundo. Uma vez mais, chamando atenção para as oportunidades que surgem durante as incertezas. No ato final daquela resenha, já convocamos o público para uma continuação da peça, uma resenha com ampla análise das principais empresas investidas. Tal resenha comenta os resultados delas desde o primeiro trimestre de 2019 até o terceiro de 2020, com três quartos dos resultados do ano conhecidos. Desta forma, já nos indicando os resultados prováveis para 2020 e o que se desenhava para 2021, ainda que com incertezas no ar, relacionadas à covid, como a expectativa de uma segunda onda e, por outro lado, as vacinas já chegando aos países.

Capítulo 18
TAMANHO NÃO É DOCUMENTO? *SMALL IS BEAUTIFUL*
(Werner Roger)

Voltamos ao tema *small caps* e à dificuldade de grandes gestoras de recursos de terceiros (*asset management*) e fundos de investimentos investirem em empresas menores, especialmente com liquidez menor que a das grandes, consideradas *blue chips*. Assim, estes gestores e grandes fundos abdicaram de investir em empresas que tiveram excelente desempenho financeiro e expressiva valorização de suas ações na bolsa, enquanto muitas *blue chips*, consideradas de baixo risco (vejam os mitos e lendas novamente), tiveram desempenho medíocre, tanto em seus resultados financeiros quanto de suas ações na bolsa. Gestores e gestoras de valores explicam aos investidores que *small caps* têm muito risco, ao contrário das grandes empresas – na realidade, uma desculpa para a própria incapacidade operacional e técnica de se posicionarem de forma relevante nestas pequenas notáveis.

Comentamos de onde saiu a expressão *small is beautiful*, do alemão E. F. Schumacher, seu parentesco com importante cientista também alemão (o xará Werner Heisenberg), a importância destes personagens, e introduzimos o conceito de Economia Budista. No final, ainda mostramos quem é Clair Brown, que desenvolveu um modelo de avaliação econômica baseado nesse conceito, e o que tem tudo isto a ver com *small caps*.

Capítulo 19
ISTVÁN KOVÁCS
(Frederico Mesnik)

Em mais um capítulo, Freddy nos conta a triste e dura história do húngaro István Kovács (será real?) e o momento difícil que todo o mundo enfrentou – e não só os brasileiros – em 2020. A mensagem acaba sendo de otimismo, mesmo na adversidade, e revela como nossa ainda muito jovem gestora de recursos Trígono, com pouco mais de dois anos de existência, superou tais adversidades com motivação e bons resultados aos investidores, contando com a excepcional dedicação e superação de toda a equipe, verdadeiro time jogando junto.

Freddy também demonstra com gráficos a importância de os investidores pensarem num prazo mais longo, como os três anos que a Trígono usa como horizonte em seus investimentos e na avaliação das empresas, enquanto o mercado se preocupa com o próximo trimestre e grande parte dos investidores, com o valor diário da cota de seus fundos.

Capítulo 20
O FUTEBOL É UMA CAIXINHA DE SURPRESAS
(Werner Roger)

No capítulo final, entra em campo (trocadilho intencional) uma analogia com uma das minhas paixões: o futebol. Nós, da velha guarda, assistimos em tempo real a times maravilhosos jogarem e se tornarem campeões, como a seleção de 1970 – que teve Zagalo como técnico e contava com Pelé, Gerson, Rivellino (ambos, "canhotinhas de ouro"), o Reizinho do Parque (meu ídolo ao lado do saudoso Doutor Sócrates), Tostão e o furacão Jairzinho, que anotou gols em todas as seis partidas. Mas também lembramos da fabulosa seleção de 1982, comandada pelo "professor" Telê Santana, e que tinha seus magos Falcão, Zico e ele, o Doutor Sócrates – mas, desta vez, o desfecho foi amargo e doloroso.

RESUMO DOS CAPÍTULOS

O futebol, se nos dá muitas alegrias, também traz surpresas tristes, como aquela no estádio Sarriá. Assim é com os investimentos. A prática de *market timing*, em nossa opinião, não passa de apostas aleatórias, com seus desfechos imprevisíveis. Apostas em *market timing* são tão eficientes para prever o que vai acontecer no mercado quanto os chutes (trocadilho também intencional) o são para adivinhar o placar de uma partida de futebol e qual o destino de um chute do atacante Flávio "Minuano", tachado de "grosso", mas grande artilheiro em todos os clubes em que jogou, inclusive a seleção brasileira. Flávio anotou oficialmente 448 gols na carreira, pelo meu time inclusive, 172 em 228 jogos. Em 1967 marcou 21 gols pelo Corinthians no campeonato paulista, à frente de Pelé, um deles contra o Santos, dando fim a um tabu de 11 anos. Portanto, *market timing* me lembra muito os chutes do Flávio, e a imprevisibilidade.

Comentamos na resenha que o pragmatismo daquela seleção italiana, com a batuta de Enzo Bearzot (falecido em 2010) a reger o improvável Paolo Rossi (falecido em dezembro de 2020), derrotou a favoritíssima Esquadra Canarinha. O capítulo, embora enfático no futebol, ensina lições a gestores e investidores. Mencionamos ainda vários personagens históricos e uma figura assídua em nossos textos: o físico, matemático e escritor Leonard Mlodinow, por seu livro *O Andar do Bêbado*, que trata justamente da imprevisibilidade de eventos e de como eles afetam nossas vidas (veja a covid-19, por exemplo). Aquela derrota na Espanha em 82 encheu-nos de tristeza – mas, no mundo dos investimentos, a tristeza de um resultado inesperado e adverso pode ser sentida no bolso. Disciplina e pragmatismo são fundamentais, especialmente em momentos de incerteza, euforia ou depressão – que podem precipitar decisões com cara e jeito de racionais, mas de resultado nada racional.

Terminamos aqui um resumo dos capítulos deste livro, na realidade, uma coletânea de partes de algumas de nossas resenhas, relembrando-as aos nossos leitores contumazes, ou oferecendo uma nova, e esperamos interessante, leitura aos iniciantes. Nosso propósito é também trazer um pouco de educação financeira que, humildemente reconhecemos, é apenas um embrião, mas esperando que este embrião sirva para gerar entre nossos leitores bons e disciplinados investidores, questionadores, e sempre dispostos a aprender mais e investir melhor.

Boa leitura.

Dedico este livro à minha querida esposa Cristina, que privou centenas de horas de nossa companhia dedicadas às resenhas escritas aos finais de semana que compõem a base desta obra e todos que se interessam por educação financeira.

– *Werner Roger*

APRESENTAÇÃO

Muito antes de a sigla ESG virar *mainstream*, eu já ouvia dos sócios desta gestora que o futuro do mercado financeiro seria integrar sustentabilidade aos processos de investimento.

Enquanto alguns viam esse discurso com desconfiança e o chamavam de "marketing verde" ou *greenwashing*, a dupla da Trígono Capital seguia firme com sua visão mais holística dos riscos e oportunidades associados à revolução verde do mercado. Frederico Mesnik e Werner Roger foram pioneiros no país ao direcionar o capital para as empresas mais bem preparadas para lidar com o mundo em transição, com o objetivo de ajudar a proporcionar retornos financeiros competitivos e de longo prazo em relação às suas referências tradicionais. Os sócios e amigos de longa data entenderam rapidamente o movimento global de transformação socioeconômica, em grande escala com base no chamado "capitalismo verde", que coloca a sustentabilidade no centro da estratégia de gestão. Criaram a Trígono Capital pensando no nobre legado: o retorno financeiro com propósito, o de performar pensando nas próximas gerações.

De acordo com Werner Roger, "o impacto que buscamos, sob o arcabouço do investimento sustentável, mede a intenção que nós e a empresa temos em realmente fazer a diferença, que por sua vez deve trazer retorno financeiro, sendo perfeitamente mensurável como também transparente. Não basta a empresa dizer que faz, pois queremos verificar, medir e, dessa forma, precificar o benefício no longo prazo."

Este livro reflete o esforço dos sócios da Trígono Capital em trazer maior clareza sobre o investimento sustentável e as armadilhas dessa área em ascensão. Trata-se da compilação das resenhas mensais. São textos de alto valor histórico porque retratam os fatos mais marcantes do mercado de capitais em 2020, um ano sem precedentes, época em que a pandemia do novo coronavírus derrubou mercados em todo o mundo e despertou um forte temor de que o caos operacional e financeiro levasse empresas e gestores de fundos a recuar na crescente tendência de adoção de critérios de sustentabilidade em decisões corporativas e de investimentos. Pois aconteceu o contrário: a pandemia fez da agenda sustentável "o novo normal".

Os artigos guardam também um forte potencial norteador, já que repercutem a grande tendência mundial: crescimento de investimentos que antevejam retornos ambientais, sociais e de governança.

Cada um dos capítulos encerra o objetivo primaz da fusão Mesnik/Werner: integrar o valor da agenda sustentável ao talento de multiplicar as verdinhas!

Boa leitura!

– *Rosana Jatobá*

INTRODUÇÃO

A razão de escrevermos este livro é uma combinação de motivações. Sempre ficou na minha cabeça a afirmação de que um homem só seria completo após se tornar pai, plantar uma árvore e escrever um livro. Pai já fui, e sou três vezes e com dois netos. Árvores já plantei – muitas – e não me lembro de ter cortado nenhuma, portanto, tenho créditos. E o livro? Bem, chegou o momento do primeiro.

A segunda motivação é uma tradição familiar. Meu avô Osvald, alemão por parte de pai, teve oito irmãos, frutos de dois casamentos de seu pai; o segundo, devido à viuvez, com a francesa Ana Roger. Os nove irmãos escreveram livros. Minha querida irmã Giselle está trabalhando na tradução de um livro escrito pelo nosso avô Osvald em 1936, com o título *Arroio do Padre*. Este avô é meu padrinho de batismo e transmitiu ao meu DNA a prática de vários *hobbies*; ensinou-me a jogar xadrez, colecionar selos e moedas, e talvez o prazer de ler e escrever. Mas do gosto e da sensibilidade pelas artes – como pintura, poesia e tocar violino – não herdei absolutamente nada.

Mas, em contrapartida, quem cuidava das finanças da família era minha avó Therese, que gostava muito de bolsa de valores. Ele, médico, não mexia em dinheiro e não se interessava por finanças, até onde eu sei. Já minha avó, na hora do jantar, deixava a TV ligada no noticiário econômico, e não deixava ninguém falar porque queria ouvir a cotação das ações da AEG Telefunken, VW, Deutsche Bank, BASF e outras das quais não me lembro. Em duas visitas minhas aos avós na Alemanha, aos 11 e 14 anos, isso ficou na lembrança e despertou meu interesse, sem saber exatamente por que a "Oma" tanto queria saber daqueles preços, ou cotações, que apareciam na tela, enquanto a apresentadora do jornal televisivo comentava o mercado.

A terceira motivação, acredito ser a mais importante, é a utilidade do livro e o interesse que poderá despertar. Um futuro projeto (ou futuros projetos) já está delineado, mas tomará um tempo de que não disponho neste momento. Uma pequena autobiografia que talvez atenda à curiosidade de meus descendentes, filhos inclusive, que em geral conhecem muito pouco dos pais, exceto quando já estão com cerca de 10 anos para adiante, e dos descendentes destes, da mesma forma que tenho curiosidade sobre a vida dos meus avós. Mas o maior público potencial são pessoas querendo aprender ou reforçar seus conhecimentos (espero poder contribuir) sobre investimentos.

E a parte mais interessante será não minha minibiografia, mas algo como o jeito Werner de fazer investimentos. A minibiografia é de certa forma necessária, por isso a inclusão, pois mostrará muito da minha formação, da influência da carreira profissional e da experiência – atualmente de 38 anos – como investidor. Além disso, muitos "causos" e histórias do mercado financeiro dos quais fiz parte ou ouvi falar (lendas, mitos, mentiras, exageros?). Algumas pitorescas, outras terríveis, o lado negro do mercado financeiro ou "Darth Vader".

Portanto, o propósito principal será abordar a educação financeira, e, espero, de uma forma diferente de centenas de obras à disposição dos leitores. Mas o atual livro já traz esse propósito. Ao longo de três anos seguintes à criação da Trígono, escrevemos *Palavras do Gestor* e *Resenhas* mensais, até bimensais, sobre diversos assuntos, incluindo o desempenho dos fundos, a conjuntura econômica internacional e local, uma introdução e a parte final com tema livre. Selecionamos neste

INTRODUÇÃO

material os conteúdos que julgamos mais importantes e interessantes para compor um livro ou uma coletânea de textos. Não as resenhas na íntegra, mas apenas algumas partes, muitas delas atemporais ou não perecíveis. Os capítulos podem ser lidos de forma independente ou aleatória. Mesmo aqueles a respeito de empresas trarão a qualquer tempo, acreditamos, conhecimento adicional a respeito destas empresas que eram ou ainda são integrantes dos fundos da Trígono. Algumas talvez perpetuamente.

Espero que nossos leitores apreciem os textos e continuem lendo uma extensão permanente desta obra nas resenhas mensais. Também fazem parte do livro alguns textos escritos pelo querido sócio e cofundador da Trígono Frederico Mesnik, ou nosso Freddy. Textos de muita criatividade, mas que muito nos ensinam, enriquecendo esta pequena obra que, imagino, seja útil e agradável aos nossos queridos leitores e, anseio, a muitos investidores.

– *Werner Roger*

"Fred e Werner são extremamente complementares e criaram na Trígono um modelo de investimento baseado no que há de melhor em "value investing". Para mim, é uma honra ser parceiro e cliente-investidor de primeira hora desta gestora."

– Roberto Saloutti, CEO do BTG Pactual

"Fundamentos fortes, refletidos em EVA e adoção das melhores práticas de governança e gestão, aderentes aos princípios ESG, eis a fórmula da Trígono para a identificação das melhores empresas para se aplicar recursos, demonstrada nessa coletânea de experiências na busca de valor para os investidores. Somado a um permanente ativismo na defesa de seus princípios, o livro retrata o importante serviço que esses gestores vêm prestando ao mercado de capitais brasileiro. Parabéns, Werner! Parabéns, Frederico!"

– Gabriel Stoliar
Sócio da Studio Investimentos e membro independente do Conselho de Administração da Tupy S. A.

A TRIGONOMETRIA DOS INVESTIMENTOS

"A Trígono tem como líderes profissionais que demonstram expertise e pioneirismo nos investimentos, valendo-se sempre de estratégias claras e perfeitamente delineadas e regulamentadas. São, sem dúvidas, os melhores profissionais do mercado. Suas composições e alternativas de investimentos baseiam-se nos melhores critérios de avaliação, apresentando relatórios detalhados e transparentes. Comprovam diariamente a veracidade do conceito base do livro "Small is Beautiful". Se continuarem nesta toada tão admirável, o próximo livro deve levar o nome "Investments in Small Caps is Even More Beautiful", exaltando os modelos e resultados impressionantes dos investimentos da Trígono!"

– Regina Nunes
Sócia-Fundadora da RNA Capital

1 O GRANDE TRÍGONO – FUSÃO CÓSMICA

"*Eu non creo nas meigas, mais habelas hainas*", já se diz há muito tempo na Galícia, Espanha, aqui na sua forma original, em galego. Em espanhol moderno é mais conhecido como "*No creo en brujas, pero que las hay, las hay*". Eu mesmo me lembro, até recentemente, de ter pronunciado esta frase numa circunstância.

Nosso mundo é muito complexo. Einstein revolucionou nosso entendimento sobre o mundo macro, que antes era regido pelas leis de Newton, ao conseguir explicar que a gravidade não é uma força, mas sim uma aceleração. Nossa aceleração pelo espaço-tempo. *Mindblowing*!

E foi justamente no conflito entre as teorias de Newton, em que a luz não tinha a velocidade constante, e a de Maxwell, em que tinha, que uma fagulha acendeu a curiosidade de Einstein para elaborar sua teoria revolucionária.

Já Max Planck descreveu o micro, referindo-se ao comportamento dos átomos, à percepção do mundo sob uma perspectiva muito pequena, ao mundo subatômico ou quântico. Já faz quase cem anos que as duas teorias, ambas amplamente provadas e comprovadas, não se conversam. As teorias que descrevem o mundo macro das estrelas e dos planetas não regem o mundo quântico, o subatômico. No momento em que este conflito se resolver, teremos um Trígono entre as teorias de Newton/ Maxwell (Einstein) e Planck.

Por isso, o nome Trígono como aquele que funde, que alinha as teorias. Não entendo muita coisa sobre Astrologia, não muito mais além do fato de ser do signo de Gêmeos, com ascendente em Capricórnio e Lua em Touro. Um triângulo que diz muito sobre mim, para quem entende do assunto. De alguma forma, esse nosso Trígono nos define.

Por isso achei relevante iniciá-lo pela mais intrigante verdade de nossas existências[1].

Conheço meu sócio e CIO da Trígono, Werner Roger, há exatos 30 anos, tempo mais que suficiente para acompanhar sua evolução como gestor e o refinamento em seu processo de investimento. Como gestor de renda variável há 12 anos de grandes alocadores institucionais estrangeiros e locais, ele aprendeu, ao longo desse tempo, as melhores práticas implementadas e valorizadas pelos mais sofisticados investidores. Também incorporou às suas análises os 37 anos de mercado financeiro, grande parte deles com foco em crédito.

Surge então um método de investimento que reúne, na nossa visão, os três pilares para seleção das melhores oportunidades, o que chamamos de Trígono de Excelência de Seleção, consolidando nosso método para um retorno consistentemente superior a longo prazo. São três vértices que buscamos na seleção de nossas empresas, habilitando-as para o investimento.

---

1. Conforme Randler Michel, o Grande Trígono (ou trino) é formado pelos aspectos de três (ou mais) planetas em ângulos de 120 graus, estando dentro de orbes adequados, tendo como característica geométrica o triângulo equilátero. O triângulo é a figura geométrica da perfeição, traz em sua simbologia a divisão triádica do universo, da terra, da natureza, do ser humano e de modo geral dos ciclos cósmicos do mundo manifesto.

Fonte: Trígono Capital

A combinação destes fatores é, na visão da Trígono, o que há de mais importante na escolha e na construção de um portfólio de longo prazo.

O primeiro, Investimento Sustentável, dá-se não só por meio da integração e da coerência de fatores de ESG no processo de análise e manutenção dos investimentos, mas também pela busca por impacto socioeconômico e exclusão de empresas e setores fora das conformidades.

Abaixo temos os três quesitos para avaliar um Investimento Sustentável:

Fonte: Trígono Capital

Quando falamos de investimento sustentável, analisamos o ESG no contexto da empresa e sua integração com os negócios, ou seja, sob a ótica de sua estrutura de capital, dinâmica competitiva, incluindo o perfil financeiro, e a competitividade, nunca como um fator isolado.

O impacto que buscamos, sob o arcabouço do investimento sustentável, mede a intenção que nós e a empresa temos de realmente fazer a diferença, que por sua vez deve trazer retorno financeiro, sendo perfeitamente mensurável e transparente. Não basta a empresa dizer que faz, pois queremos verificar, medir e, dessa forma, precificar o benefício no longo prazo.

Já na lista de exclusões, para ser um investimento sustentável não alocamos em empresas de tabaco, de produção de armas, com matriz energética predominantemente de carvão e problemas ambientais. Também analisamos os dez mandamentos que compõem o Pacto Global das Nações Unidas, que engloba, entre outros, condutas de mercado, direitos humanos, ética e corrupção. Para nós, o respeito e a aderência aos três quesitos para o investimento sustentável reduzem, em muito, o risco do investimento, assim como trazem benefícios financeiros no longo prazo.

Vejam, por exemplo, a rentabilidade entre o Ibovespa e o IGCX2 desde junho de 2001, data em que foi criado. Empresas que compõem esta carteira ampla de governança renderam 1.421%, contra 594% do índice geral da bolsa.

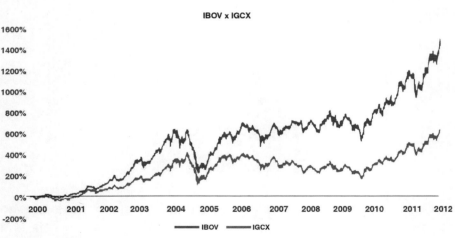

Fonte: Trígono Capital e B3

O segundo pilar do nosso Trígono de Excelência de Seleção, não menos importante, é o uso da ferramenta EVA (Economic Value Added – ou Valor Econômico Adicionado), não só como forma de avaliação das empresas, mas também como arcabouço para cálculo de desempenho e de remuneração dos executivos. Na nossa visão, empresas que geram mais EVA e que usam essa ferramenta internamente são as que têm mais probabilidade de retorno, gerando maior valor aos acionistas.

A Trígono calcula a geração de valor adicionado ao acionista através do EVA que é descontado e trazido ao valor presente. Em geral os *value investors*, ou que se autodenominam investidores de valor, utilizam na avaliação das empresas o fluxo de caixa livre por meio da metodologia do fluxo de caixa descontado. O EVA aplica uma metodologia semelhante, mas considera o valor econômico adicional gerado aos investidores, levando em consideração o custo do capital investido nas operações.

O terceiro pilar para selecionar uma empresa é a distribuição de dividendos, algo que não depende de precificação do mercado, mas unicamente da empresa. É fato que, no longo prazo, grande parte do retorno de uma carteira vem dos dividendos distribuídos e reinvestidos no mesmo ativo. Quanto maior o prazo do investimento, maior a importância dos dividendos.

Selecionar bem as empresas é somente o primeiro passo para o sucesso. Como acionistas minoritários, precisamos engajar-nos, de forma construtiva, para que estas corporações possam, no longo prazo, ser mais sustentáveis, gerar mais EVA e remunerar seus investidores com dividendos. Somente na Trígono, nos últimos 15 meses, quando lançamos nossos fundos, já indicamos e elegemos doze conselheiros de administração e fiscal em cinco empresas nas quais investimos.

O objetivo dessa influência e proximidade é contribuir na geração de valor ao acionista e na aderência das empresas aos princípios do ESG. Nosso engajamento construtivo ocorre não só na indicação de conselheiros, mas em todos os níveis da empresa, por meio de um diálogo construtivo.

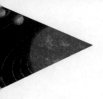

A TRIGONOMETRIA DOS INVESTIMENTOS

ATIVISMO
Exercício do direito como minoritários em assuntos específicos através do diálogo construtivo ou, em último caso, por vias legais

REPORTING E TRANSPARÊNCIA
Engajamento para implementação de melhores práticas de transparência dos demonstrativos

PROXY VOTING
Exercício de direito de voto

RELAÇÃO COM INVESTIDORES
Desenvolvimento de melhores práticas

DIÁLOGO E ENGAJAMENTO
Diálogo contínuo e disseminação de melhores práticas em todos os níveis da empresa

ESG
• Influência na empresa para atenção e melhoria contínua nos âmbitos de ESG
• Alinhamento e aperfeiçoamento dos direitos dos minoritários
• Indicação de Conselhos

Fonte: Trígono Capital

É um trabalho de longo prazo que Werner vem fazendo há 12 anos, sendo os últimos 24 meses aqui na Trígono. Um esforço que nos aproxima e alinha os interesses das empresas investidas, dos nossos investidores e da nossa gestora, mais um Trígono de Excelência.

Obrigado pela confiança e pelo apoio. A Trígono é uma gestora nova, com apenas dois anos, mas com muita história para contar e lições aprendidas em quase 70 anos de profissão somados. Os erros são nossos professores; os acertos, o reflexo do que aprendemos.

– *Frederico Mesnik (2º Trimestre/2018)*

2 DESVENDANDO O EVA

Das muitas frases famosas de Warren Buffett, esta talvez resuma o axioma número 1 dos investimentos: "Por algum motivo, as pessoas se baseiam nos preços e não nos valores. Preço é o que se paga, valor é o que se leva".

Determinar preço e valor é o grande desafio de investidores e gestores. Quanto mais distantes estiverem preço e valor justos, tanto maior a oportunidade de realizar um bom investimento. Mas como determinar o valor justo?

Novamente buscando referências históricas, vamos explicar como determinamos o valor justo citando (mais) um matemático, o suíço Daniel Bernoulli (1700-1782). Em 1738, ele escreveu *Exposition of a New Theory of the Measurement of Risk* (Exposição de uma Nova Teoria de Medida de Risco, em tradução livre). Um clássico.

Antes de continuarmos, vamos explicar quem foi Bernoulli. Membro de família de matemáticos, Daniel foi um dos que mais contribuíram com a ciência da hidrodinâmica, mas foi importante igualmente nas áreas de probabilidade e cinética dos gases (estudo da rapidez de rea-

A TRIGONOMETRIA DOS INVESTIMENTOS

ções químicas). Doutorou-se em medicina (tendo estudado em Heidelberg, na Alemanha, cidade natal de meu pai e de meu avô, também médico pela mesma faculdade), foi fisiologista, anatomista, físico, filósofo, botânico e até astrofísico – chegou a publicar com seu pai um trabalho acerca de órbitas planetárias. Sem dúvida um dos maiores cientistas do século 18, ganhou dez prêmios na Academia de Ciência de Paris, incluindo estudos sobre magnetismo e movimento das marés. Até a propulsão a jato deve muito a este extraordinário personagem da história.

Para finalizar sua rápida biografia, Bernoulli formulou uma equação matemática sobre propagação de vírus (o da varíola), cujos resultados influenciaram políticas de saúde pública, trazendo imunidade aos indivíduos mediante inoculação do vírus obtido de pessoas infectadas (alguma relação com o contexto atual da pandemia produzida pela covid-19?).

Mas por que mencionar Bernoulli e explicar quem foi? Seu livro de 1738 é a base da moderna teoria econômica de aversão ao risco. Bernoulli propôs que a determinação de valor de algo não deve ser baseada em seu preço, mas na utilidade que ele proporciona – e eis onde queríamos chegar.

Isso é o que fundamenta o processo de determinação de valor usado na Trígono e explica a enorme importância que atribuímos aos dividendos e à criação de valor ao acionista, dois vértices do nosso trígono – completado pelo terceiro: ESG (tema de nossa resenha de julho) e dividendos (tema da resenha de outubro de 2019). EVA, mulher de Adão e primeira mãe na Terra, para as religiões cristã, judaica (Chava, em hebraico) e islâmica (Hawa, em árabe), quase serviu de inspiração ao nome para nossa empresa – não o foi devido à similaridade com outros nomes nas áreas publicitária e de varejo. De qualquer forma, inspirou-nos: a mãe de nossa metodologia de avaliação de empresas está no *Economic Value Added*, em uma tradução livre – Valor Econômico Adicionado. Absolutamente alinhada com Bernoulli, trata basicamente de geração de valor.

Vamos agora a uma breve história do EVA (marca registrada da consultoria Stern Value Management). O conceito é antigo, já era usado pela GM na década de 1930. Nos anos 1950, os professores Merton Miller (1923 – 2000) e Franco Modigliani (1918 – 2003) ensinavam o que determinava valor das empresas. Nos anos 1960, Joel M. Stern (1942-2019) frequentava aulas do professor Miller na University of Chicago Graduate School of Business, onde nasceu a semente da ideia do EVA. Após graduar-se, em 1964, Stern ingressou no Banco Chase Manhattan (coincidência: foi onde os fundadores da Trígono iniciaram suas carreiras e onde se conheceram). Lá, atuou em finanças corporativas por 18 anos e teve oportunidade de publicar livros e artigos, inclusive um que definiu o fluxo de caixa livre.

Como presidente do Chase Financial Policy (divisão de consultoria do banco), desenvolveu os conceitos e práticas do EVA. Frustrado por não conseguir implantar suas ideias no banco, em novembro de 1982 deixou o Chase e, com Gordon Bennett Stewart III, criou a consultoria Stern Stewart & Co. Seu sócio na época, Stewart é graduado em Princeton e cursou MBA na mesma escola de negócios que Stern, em Chicago. Em 2006, Stewart deixou a sociedade e criou a EVA Dimensions. Em 2013, Stern renomeou a firma como Stern Value Management.

Em 2018, a consultoria em governança corporativa ISS (Institutional Shareholder Services) adquiriu a EVA Dimensions. A ISS foi criada em 1985 para atuar em consultoria de governança corporativa, incluindo serviços para assembleias e melhores práticas de ESG.

Resumidamente: EVA é uma métrica. Trata-se de uma ferramenta (ou uma metodologia) que mede o valor adicionado, deduzido o custo do capital empregado. Pode ser usada como um todo ou em partes (aplicando-a a diferentes negócios, divisões ou projetos de investimentos, por exemplo). O objetivo é gerar valor ao acionista mediante o uso mais racional ou eficiente do capital operacional investido.

O capital do acionista não é de graça: muito pelo contrário, ele tem preço e, em razão do risco, é mais caro. Seus objetivos são bastante abrangentes na gestão de empresas. Entre eles, estão:

1. Medir resultado econômico para um conglomerado, subsidiárias, divisões ou unidades de negócios;

2. Otimizar alocação de capital no âmbito de investimentos ou gestão operacional e no corporativo;

3. Planejar incentivos e remuneração variável com base no conceito de geração de valor, em vez de metas de vendas, margens, lucros contábeis etc.;

4. Disseminar o conceito dentro da organização, implementar e utilizar linguagem adequada aos diferentes níveis e usuários da ferramenta.

O principal objetivo do EVA, no entanto, é ser um sistema de gestão que alinhe interesses de gestores e acionistas. Para tanto, utiliza-se a métrica para aferir criação de valor, sistema de gestão, motivação nos diversos níveis e implementação da cultura dentro das organizações, de modo a fazer compreensível o racional da metodologia de criação de valor.

Peter Drucker (1909-2005), austríaco, professor, escritor e consultor corporativo, considerado o pai da administração moderna e um dos maiores pensadores a respeito da globalização da economia, conhecia o EVA. Em artigo publicado pela *Harvard Business Review* (jan. - fev./1995) ele afirmou: "Por medir o valor adicionado acima de todos os custos, inclusive o de capital, o EVA mede, na realidade, a produtividade de todos os fatores de produção". Curiosamente, Drucker visitou o Brasil pela primeira vez na década de 1950, quando conheceu Juscelino Kubitschek e apoiou a mudança da capital do país para Brasília, dizendo que foi o acontecimento mais importante no Brasil nos 50 anos até então.

Também admirava a Embraer (como o professor Aswath Damodaran) e a Petrobras. A primeira atuava (e ainda atua) numa indústria de ponta, e o que impressionava Drucker era a história de uma empresa que, mesmo num país em desenvolvimento, rivalizava com as das nações mais industrializadas do mundo. A Petrobras, por sua vez, dispõe de uma das mais avançadas tecnologias na indústria petrolífera mundial em águas profundas, o que a levou a seu feito mais importante: a exploração das reservas do pré-sal (hoje as principais fontes de petróleo no Brasil). A Petrobras divulgou, no final do ano passado, seu plano estratégico de cinco anos, utilizando o EVA como instrumento de gestão. Drucker nutria ideais humanistas e considerava as pessoas como recursos (ou capital humano) nas empresas, e não custos. Ou seja: as pessoas, para ele, eram geração de valor, e não de despesas, o que explica sua grande admiração pelos japoneses. (Este parágrafo, aliás, é de grande importância, pois a filosofia empresarial de Drucker está perfeitamente alinhada com os princípios do EVA).

A respeito do professor Damodaran, tivemos o prazer e a satisfação de cursar presencialmente seu primeiro seminário de avaliação de empresas no Brasil, em julho de 1997. Damodaran é indiano, nascido em 1957, professor na Stern School of Business na Universidade de New York, onde ensina finanças corporativas desde 1986. É autor de dezenas de livros e numerosas publicações nos mais importantes periódicos norte-americanos, sendo considerado um dos mais conceituados professores de finanças nos EUA. Ao professor Damodaran foi atribuída a alcunha de "Papa do Valuation". Além de lecionar, é investidor em bolsas de valores, inclusive de empresas brasileiras. Investiu nas ações da Apple na década de 1990, quando eram negociadas por centavos, vendendo-as em 2012 por aproximadamente US$ 100.

Segundo informações da Stern Value Management (SVM), o primeiro cliente no Brasil foi a Cervejaria Brahma (atual Ambev), em 1995. No mundo, já atendeu mais de 850 projetos, e, em janelas superiores a dez anos, as empresas que adotaram o EVA tiveram suas ações valorizadas com retorno 100% superior ao do mercado, segundo o índice MSCI World Index. Destacamos algumas empresas brasileiras listadas em bolsas de valores que adotaram o EVA: Ambev, Suzano, Klabin, Cosan, Lojas Renner, Lojas Americanas, Localiza, Cyrela e YDUQ (ex-Estácio).

Em meados da década de 1990, as importantes gestoras de recursos norte-americanas Putnam Investments e Oppenheimer Capital e o maior fundo de previdência, o Calpers, já utilizavam o EVA como ferramenta de avaliação de empresas. Na Europa ainda não era usado. No Brasil, não temos conhecimento de outras gestoras ou corretoras de valores que empregam o EVA como principal metodologia de avaliação de empresas.

A TRIGONOMETRIA DOS INVESTIMENTOS

A Trígono, por sua vez, utiliza essa ferramenta de avaliação de empresas desde seu início, há três anos. Embora só tenhamos conseguido implementar o EVA no processo de investimentos quando iniciamos a Trígono, nós o conhecemos desde a década de 1990 e reforçamos esse conhecimento durante o Programa de Formação de Conselheiros (PDC) da Fundação Dom Cabral em 2013, ministrado pelo instrutor João Cox (um dos atuais conselheiros da Petrobras) e que na década de 1990 implementou o EVA na Telemig, a empresa mais rentável do setor. À frente da Claro, transformou um prejuízo de R$ 3,3 bilhões em 2006 num lucro de R$ 3 bilhões em 2010, com as receitas saltando de R$ 5 bilhões para R$ 13 bilhões no período.

Em outubro de 1999, o professor Oscar Malvessi, da FGV-SP, publicou seu primeiro artigo a respeito do EVA na revista *Exame* (com o título *Por que a Brahma vale mais que a Antarctica*) e depois na APIMEC-SP. Ele citou no artigo a utilização do EVA em 1995 pela empresa. Em 1994, a Brahma valia R$ 2,2 bilhões e a Antarctica, R$ 2,5 bilhões (quase o mesmo valor referenciado em dólar). No fim de 1998, a Brahma valia R$ 3,7 bilhões e sua rival, apenas R$ 330 milhões. Com a Antarctica adquirida pela Brahma em julho de 1999, o valor atual da Ambev (resultado da união de ambas) é de US$ 42 bilhões. Ou seja: houve uma multiplicação de valor da Brahma de 19 vezes em dólar desde 1994, 12% ao ano além da variação cambial, sendo a utilização do EVA um dos grandes responsáveis.

O IBGC (Instituto Brasileiro de Governança Corporativa) incentiva as empresas a utilizarem o EVA (embora não cite o nome, apenas o conceito) para criação de valor como ferramenta de gestão, e os conselheiros de administração a empregá-lo para medir a geração de valor aos acionistas e como base para remuneração variável dos executivos. Os aspectos são detalhados no caderno 18 do IBGC, *Monitoramento do Desempenho Empresarial*. Segundo o professor Malvessi, no sexto estudo sobre remuneração executiva e criação de valor com as 144 empresas abertas que compõem o índice IGC da B3, mostrou-se que apenas 17% delas geraram lucro econômico suficiente para remunerar o capital investido entre 2010 e 2018.

A SVM criou um índice composto por empresas para as quais implementou o Sistema VBM de Gestão com base em criação de valor fundamentado no EVA. O período analisado vai de 31 de dezembro de 1999 a 31 de dezembro de 2019, e a janela de referência de cada empresa (o período de impacto da implantação do Sistema VBM de Gestão com Base em Valor centrado no EVA) foi de dez anos a contar da data de início da implantação. O Índice EVA levou em consideração a variação do preço das ações das 23 empresas (incluindo dividendos) e ponderou as empresas com pesos iguais quando elas perfizeram o índice (janela de referência). Os retornos anualizados dos índices EVA e Ibovespa foram, respectivamente, 20% e 10%. O Gráfico 1 ilustra a dimensão da criação de valor anual absoluta ao longo de 20 anos:

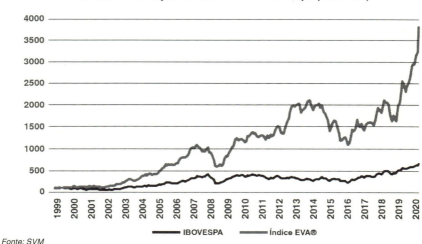

Gráfico 1: Evolução do Índice EVA® e Ibovespa (Base 100)

Fonte: SVM

Após a história do EVA e de alguns de seus racionais, vamos exemplificar seu cálculo:

+ Receitas operacionais continuada

- Custos e despesas operacionais normalizadas (inclui depreciação, amortização e exaustão)

- Imposto de Renda

= **NOPAT** – **N**et **O**perating **P**rofit **A**fter **T**axes (lucro operacional após impostos)

Obs.: exclui custos financeiros, despesas ou receitas não recorrentes ou extraordinários, itens não relacionados ao *core business* ou que não fazem parte do negócio principal.

EVA = NOPAT – (Capital Investido x WACC)

Capital Investido = ativos econômicos líquidos investidos na atividade operacional financiada com capital dos acionistas + dívida onerosa

Ativos econômicos líquidos =

+ Contas a receber

+ Estoques

+ Ativo permanente

- Fornecedores

- Contas a pagar (impostos + despesas operacionais)

= Capital de giro operacional líquido + ativos operacionais de longo prazo

WACC = **W**eigthed **A**verage **C**ost of **C**apital (custo médio ponderado do capital investido)

Exemplo:

EMPRESA ABC

Receitas líquidas	5.000	Capital de giro	400
Custo produtos vendidos	(3.300)	Ativo permanente	1.400
Despesas operacionais	(1.000)	**Ativos econômicos**	**1.800 (capital investido)**
Lucro operacional	**700**	Bancos	1.000 (capital oneroso)
Despesas financeiras	(80)	Acionistas	800 (capital próprio)
Lucro antes impostos	620	Custo financiamento	
Provisão Imposto de Renda	(210)	1.000 x 8% (juros) - 34% (impostos) = 53	
Lucro líquido	410	Custo capital do acionista 800 x 14% (custo do capital) = 112	

Obs: 14% = taxa de juros título público de longo prazo (5%) + 9% de ERP (vide adiante)

Fonte: Trígono Capital

EVA = NOPAT – custo do capital

NOPAT = 700 (lucro operacional) – 210 (Imposto de Renda.) = 490

EVA = 490 – 165 (WACC) = 325

ROIC (Retorno sobre capital investido) = NOPAT / Ativo Econômico = 490 / 1.800 = 27,22%

Ou ROIC - WACC x Capital investido = (27,22% - 9,16%) x 1.800 = **325**

O acionista é o último a receber e com o maior custo do capital

A maximização do retorno do acionista não pode se dar às custas dos demais participantes do ecossistema, incluindo clientes, fornecedores, colaboradores etc. Todas as partes que interagem com a empresa têm de ser adequadamente remuneradas, criando um ambiente sustentável de geração de valor aos acionistas (controladores ou não), além das boas práticas de ESG, incluindo relações com a sociedade e o ambiente em que está inserida.

O custo do capital do acionista é a somatória de um investimento em títulos sem risco (tipicamente títulos do governo), ou custo de oportunidade, adicionada ao prêmio de risco para investimentos em empresas ou ações (renda variável), ou o capital do acionista ou investidor, denominado prêmio de risco. Este prêmio (ERP, ou *Equity Risk Premium*, em inglês) sofre efeito de muitas variáveis e muda continuamente.

A TRIGONOMETRIA DOS INVESTIMENTOS

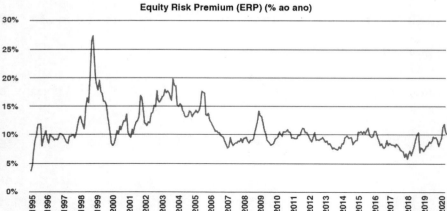

Fonte: Trígono e FGV

Baseado em dados mensais disponibilizados pela FGV (base: junho de 2020), o ERP nos últimos dez anos calculado pela média mensal é de 9,02%. Segundo o professor Damodaran (base: 1 de julho de 2020), o ERP para o Brasil era 9,63%. De acordo com sua metodologia, ele considerou 5,23% o ERP médio para mercados desenvolvidos, multiplicou por 1,25 como fator adicional para mercados emergentes e adicionou o risco soberano para o Brasil (basicamente a remuneração adicional dos títulos emitidos pelo Brasil em relação ao Tesouro americano). Tendo em vista a queda do risco-país do Brasil para apenas 2,1% no fim de julho, o ERP atualizado seria de 8,6% pela metodologia do professor Damodaran.

Para o cálculo do custo do capital do acionista, na Trígono consideramos 9%, adicionando a cada ano futuro a taxa de juros a termo. Para 31 de julho, segundo a Anbima (Associação Brasileira das Entidades dos Mercados Financeiro e de Capitais), as taxas de juros eram: 2,3% para um ano; 3,4% para dois anos; 4,3% para três anos; e 5,1% para cinco anos. Portanto, o custo do capital é de 11,3% para 2021; 12,4% para 2022; 13,3% para 2023; e 14,1% para 2024, usado no exemplo acima.

Nosso intuito foi introduzir os leitores aos principais conceitos e utilização do EVA. Não entraremos em detalhes sobre a metodologia do cálculo de valor das empresas baseado no EVA (pode ser encontrado no site http://people.stern.nyu.edu/adamodar/, além de uma série de informações relacionados a investimentos e finanças. Uma verdadeira biblioteca).

No site da Trígono, os leitores poderão pesquisar e encontrar uma série de artigos relacionados ao EVA na aba Biblioteca. No site www.oscarmalvessi.com.br também há muita informação a respeito. Para finalizar, recomendamos a seguinte bibliografia àqueles que desejam aprofundar conhecimentos a respeito do EVA:

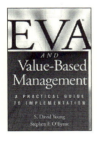  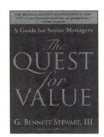 

Obs.: o *Monitoramento de Desempenho Empresarial* poderá ser obtido gratuitamente via *download* em PDF, mediante registro junto ao IBGC. Esta publicação traz conceitos e exemplos de criação de valor e aspectos relevantes de governança corporativa.

Em *live* no canal da Trígono Connection realizada em 5 de agosto (disponível no YouTube e em nosso site www.trigonocapital.com na aba Conteúdos, Papo Aberto sobre o EVA), nossos convidados João Cox, professor Oscar Malvessi e Pedro Tavares, representante da SVM no Brasil, falaram a respeito do EVA e de geração de valor aos acionistas.

– Werner Roger (Julho/2020)

"Compartilhar da experiência do Roger Werner e educar-se sobre os importantes conceitos de EVA e ESG, pioneiramente introduzidos por ele na gestão de ativos no Brasil, é um privilégio que agora pode e deve ser amplamente difundido entre estudantes, executivos e investidores."

– Ricardo A. Weiss
Conselheiro independente em empresas
abertas e fechadas

3 DESVENDANDO O ESG

O ESG vem ganhando cada vez mais destaque na mídia e principalmente entre investidores e gestores de recursos em todo o mundo e no Brasil. Mas o que significam estas três letras?

Antes de mais nada, uma vez mais destacamos que a Trígono já nasceu com estas três letras em seu DNA: um dos sócios fundadores, Werner Roger, foi gestor por oito anos da estratégia *small caps* do Norges Bank (na realidade, foi o primeiro gestor externo contratado pelo Norges Bank na América Latina, em 2008). O Norges Bank é o primeiro fundo soberano do mundo e responde pela gestão de cerca de US$ 1 trilhão. Forma opiniões entre os maiores investidores do mundo, os quais dão enorme relevância ao tema.

Através desse longo relacionamento, aprendemos os conceitos e os praticamos, já que contratualmente seguimos todas as recomendações e melhores práticas do fundo. Trouxemos tais práticas para a Trígono e usamos o Norges Bank como referência, já que todas as práticas e os conceitos, bem como numerosas publicações e relatórios são públicos e disponíveis em seu site.

Organizações como o PRI (Princípios de Investimentos Responsáveis, na sigla em inglês, em tradução livre) têm obtido crescente número de signatários, orientando investidores a respeito das melhores práticas (como se vê no gráfico abaixo). De quase US$ 80 trilhões ativos sob gestão no mundo, cerca de um quarto está sob responsabilidade de gestores signatários do PRI. Casos como o derramamento de petróleo da BP, com multas superiores a US$ 50 bilhões; a fraude da VW relacionada a emissões de CO_2, com multas de US$ 27 bilhões; e o roubo de dados de mais de 87 milhões de usuários do Facebook são exemplos de problemas relacionados a más práticas de ESG. Por aqui também não faltam maus exemplos: Petrobras, Braskem e Vale – e até o IRB, que teve seus demonstrativos financeiros fraudados, lançando informações falsas ao mercado.

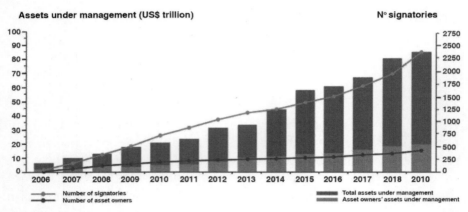

Fonte: PRI - Annual Report 2019

Mas voltemos ao ESG (sigla em inglês para *Environment, Social and Governance* – ou, em tradução livre, Ambiente, Social e Governança). Trata-se de investimento responsável ou, ainda, respeito às melhores práticas de governança, sociedade e meio ambiente – este sendo um conceito bastante amplo e sobre o qual gostaríamos de expor aos prezados leitores nossos pontos de vista.

Para governança, vamos usar a definição do IBGC (Instituto Brasileiro de Governança Corporativa): "Governança corporativa é o sistema pelo qual as empresas e demais organizações são dirigidas, monitoradas e incentivadas, envolvendo os relacionamentos entre sócios, conselho de administração, diretoria, órgãos de fiscalização e controle e demais partes interessadas. As boas práticas de governança corporativa convertem princípios básicos em recomendações objetivas, alinhando interesses com a finalidade de preservar e otimizar o valor econômico de longo prazo da organização, facilitando seu acesso a recursos e contribuindo para a qualidade da gestão da organização, sua longevidade e o bem comum".

Concordamos com esse conceito. Para a Trígono, o G de governança é o "pai" da sigla ESG, pois definirá todas as práticas ambientais e sociais das empresas. Mas estas dependem basicamente dos objetivos dos controladores ou acionistas, que por sua vez delegam condução, práticas, políticas etc. ao conselho de administração (CA), e aí são executadas pelos administradores. A diretoria executiva pode igualmente apresentar projetos e estratégias. Caberá ao conselho de administração aprová-los ou não, incluindo ainda investimentos, fontes de recursos, remuneração dos acionistas etc.

Portanto, vemos o conselho de administração como extremamente importante. Aí começam os problemas. Ao contrário do que muitas pessoas acreditam, os conselheiros não estão a serviço dos acionistas, mas da empresa. Devem agir com integridade e imparcialidade, buscando maximizar o retorno dos acionistas, observando a melhor relação de risco e retorno do capital investido (próprio e de terceiros). Os conselheiros têm o dever de agir de forma técnica, independentemente do grupo acionário e controlador que os indicou e elegeu. Entre eles, a ética prevalece – e relações pessoais ou profissionais devem ser relegadas. Muitos acionistas convidam celebridades, mas que pouco conhecem a empresa ou para ela contribuem. Seria um *greenwashing* – ou seja: vende-se uma imagem que, na realidade, nada adiciona. Foi o que se viu no caso da Petrobras, em que conselheiros independentes – grandes empresários, nomes de grande reputação – foram tragados pela Lava Jato, em nada contribuindo para inibir a corrupção e os investimentos extremamente duvidosos que assolaram a empresa.

Sobre o **E** (Environment ou Ambiente): cabe ao CA observar e definir todas as ações a ele relacionadas, incluindo investimentos e fonte de recursos. Se o G é o "pai" (como a nós parece), o E é a "mãe", pois está intimamente relacionado à Mãe Natureza. Dela, nós, seres humanos, dependemos para nos alimentar e obter recursos para tudo – da água a minérios e energia. Até o ar que respiramos depende do ambiente e de plantas, algas e plânctons.

Talvez alguns leitores se surpreendam com isso, mas são as algas as maiores produtoras de oxigênio do planeta. Embora a Amazônia produza 55% do ar que respiramos, a maior parte é consumida lá mesmo. O oxigênio é produzido pela fotossíntese (construção de compostos de carbono) e só ocorre na presença da energia ou luz solar. Estima-se que 55% do oxigênio disponível do planeta são gerados nos oceanos – daí a extrema importância de os mantermos limpos. A Amazônia seria responsável por gerar apenas 2% do oxigênio da atmosfera. A ideia não é minimizar a importância da Amazônia. Estamos simplesmente desmistificando inverdades e destacando a importância dos oceanos, que também fazem parte da Mãe Natureza (embora poucos se deem conta disso). Portanto, a água e sua qualidade são cada vez mais importantes para a nossa sobrevivência. O novo marco regulatório para o setor de saneamento pode ser considerado uma ação de boa governança, e caberá aos governos executá-la. Esse é um paralelo com o ESG, envolvendo os poderes Executivo e Legislativo nas três esferas, que de fato levarão a cabo sua execução. O papel dos investidores é complementar os recursos necessários.

Passando ao **S** (Social ou Sociedade): são os indivíduos – ou simplesmente nós, os filhos, que sofrerão os efeitos da governança e os impactos na natureza. Os impactos sociais, aliás, não se restringem à natureza, mas devem manifestar-se como ações internas das empresas: atenção à diversidade, condições de trabalho, respeito, incentivos ao trabalho voluntário, ações nas comunidades onde atuam – especialmente onde geram algum impacto ambiental ou se estão instaladas em regiões carentes de serviços públicos e sociais.

Voltando ao **G**: como apontamos anteriormente, aí começam os problemas com os CAs. O dever fiduciário de gestores e investidores institucionais é participar de assembleias e votar com responsabilidade. Infelizmente isso não acontece. Observamos uma participação maciça de estrangeiros e um vácuo de gestoras e investidores locais especialmente ligados a conglomerados financeiros. Também observamos na eleição a presença de conselheiros ligados a acionistas, quebrando o princípio de independência, que passa a ter uma existência de fachada,

DESVENDANDO O ESG

meramente formal. Estes, muitas vezes, atuam em benefício dos que os indicaram, discriminando investidores controladores e minoritários. Questionamos, ainda, a presença de gestores de fundos em conselhos, devido ao acesso que têm a informações privilegiadas e sensíveis. Poucas pessoas físicas participam das assembleias, devido à burocracia e às dificuldades impostas por algumas empresas. Ou, diante desse cipoal de dificuldades, por puro desinteresse.

Acreditamos que os conselhos de administração devam utilizar conselhos consultivos, trazendo especialistas em assuntos técnicos, e serem assistidos por comitês, por exemplo, de estratégia, recursos humanos e inovação, que são os mais comuns. E por que não de ESG? Esses comitês deveriam trazer técnicos ou especialistas externos às companhias, mas, muitas vezes, são compostos por membros do próprio CA. Isso limita a capacidade de oxigenar as ideias e de ouvir pontos de vista externos.

Importantíssimo enquanto boa prática de governança é o conselho fiscal. Muitas empresas não o possuem e impõem dificuldades à sua instalação. Cabe a esse conselho fiscalizar atos administrativos, deveres legais e estatutários, denunciar fraudes, erros e até crimes. Os conselheiros podem e devem opinar a respeito de propostas da administração para assembleias gerais, planos de investimentos, distribuição de dividendos. Seus membros podem atuar de forma independente (individual), com acesso a documentos, discussão com auditores e comitê de auditoria.

Esses conselheiros podem votar de forma coletiva ou individual e até ter seu voto contrário e razões publicados em separado. Isso ressalta sua importância: os conselhos de administração publicam deliberações de forma coletiva e não se fica sabendo se houve divergências – e, se tiverem ocorrido, quais foram os conselheiros dissidentes.

Mas, importante como possa ser, o conselho fiscal não tem caráter obrigatório. Nos casos que não possui caráter permanente, é preciso pedir que seja instalado por acionistas minoritários. Muitas vezes, no entanto, o acionista controlador não deseja a presença do conselheiro indicado por minoritários. São necessários, no mínimo, três conselheiros, e pelo menos um deles tem de ser eleito pelos acionistas minoritários, o que o torna um órgão de grande poder. Os conselhos de administração, por sua vez, podem ter muitos membros, até mais de sete, e apenas um eleito por minoritários. A nosso ver, empresas que não têm conselho fiscal permanente, ou que dificultem a instalação de um, já sinalizam má governança.

Na Trígono, o ESG é levado muito a sério. Não participamos de empresas cujos acionistas ou dirigentes foram envolvidos de forma comprovada em corrupção ou que promovam danos ao meio ambiente; que produzam tabaco (no Brasil não há mais empresa listada) e armas; que gerem energia térmica a partir de carvão mineral e tenham histórico de más práticas de governança e ações sociais negativas. Temos um processo objetivo de avaliação das empresas nos quesitos de ESG. Participamos ativamente nos procedimentos de indicação e eleição de membros independentes aos conselhos de administração e fiscal, votando em assembleias – inclusive presencialmente – e buscando apoio de outros investidores. As dificuldades são muitas e ficamos frustrados com a ausência de grandes investidores locais. As empresas podem fornecer a lista de acionistas, mas sem qualquer dado para contato.

Investidores pessoas físicas tendem a relegar o ESG, argumentando que o assunto tem a ver com gestores ou investidores profissionais, mas não os afeta. Mero engano: quanto mais investidores se importarem com ESG e deixarem de investir em determinadas empresas, menor será o potencial de valorização destas, e seus múltiplos históricos tenderão a diminuir no futuro. A famosa lei da oferta e demanda prevalecerá no longo prazo na formação dos preços das ações e da liquidez.

Para mostrar que isso já ocorre e com impacto relevante, vejamos o comportamento das ações das quatro maiores empresas do mundo no mercado de minério de ferro. Usando as cotações em dólar entre 30/12/2018 (pré-Brumadinho) e 30/06/2020, vemos:

- Fortescue Metals (Austrália): +149,4%

- Rio Tinto (anglo-australiana): +5,4%

- BHP (anglo-australiana): +5,5%

- Vale: -17,7% (efeito Brumadinho explica)

Outro exemplo é o setor de tabaco. A Philip Morris teve desvalorização de 2,9% em suas ações entre 2016 e 2019. Sua rival British American Tobacco (controladora da Souza Cruz) viu as ações caírem 41,9% no período. O índice S&P500, no entanto, valorizou-se 57,3% neste período. O efeito tabaco é notável.

Como exemplo final, citamos a Eternit, que produzia fibras e produtos derivados de amianto. A Assembleia Legislativa do Estado de São Paulo (Alesp) proibiu o uso de amianto no estado por meio de lei em 26 de julho de 2007. Em 4 de junho de 2008, o STF cassou (por 7 x 3) uma liminar contra a proibição de seu uso – e no dia seguinte as ações caíram 35%. Em quatro meses, a perda acumulada foi de 65%. Quase dez anos depois (março de 2018), a empresa entrou com processo de recuperação judicial. No mês passado, suas ações acumulavam queda de 72% desde a manifestação do STF. Mesmo tentando reinventar-se com produtos de outras matérias-primas, a questão ambiental foi fulminante nos negócios e na saúde financeira da empresa.

Como gestor, e participando ativamente no processo de seleção e indicação de membros independentes a conselhos de administração e fiscais, acredito ter indicado e contribuído na eleição de mais de 100 conselheiros (considerando reeleições), em mais de 20 diferentes empresas. Além da vida prática como gestor, possuo formação pela Fundação Dom Cabral no Programa de Desenvolvimento de Conselheiros, um dos mais importantes do Brasil, aliando o teórico à vida real. Acredito que isso nos permita opinar sobre governança e conselhos de administração e fiscal. E não obstante empresas contarem com conselhos de administração e fiscal e auditoria, cabe lembrar exemplos de má governança como corrupção na Petrobras e Braskem, fraudes e erros contábeis na Via Varejo, IRB e CVC, e problemas ambientais e sociais causados pela Vale e Braskem. No passado, perdas expressivas em operações especulativas com derivativos na Aracruz Celulose e na Sadia causaram a necessidade de fusão com concorrentes para sobreviverem. Muitos desses casos levaram a processos e arbitragem que causaram perdas significativas para as empresas e acionistas.

ESG

A imagem abaixo sintetiza para a Trígono os principais elementos do ESG e está presente em nosso website.

SOCIAL
- Direitos humanos e relacionamento com comunidade
- Privacidade
- Proteção de dados
- Qualidade do produto
- Segurança e saúde do colaborador
- Políticas com o mercado
- Práticas trabalhistas
- Inclusão e diversidade dos colaboradores

MEIO AMBIENTE
- Emissões de gases
- Qualidade do ar
- Gestão energética
- Gestão de redíduos e água
- Impactos ambientais

GOVERNANÇA
- Ética no negócios
- Comportamento justo de Mercado
- Gestão do arcabouço legal e regulatório
- Gestão de riscos
- Representatividade dos minoritários

ECONÔMICO
- Resiliência do modelo de negócio
- Gestão e transparência da cadeia produtiva
- Eficiência e sourcing de fornecedores
- Criação de valor
- Remuneração acionistas

Fonte: Trígono Capital

Este texto de forma alguma esgota o assunto – mas esperamos ter passado aos nossos prezados leitores alguns conceitos e uma noção da importância do ESG em nossas vidas pessoais e nos investimentos (e mostrado como a não observância desses princípios pode ser danosa à sociedade e aos nossos bolsos). Na Trígono, um dos objetivos é aprimorar nossos processos de investimento, incluindo o ESG, e continuar a participar ativamente na indicação de excelentes conselheiros para as empresas investidas. Nosso foco com isso é gerar valor aos acionistas e estimular as melhores práticas de ESG em benefício e de forma equitativa a acionistas, controladores ou minoritários.

Mas é com perplexidade que vemos que, mesmo com investidores se conscientizando da importância do ESG, grandes corretoras de valores e consultorias simplesmente ignoram estes princípios – até aquelas ligadas a conglomerados financeiros que alardeiam aos quatro ventos a importância do ESG e o respeito ao meio ambiente, incluindo organizações internacionais, além das brasileiras.

Os negócios relacionados falam ainda mais alto. Afinal, para esses, o princípio norteador é *business is business and client comes first*. Ou seja: o importante são os negócios e os clientes (empresas) vêm em primeiro lugar. Ainda que não respeitem o ESG. Temos um longo caminho a percorrer.

– *Werner Roger (Junho/2020)*

"Werner e Frederico nos brindam com A Trigonometria do Investimento:

• Avaliação robusta na seleção das empresas;
• Conhecimento sólido e permanente dos Negócios, seus Setores e das suas cadeias Produtivas;
• Exercício efetivo dos direitos dos minoritários junto às empresas investidas, se fazendo representar e influenciando.

Está fechado o Ciclo do investidor."

– Paulo Magalhães
Ex-Presidente da APERAM South America

4 O PODER DOS DIVIDENDOS

Investimentos em ações proporcionam apenas dois tipos de ganhos aos investidores: ganho de capital e dividendos. O ganho de capital depende da compra de uma ação a determinado preço e sua valorização e/ou venda a um preço superior, algo que depende exclusivamente de o mercado pagar mais caro no futuro. Portanto, esse ganho potencial depende 100% do mercado e está sujeito aos custos de transação (corretagem) e ao Imposto de Renda (15% para pessoas físicas), quando da realização do lucro ou venda das ações.

A segunda possibilidade são os dividendos, algo que, para a Trígono, é especialmente importante no longo prazo, e não depende do comportamento do mercado. Com a queda da taxa de juros, os dividendos se tornam ainda mais importantes, pois proporcionam renda aos investidores e tornam as empresas que pagam dividendos elevados mais atraentes aos investidores. Na Trígono, além da avaliação criteriosa do valor das empresas, tanto nos aspectos quantitativos quanto qualitativos, privilegiamos empresas cuja distribuição de dividendos representa uma parcela importante sobre o valor de mercado da empresa, que nada mais é que dividendos por ação divididos pelo preço da ação (*yield*). Buscamos empresas cujo *yield* nos próximos 12 meses seja superior a 5% – que correspondem à atual taxa Selic –, lembrando que os dividendos ou *yield* poderão ser maiores, crescendo com os lucros das empresas em trajetórias ascendentes, enquanto a Selic poderá cair ou manter-se em nível baixo por um longo período caso as reformas estruturais em andamento no país tragam os resultados esperados. Obviamente nem todas as empresas investidas atendem este requisito, pois quando em expansão ou realizando investimentos reservam seus recursos para estes fins, sobrando menos capital para dividendos. No entanto, quando estes investimentos maturarem, os dividendos voltarão a receber mais recursos das companhias, capturando, ainda, o benefício do crescimento após a conclusão da expansão dos negócios.

Diversos estudos demonstram a importância dos dividendos no longo prazo e, quanto maior o horizonte do investidor ou o período de manutenção das ações, maior a importância relativa dos dividendos. Lembramos ainda que dividendos são isentos de Imposto de Renda e de custos de transação.

A seguir, demonstraremos o poder dos dividendos e sua importância no longo prazo. As tabelas e gráficos mostram o efeito da capitalização dos dividendos, ou seja, o reinvestimento deles na compra das ações das empresas em diferentes hipóteses e cenários, e a importância do crescimento dos lucros e dos dividendos.

Partimos de três hipóteses de crescimento anual de lucros das empresas: zero, 5% e 10%, num período de 20 anos. A segunda variável é o percentual de distribuição dos dividendos em relação ao lucro (*payout*) em 25%, 35%, 50%, 65% e 80%. A terceira variável é a relação entre preço das ações e lucro das empresas, ou o múltiplo que os investidores pagam e que determina o valor de mercado da empresa em relação a seu lucro, o que é conhecido como P/L (Preço/Lucro). Consideramos os índices 8x, 10x, 12x, 15x, 20x e 25x, dos quais 8x é a ação mais barata e 25x a mais cara. No total, há 90 combinações possíveis.

Neste exercício, consideramos que: as ações permanecem com seus preços constantes em relação aos lucros; há manutenção dos percentuais de dividendos em relação aos lucros e, por fim, que os acionistas utilizarão os dividendos para comprar ações das empresas, ou seja, aumentarão a quantidade das ações possuídas ao longo de 20 anos. Após este período, multiplicamos a quantidade das ações detidas pelo preço das ações ao final do período, considerando os diferentes múltiplos e índices de *payout*, e verificamos o ganho percentual anual obtido nas diferentes hipóteses.

CRESCIMENTO ZERO

G = 0%						
PO/PL	8	10	12	15	20	25
25%	3.3%	2.5%	2.1%	1.7%	1.3%	1.0%
35%	4.6%	3.5%	2.9%	2.3%	2.8%	1.4%
50%	6.6%	5.0%	4.2%	3.3%	2.5%	2.0%
65%	8.5%	6.5%	5.4%	4.3%	3.3%	2.6%
80%	10.5%	8.0%	6.7%	5.3%	4.0%	3.2%

G = 5%						
PO/PL	8	10	12	15	20	25
25%	8.4%	7.6%	7.2%	6.8%	6.3%	6.1%
35%	9.8%	8.7%	8.1%	7.5%	6.8%	6.5%
50%	11.9%	10.3%	9.4%	8.5%	7.6%	7.1%
65%	14.0%	11.8%	10.7%	9.5%	8.4%	7.7%
80%	16.1%	13.4%	12.0%	10.6%	9.2%	8.4%

G = 10%						
PO/PL	8	10	12	15	20	25
25%	13.6%	12.8%	12.3%	11.8%	11.4%	11.1%
35%	15.1%	13.9%	13.2%	12.6%	11.9%	11.5%
50%	17.2%	15.5%	14.6%	13.7%	12.8%	12.2%
65%	19.4%	17.2%	16.0%	14.8%	13.6%	12.9%
80%	21.6%	18.8%	17.3%	15.9%	14.4%	13.5%

PO= Payout
PL= Relação Preço/Lucro

Fonte: Trígono Capital

O PODER DOS DIVIDENDOS

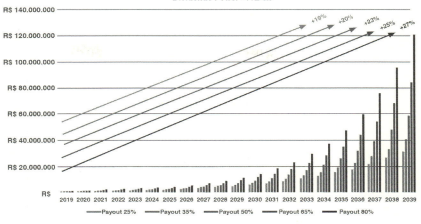

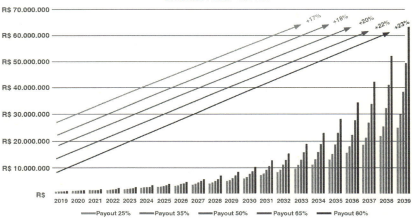

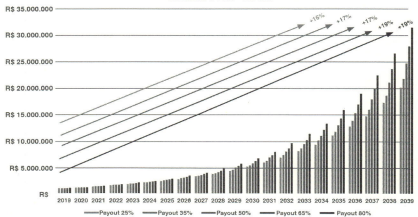

Fonte: Trígono Capital

A TRIGONOMETRIA DOS INVESTIMENTOS

Considerando, por exemplo, as possibilidades de crescimento nulo, 5% e 10%, índice P/L de 12x e *payout* de 50%, os investidores obteriam ganho anual composto de 4,2%, 9,4% e 14,6%. Já na hipótese de crescimento de 5% anual de lucros, a empresa com *payout* de 50% e relação P/L de 8x proporcionaria ganhos anuais compostos de 11,9%. Na mesma hipótese de crescimento de 5% e no mesmo *payout* de 50%, mas considerando que a empresa negocie a 25x os lucros, os investidores obteriam retornos anuais compostos de 7,1%. Esses exemplos demonstram que é melhor investir em empresas cujas ações são negociadas em múltiplos baixos em relação ao valor de mercado, o que é típico das ações denominadas *small caps* ou da estratégia Valor (*Value*). A estratégia *Value* é atribuída ao investimento em empresas que negociam com múltiplos baixos ou descontados e/ou que proporcionam dividendos ou *yields* elevados em relação à média do mercado.

Na Trígono, buscamos empresas com múltiplos baixos típicos de *small caps*, dividendos ou *yield* elevados e, se possível, que tenham crescimento no longo prazo aliado às boas práticas de ESG (Environmental, Social and Corporate Governance), isto é, relações harmoniosas com a sociedade, respeito ao meio ambiente e boa governança.

Na ilustração abaixo, mostramos o efeito composto do reinvestimento dos dividendos no longo prazo no mercado mais desenvolvido do mundo e por meio do principal índice de ações.

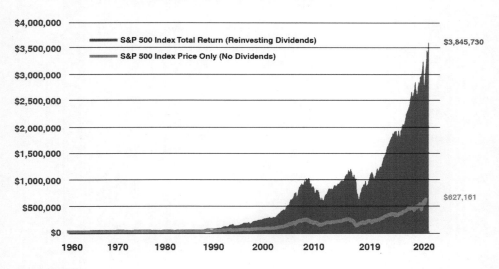

Fonte: Morningstar

O PODER DOS DIVIDENDOS

O resultado obtido é semelhante a algumas situações hipotéticas que ilustramos anteriormente, mas espelha a realidade de mercado e do ganho de investimentos em ações no longo prazo.

Para finalizar, exibimos, na imagem abaixo, a valorização das ações nos últimos dez anos com os cinco principais componentes do Índice Bovespa e as cinco empresas selecionadas, sendo quatro delas *small caps*, exceto a Porto Seguro.

Retorno (10 anos)	PETR4	VALE3	BBDC4	ABEV3	ITUB4	EZTC3	FESA4	PSSA3	UNIP6	POMO4
Sem dividendos	-13%	5%	162%	224%	138%	684%	51%	210%	248%	134%
Com dividendos	12%	51%	291%	353%	272%	1144%	162%	432%	634%	233%
Dividendos/Retorno Total	125%	91%	44%	36%	50%	40%	69%	51%	61%	43%

Fonte: Trígono Capital

PETR4   Petrobras PN
VALE3   Vale ON
BBDC4   Bradesco PN
ITUB4   Itaú Unibanco PN
EZTC3   EZTec ON
FESA4   Ferbasa PN
PSSA3   Porto Seguro ON
UNIP6   Unipar PNA
POMO4   Marcopolo PN.

Como podemos observar, em apenas dez anos grande parte do retorno total das ações selecionadas foi proporcionada pelos dividendos. Na Petrobras, por exemplo, eles representaram o maior ganho, enquanto na Vale 91% do retorno total foram gerados pelos dividendos. Nas demais empresas, os dividendos representaram entre 36% (Ambev) e 69% (Ferbasa) do ganho total dos investidores. Quanto maior o período, maior será a parcela proporcionada pelos dividendos. Esse fator deveria ser observado pelos investidores, mas a maioria deles foca no ganho de curto prazo, baseado na valorização das ações, considerando os dividendos um bônus, ou ganho extra.

A título de comparação, no mesmo período o Índice Bovespa apresentou ganho de 76% e o Índice SMM-Small Caps, de 146%, o que reforça nossa tese de buscar nas empresas de menor capitalização de mercado, ou *small caps*, as melhores oportunidades de investimento, conjugando as boas pagadoras de dividendos.

– Werner Roger (Outubro/2019)

"Em tempos de predominância de narrativas – algumas nem tão sustentáveis assim – em relação aos fundamentos, o processo de seleção de ativos da Trígono segue o conceito mais básico da criação de valor: bons negócios precisam gerar de forma consistente resultados acima de seu custo de oportunidade do capital e ao longo do tempo o preço da ação refletirá esse fato. Entretanto, as métricas e múltiplos mais utilizados para seleção de ações desconsideram ao todo ou em parte itens como caixa, impostos, custo de propriedade dos ativos ou custo de capital como se esses elementos não existissem, não incorressem o mesmo risco da companhia ou se fossem gratuitos. A análise com base no EVA incorpora todos esses fatores e possui uma vantagem sobre seu irmão metodológico, o fluxo de caixa livre, por comparar período a período o custo do investimento com o seu respectivo efeito no resultado operacional. Acredito que o framework EVA aplicado pela Trígono contribua para a performance de seus fundos, junto ao foco em small caps, a experiência dos seus gestores e a diligência de seu trabalho."

– Pedro Tavares
Executive Director da Stern Value Management

5 AS SETE LENDAS DO MERCADO SOBRE *SMALL CAPS*

Lenda... Quando se pensa nessa palavra, logo vem a sensação de magia, um mistério que traz esperança, energia boa. Mas lenda não é só mandinga: infelizmente para as *small caps*, esse termo tem conotação de desconfiança ou medo, mas por falta de conhecimento, e não por evidência estatística. Pois não há demonstração matemática, somente lendas ou mitos que assombram investidores e desinformados sobre este nicho tão importante em nosso mercado: o das empresas de menor valor de mercado, não necessariamente pequenas. O termo *small caps (small capitalization)* significa menor capitalização, no qual "capitalização" quer dizer valor de mercado em bolsa.

Em dois anos de Trígono Capital, ouvi várias afirmações ditas como verdadeiras por si próprias, asseverações pronunciadas em quase todos os grupos que compõem a demanda por nossos produtos. Escutava, mas não compactuava, pois não intuitivamente, mas empiricamente, eu sabia que não eram verdadeiras, eram lendas ou mitos.

Enfim, o fato é que sempre adorei analisar os dados de forma organizada, holística e estratégica, algo que aprendi nos anos de McKinsey e aprimorei enquanto gestor e sócio da Humaitá Investimentos (2005 - 2016). Sempre gostei de teoria dos jogos e economia comportamental. Fiquei igualmente fascinado com as simulações de Monte-Carlo.

Então, decidi trazer o Fábio Bebber para liderar nossa área de Business Intelligence (BI), egresso do FoF da BRAM, que um dia me mostrou uma simulação em que 30 mil aplicações tinham sido feitas de forma randômica e resgatadas a *posteriori*, cada qual no seu momento, também randômico, desde a abertura do Índice *Small Caps* da Bolsa, o SMLL, há 11 anos e meio. Era como se 30 mil CPFs, individualmente e randomicamente, tivessem aplicado neste índice, cada um no seu tempo, deste a sua criação até hoje. Fez o mesmo com as empresas *large caps* que compõem o IBOV, mostrando uma matriz (adoro matrizes!), não deixando dúvidas.

A figura mostra, num eixo, a amplitude do ganho entre o SMLL e a referência IBOV, algo como cerca de 50%; no outro, a consistência desta amplitude; algo como quantos destes 30 mil investidores ganharam do IBOV nestas milhares de movimentações.

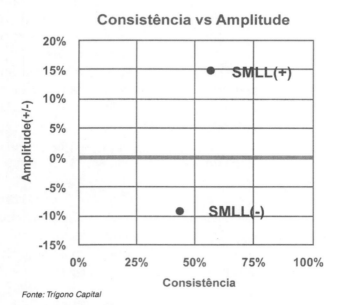

Fonte: Trígono Capital

Dos investidores que aplicaram no SMLL, 56% ganharam daqueles que aplicaram no IBOV. Quando ganharam, tiveram um retorno médio superior em 15% ao ano sobre o IBOV. Na outra ponta, percebemos a assimetria. O SMLL perde do IBOV em 44% dos casos com um retorno 9% menor ao ano, em média.

Foi nesse momento que ele me convenceu e nasceu a vontade de educar, de desmistificar as Sete Lendas (um número místico, cabalístico) mais ouvidas nestes últimos anos, de forma empírica, estatística e matemática. Sem maiores delongas, investidores e amigos, vamos à desmistificação das sete lendas sobre as *small caps*! Comecemos pela mais popular:

1ª | As *small caps* têm mais risco que as empresas maiores

Mais uma matriz, por que não?

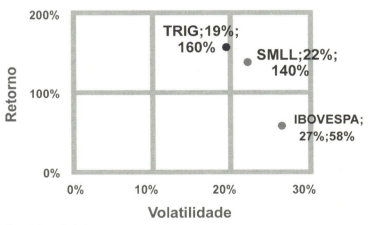

Fonte: Trígono Capital

O primeiro número, eixo-X, indica a volatilidade, ou risco do ativo, nesse caso, os índices, notadamente o IBOVESPA, o SMLL e o TRIG. No eixo-Y, segundo número, temos o retorno. Em que prazo? Bem, nos últimos 11,5 anos, período mais longo em que há histórico dos três índices. Enquanto o IBOVESPA teve um retorno de 58% e volatilidade de 27%, o SMLL, na mesma janela, teve retorno de 140% com volatilidade de 22%, um incremento de qualidade de valor de 3x8. O índice TRIG sobe mais dois degraus e aumenta a distância para o IBOV em 8x! (Retorno de 160% e volatilidade de 19%.)

É aqui que a coisa fica realmente mais interessante: Fábio e eu chegamos à conclusão de que o índice SMLL não nos representa como empresa de nicho. Somos especialistas em empresas cujo valor de mercado está entre R$ 100 milhões e R$ 5 bilhões. São 114 companhias listadas.

Com isto, criamos nosso próprio índice, o TRIG, construído com o universo destas empresas e rebalanceado conforme as mesmas regras usadas pela Bovespa para calcular o IBOV e o SMLL, pois ambos representam empresas, na sua maioria, bem maiores que as nossas. A dinâmica ou comportamento entre o SMLL e o TRIG são similares, mas a qualidade e o retorno do TRIG são mais consistentes, como veremos logo abaixo.

Primeira lenda desmistificada, vamos à segunda.

2ª | As *small caps* são menos consistentes do que as empresas do IBOVESPA

Como já mostrei e expliquei, a matriz de Consistência acima com o SMLL, coloco aqui a mesma análise com o índice TRIG.

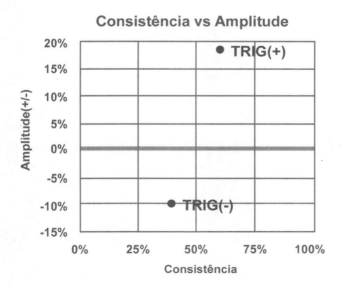

Fonte: Trígono Capital

AS SETE LENDAS DO MERCADO SOBRE *SMALL CAPS*

Como era de se esperar, a barra sobe em relação ao SMLL, com um alfa médio gerado de 7% ao ano para cada um dos 30 mil CPFs que aplicaram no TRIG em relação a outros que aplicaram no IBOV. Quase 100% de valor desperdiçado em dez anos, e com menos risco!

3ª | Não preciso ficar investido no longo prazo, melhor fazer *market timing*

Até o nome é bonito, *market timing*... Esta lenda vale para todos os investimentos em *equities* com foco no longo prazo, independentemente do índice ou papel.

Sempre há aquele investidor que sabe mais, cuja intuição lhe traz poderes sobrenaturais de adivinhação; são os *market timers*, aqueles que entram e saem do mercado sempre que sua luz verde ou vermelha acende, por algum credo mágico e, de certa forma, prepotente. Não falo por mal, mas a paciência não pode ser só uma virtude dos mais iluminados, já que os monges não ligam muito para dinheiro. No mercado financeiro, a paciência é fundamental para ganhar dinheiro e a falta dela, para perder.

A melhor frase que conheço é do Jack Bogle, fundador da Vanguard, maior gestora de fundos passivos do mundo, os chamados ETFs, com mais de US$ 5 trilhões sob gestão.

> *A ideia de que um sino toca avisando o momento de entrada ou saída dos mercados é simplesmente uma falácia. Depois de quase 50 anos neste negócio, eu não conheço ninguém que tenha feito isto com sucesso e de forma consistente. Também não conheço ninguém que conheça alguém.*
>
> *– Jack Bogle*

Vamos aos números?

Desde a criação do SMLL, em abril de 2008, até outubro de 2019, o índice subiu 140%. Se o investidor do SMLL11 (ETF do SMLL) tivesse ficado fora dos melhores 14 pregões dos últimos 3.005 pregões, o investidor superazarado teria tido um retorno de -2%! É claro que ninguém erra todos os melhores dias, erra quanto maior for a volúpia do entra e sai, é uma simples questão estatística.

Vamos imaginar que ninguém consegue prever o futuro e que nosso suposto *market timer* perdeu metade destes dias, ou seja, sete, de forma aleatória. Nosso investidor deixa, no mínimo, 50% do retorno nominal na mesa, porque fica 50% do tempo fora. Seu retorno acumulado cai para 70%, metade. Se o mesmo investidor estiver fora dos melhores 14 pregões destes 3.005 (0,47% dos dias), sua rentabilidade cai para zero!

Rentab. Acumulada por ponto de retirada de eventos positivos

INCEP	13,76%	9,76%	8,16%	5,76%	4,96%	4,16%
	1 Evento	1 Evento	2 Eventos	1 Evento	4 Eventos	10 Eventos

Fonte: Trígono Capital / Economática

Querem mais? Na pior crise financeira dos últimos 30 anos, a do *subprime* de 2008, o índice TRIG caiu 54% em três meses, demorando 14 meses para se recuperar. Quem ficou fora dos primeiros sete meses deixou dois terços da recuperação na mesa.

AS SETE LENDAS DO MERCADO SOBRE *SMALL CAPS*

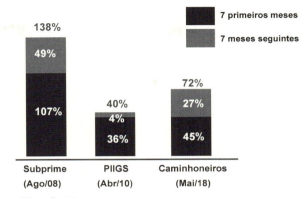

Fonte: Trígono Capital

4ª | *Small caps* demoram mais do que as *large caps* para se recuperar depois de uma crise

Adoro desmistificar esta porque é uma das mais simples de entender. Nos últimos 11 anos tivemos três grandes crises nos mercados financeiros, em especial no de *equities* (renda variável ou mercado de ações): a crise *subprime* de 2008, a dos PIIGS em 2010 e uma mais recente e local de 2017, o Joesley Day. Uma tríade de perdas significativas para muitos; para nós, sempre uma oportunidade de compra.

Lembro-me muito bem da crise *subprime* de 2008. As ondas começaram, no exterior, no início do ano anterior, com a quebra de algumas securitizadoras hipotecárias e espalhou-se rapidamente como um tsunâmi que varre os mercados, chegando ao Brasil em meados do ano seguinte, logo após o *upgrade* soberano para nível de Investment Grade!

O mercado internacional derreteu e todas as ações listadas nas bolsas perderam o chão. Com *drawdowns* significativos, o IBOVESPA perdeu 60% em cinco meses, uma média de -0,5% a cada pregão. Os índices de menor liquidez, como o SMLL e o TRIG, sofreram mais, 62% e 61% respectivamente, do pico ao *low*, em outubro de 2008.

Sofreram, mas recuperaram a perda de forma mais rápida. Enquanto o IBOVESPA demorou 614 pregões (30 meses), o SMLL e o TRIG voltaram em 62% do tempo, ou seja, menos de 19 meses.

A TRIGONOMETRIA DOS INVESTIMENTOS

Crise do Subprime (2008) - Impacto e Retomada

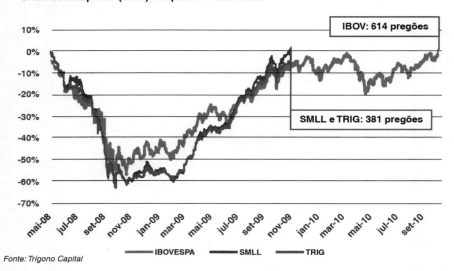

Fonte: Trígono Capital

Em 2010, quando a Zona do Euro, já combalida pela crise de 2008, assombrou países altamente endividados como Portugal, Itália, Irlanda, Grécia e Espanha, os PIIGS, como eram chamados, chacoalharam o mundo financeiro mais uma vez, mas agora, o SMLL e o TRIG não só caíram menos, como sua recuperação foi mais do que três vezes mais rápida.

PIIGS (2010) - Impacto e Retomada

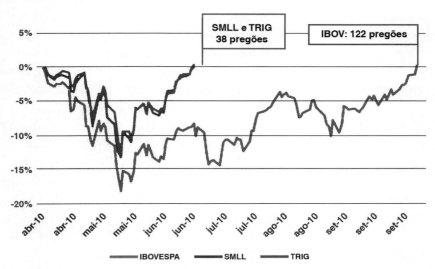

Fonte: Trígono Capital

O mais recente evento de queda abrupta na bolsa brasileira foi o Joesley Day, com magnitude mais amena do que a das outras duas, mas ferina com os investidores. De novo, o SMLL e o TRIG caíram menos e voltaram com mais vigor.

"Joesley Day" (2017) - Impacto e Retomada

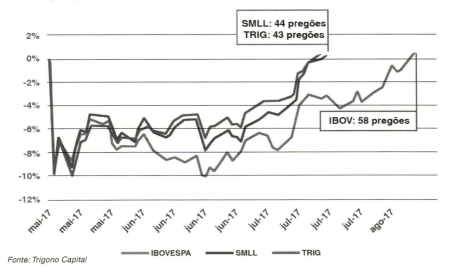

Fonte: Trígono Capital

5ª | *Small caps* não têm liquidez

O índice SMLL é composto por 74 empresas que negociam R$ 28 milhões por dia, com mais da metade delas (54%) negociando acima de R$ 15 milhões por dia. O TRIG possui 114 empresas com liquidez média menor negociando R$ 6 milhões diariamente. Dessas, 53% (equivalentes a 60 ações) negociam mais do que R$ 5 milhões todos os dias! Não há problema de liquidez, é preciso saber atuar nesse nicho, sem pressa. Além disto, o universo TRIG e, de certa forma, o SMLL estão contidos não pela liquidez, mas pela relação entre sua capacidade (montante dos ativos) e do seu prazo de resgate (aquele em que o investidor recebe seu resgate, quando solicitado).

Meu sócio Werner foi um dos maiores gestores de *small caps* do mercado brasileiro entre 2006 e 2016, com quase US$ 1 bilhão sob gestão. Investidores sofisticados, como fundos soberanos europeus e *endowments* americanos, delegavam mandatos grandes, mas com horizonte de longuíssimo prazo, ou melhor, sem prazo de resgate definido. Nós, brasileiros, temos menos paciência, e por isto ficamos com o menor pedaço dos lucros. Não há, portanto, problema de liquidez, mas sim de emoção ou imediatismo do investidor, ou seja, comportamental.

Vamos à sexta lenda e diretamente à análise abaixo:

6ª | *Small caps* têm mais fragilidade financeira

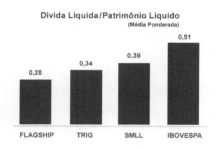

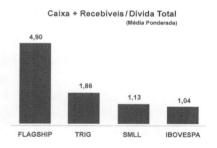

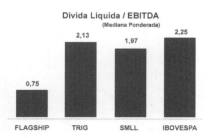

Fonte: Trígono Capital

AS SETE LENDAS DO MERCADO SOBRE SMALL CAPS

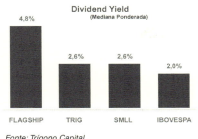

Fonte: Trígono Capital

Um desenho diz mil palavras... Só pedi para o time de gestão colocar também nossa carteira atual do *Flagship* porque, com estes números, não poderia ter deixado nosso fundo de fora. Abaixo, uma breve explicação de cada indicador.

- **Dívida Líquida/Patrimônio Líquido:** alavancagem financeira que indica o tamanho do endividamento da empresa em relação ao seu patrimônio ou capital próprio. Quanto menor, melhor.

- **Caixa + Recebíveis/Dívida Total:** compara a liquidez da empresa com o tamanho da sua dívida, demonstrando sua capacidade de pagamento com recursos próprios ou liquidez. Quanto maior, melhor.

- ***Dividend Yield*:** rentabilidade média dos dividendos pagos aos acionistas. Quanto maior, melhor.

- **Dívida Líquida/EBITDA:** comprometimento de geração operacional de caixa para saldar dívida. Quanto menor, melhor.

7ª | *Small caps* têm menos governança

Bem, como abordar este tópico? Em primeiro lugar, dois terços das empresas que compõem o IBOVESPA são listadas no Novo Mercado. No SMLL são três quartos! E para dar mais sabor à narrativa, vamos aos casos mais emblemáticos de má governança na primeira linha. Seguem os logos; muito fácil achar o detalhe no Google.

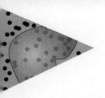  

Estes nomes incluem a maior empresa do mundo de celulose de eucaliptos, a maior empresa de alimentos ao consumidor do Brasil na época, a maior empresa processadora de carnes do mundo, empresas controladas pelo Barão de Mauá do século XX, alardeado como um dos maiores visionários e empreendedores do Brasil. Incluí a maior empresa petroquímica do Brasil e duas das mais importantes integrantes do índice Bovespa e maiores empresas de mineração e petróleo do mundo. Todas geraram perdas substanciais aos investidores. Executivos inabilitados, e até presos, processos em andamento, dívidas enormes etc., problemas ambientais graves e perdas de vidas foram alguns dos legados.

Bom, sete lendas, sete desmistificações! Espero que sirvam para tomada de decisões mais racionais e de longo prazo.

Obrigado pela paciência de ler até aqui, confesso que foi até um desabafo. Não há o que contestar, os números e argumentos estão todos aí. Aliás, convido o leitor a nos mandar uma oitava, nona ou até décima lenda para que possamos desmistificá-la em outras cartas.

O fato é que o universo TRIG tem mais qualidade, em todos os sentidos, do que o nicho SMLL, que por sua vez tem mais naipe do que o IBOVESPA. E sendo especialistas em empresas TRIG, nossa barra é mais alta, mas nossa dedicação e análises são mais minuciosas, trabalhosas. Um esforço que exige o conhecimento, disciplina e astúcia do meu sócio Werner e equipe.

Os fundos foram muito bem em outubro. Vindos de dois meses ruins, recuperaram-se com categoria. Não focamos no curto prazo, mas nada mais natural que o mercado que, uma vez mais calmo, volte aos fundamentos e comece a precificá-los. Os fundos andaram sem ainda surfarem a onda dos resultados pujantes que serão publicados por nossas empresas entre 10 e 14 de novembro, como os números acumulados e do 3T de 2019. Temos convicção de que será mais um *boost* nos resultados.

– Frederico Mesnik (Outubro/2019)

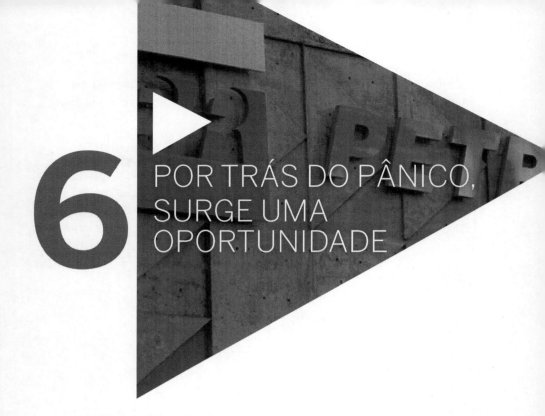

6 POR TRÁS DO PÂNICO, SURGE UMA OPORTUNIDADE

Crise é palavra mais ouvida ultimamente e afeta todos que possuem investimentos no mercado financeiro. A palavra crise origina-se do grego *krisis* (decisão)/*krinein* (decidir). De acordo com o *Dicionário Aurélio*, o significado dessa palavra seria: "estado de dúvida e incerteza; momento perigoso ou decisivo; ponto de transição entre uma época de prosperidade e outra de depressão, ou vice-versa; fase difícil, grave, na evolução das coisas, dos fatos, das ideias". Creio que todas essas definições se aplicam ao atual momento do mercado financeiro. É hora de tomarmos decisões importantes sobre nossos investimentos.

COMENTÁRIO ATUAL: estávamos num momento de crise em 2008 e, atualmente, acreditamos estar num momento de transição, indo da depressão à prosperidade.

Fazendo uso da palavra crise neste texto, voltamos um pouco na história para verificar os efeitos das crises na economia do Brasil e nas bolsas de valores. Provocamos os leitores a refletirem sobre o que se passou na economia do país nos últimos 28 anos, a pensarem a respeito de seus investimentos visando o longo prazo. É este um

POR TRÁS DO PÂNICO, SURGE UMA OPORTUNIDADE

momento de proteção ou de oportunidade de multiplicação? Esta é a nossa pergunta.

COMENTÁRIO ATUAL: a pergunta permanece, mas devemos olhar o que se passou desde 2008 para hoje. Em dólares, o índice Bovespa atingiu o pico em 30 de maio de 2008, quando alcançou 44.551 pontos; em 30/12/19, a bolsa alcançou 28.691 pontos, ou seja, ainda precisa subir 55% para voltar ao topo histórico.

Na década de 1970, época que engloba o período conhecido como Milagre Econômico (1968 - 1973), o Brasil apresentou taxas de expansão comparáveis às da China atual: 8,6% de crescimento médio anual do PIB entre 1971 e 1980. Em 1980, a lista das dez maiores empresas negociadas na Bovespa tinha, em conjunto, valor de mercado de US$ 9,7 bilhões, com o Banco do Brasil à frente com US$ 2,3 bilhões. Dessa lista, faziam parte também as estatais Petrobras (segunda maior, com valor de US$ 2,2 bilhões), Eletrobras (terceira), CESP (quarta), CVRD (sétima) e Light (nona), acompanhadas de dois bancos privados: Bradesco (quinto) e Itaú (sexto), e duas multinacionais ligadas ao setor de consumo: Souza Cruz (oitava) e Pirelli (décima). A Brahma, atual Ambev, era a 15ª maior, com valor de mercado de US$ 170 milhões.

COMENTÁRIO ATUAL: a lista das dez maiores possuem valor de US$ 551 bilhões, uma variação de 5.580%, ou 10,9% ao ano, de 1980 até 2019. A empresa de maior valor em 2019 é a Petrobras, alcançando US$ 101 bilhões. Entre as dez maiores por valor de mercado, seis são bancos (Itaú Unibanco/Itaúsa, Bradesco, Banco do Brasil, Santander e BTG Pactual), duas são empresas ligadas a _commodities_ (Petrobras e Vale), uma é de consumo (Ambev) e uma é concessionária de serviços de telefonia (Telefônica).

Se considerarmos uma carteira hipotética, abrigando Banco do Brasil, Petrobras, CVRD, Eletrobras, Bradesco, Itaú e Souza Cruz, com 20% de alocação individual para as três primeiras e 10% para as demais e um investimento de US$ 10 milhões no último pregão de 1980, esta carteira teria um valor atual de mercado de US$ 560 milhões

A TRIGONOMETRIA DOS INVESTIMENTOS

(presumindo que as ações encerrem o ano de 2008 ao preço de 30 de setembro de 2008), com ganho anual composto de 15,5% ao final de 28 anos. Se estimarmos dividendos anuais de 3% não reinvestidos na carteira, o ganho anual atinge 18,6% sobre a moeda norte-americana. Devemos ainda considerar que partimos de um ponto que pode ser considerado pico, pois foi o último ano em que o PIB cresceu mais do que 8%. Nada mal para uma poupança de longo prazo com vistas a uma aposentadoria. Se ajustarmos o valor do dólar pela inflação norte-americana (CPI) de 154% no período, ou 3,4% ao ano, ainda assim teríamos um ganho bastante razoável, já ajustado pelo poder de compra daquela moeda. Individualmente, as ações tiveram a seguinte valorização anual em dólar, excluindo os dividendos: CVRD (20,8%), Itaú (17,9%), Petrobras (16,9%), Bradesco (16,0%), Souza Cruz (10,4%), Banco do Brasil (9,7%) e Eletrobras (9,1%). Citamos ainda a Ambev/Brahma, com ganho anual de 20,7%. Podemos considerar ser esse um bom retorno para um país que passou por tantas crises, sendo que na metade deste período antecedeu o Plano Real e a outra metade corresponde à fase após a estabilização da economia.

Observando Wall Street em 1980, entre as dez maiores empresas listadas na NYSE, sete eram ligadas à indústria de petróleo, acompanhadas pela IBM (com valor de US$ 40 bilhões na época e US$ 160 bilhões atualmente), ATT (terceira) e G&E (décima). Da 11ª à vigésima posição, encontramos mais sete empresas ligadas ao petróleo, além da GM, Eastman Kodak e Union Pacific. A Exxon era a segunda maior empresa em valor de mercado, com US$ 37 bilhões (US$ 413 bilhões atualmente), com as 50 maiores empresas totalizando um valor de mercado de US$ 498 bilhões. O maior banco, pelo critério de valor de mercado, era o Bank of America (único da lista das 50 maiores empresas), ocupando a modesta 42ª posição, com valor de US$ 4,7 bilhões (US$ 161 bilhões atual). A gigante IBM representava 17% do PIB do Brasil da época (US$ 235 bilhões). Na NYSE (New York Stock Exchange), o setor petrolífero era considerado principal, com o petróleo negociado a US$ 32/barril. No Brasil, os bancos, o setor elétrico, o de consumo, além da Petrobras e CVRD, dominavam, de acordo com o critério de valor de mercado; nada muito diferente de hoje.

COMENTÁRIO ATUAL: das dez maiores empresas por valor de mercado nas bolsas de valores norte-americanas, cinco estão

POR TRÁS DO PÂNICO, SURGE UMA OPORTUNIDADE

ligadas à tecnologia (Apple, Microsoft, Amazon, Alphabet/ Google, Facebook), complementadas por Berkshire, JP Morgan Chase, J&J, Visa e Exxon Mobil. Ou seja, três ligadas ao setor financeiro, uma de consumo e uma de petróleo. A maior é a Apple, com valor de mercado de US$ 961 bilhões, e a menor é a Exxon, com US$ 343 bilhões. A Apple representa mais de 50% do PIB do Brasil.

Em 1980, o Brasil exportava US$ 20 bilhões e importava US$ 23 bilhões, dos quais US$ 9,4 bilhões eram relativos a petróleo. A venda de veículos beirava 1,2 milhão de unidades (100 mil caminhões) e a Petrobras produzia 180 mil barris de petróleo por dia. Pano de fundo: Prime Rate de 21,5% nos EUA (inflação de 12% no varejo) e Libor de 16,4%. Em 2008, o Brasil exportará mais de US$ 200 bilhões, a venda de veículos deverá superar 3 milhões de unidades e a produção de petróleo está próxima de 2 milhões de barris por dia, com o país se aproximando da autossuficiência. Ainda em 1980, a desvalorização do cruzeiro, moeda da época, atingiu 96%, ante 110% da inflação medida pelo IGP-DI. Os investimentos em ORTNs (Obrigações Reajustáveis do Tesouro Nacional) auferiram retorno de 50%, trazendo pesadas perdas àqueles que investiram em renda fixa.

Mergulhamos na década de 1980, também conhecida como Década Perdida. De 1981 a 1983, o PIB caiu cumulativamente 4,2%. A inflação anual média de 43% da década de 1970 (23% de média nos cinco primeiros anos e 63% nos últimos cinco, com 110% em 1980) passou para 211% em 1983, ou seja, inflação elevada com contração do PIB, mal conhecido como estagflação, algo que assolou o mundo no início da década. Este cenário embute a ainda elevada taxa de desemprego, característica determinante para o fortalecimento dos movimentos sindicais na região do ABC, onde se concentrava a indústria automobilística. Este foi o berço do PT e do início da carreira sindical do futuro presidente Lula.

Após três anos de recessão na economia brasileira, em 1983 havia 506 companhias negociadas na Bovespa, com valor de mercado de US$ 26 bilhões. Curiosamente, o índice Bovespa teve ganho acumulado de 2.908% em 1981 e 1983, comparado a 1.045% do IGP-DI e 993% de desvalorização cambial, com o índice Bovespa proporcio-

A TRIGONOMETRIA DOS INVESTIMENTOS

nando ganho em dólar de 175% neste período de crise. As ORTNs proporcionaram retorno acumulado de apenas 673%. A produção automobilística caiu para 900 mil unidades, com destaque negativo para os 35 mil caminhões, ante 102 mil em 1980, sendo este um importante termômetro do nível de atividade econômica. A produção de tratores caiu de 70 mil para 36 mil unidades.

Em 1985, houve a eleição indireta de Tancredo Neves para a Presidência da República em disputa com Paulo Maluf. Com a morte de Tancredo Neves antes de sua posse, o vice-presidente José Sarney assumiu o governo e implantou o Plano Cruzado, em fevereiro de 1986, que naufragou nove meses depois, quando a inflação atingiu 7,7% no mês de dezembro, ante 6,3% acumulada de março a novembro. Mais uma vez, esse plano nos ensinou os efeitos da tentativa de se debelar a inflação mediante controle de preços e não de suas causas, sendo a principal delas as contas públicas desajustadas, além da indexação geral da economia. Podemos dizer que essa foi a segunda crise da década, com efeito devastador em várias empresas que sucumbiram nos anos seguintes. Apesar disso, entre 1983 e 1986, o número de empresas negociadas na Bovespa passou de 506 para 592, com um valor de mercado que atingiu US$ 42 bilhões. O índice Bovespa subiu 3.739% em três anos, comparado a 2.794% do IGP-DI, 2.137% das ORTNs e 2.431% da desvalorização cambial.

Após outras tentativas infrutíferas de controlar a inflação e estabilizar a economia por meio de planos econômicos, como os Planos Bresser e Verão, tivemos a primeira eleição direta para presidente da República após o golpe militar de 1964, elegendo-se Fernando Collor de Mello em 1989, candidato filiado a um obscuro partido político (PRN). O novo governo implementou medidas econômicas conhecidas como Plano Collor I (houve depois nova tentativa, no início de 1999, com o Plano Collor II), cuja maior lembrança talvez tenha sido o confisco da poupança. No entanto, esse plano econômico teve, como mérito, a abertura da economia para produtos importados e o início das privatizações por intermédio do Programa Nacional de Desestatização. Houve novo fracasso da política econômica e, em 2 de outubro de 1992, o *impeachment* do presidente, após ele ter sido acusado de corrupção. Assume então o vice-presidente Itamar Franco, que, em 1993, se defronta com nova crise, desta vez vinda do México. Ainda

POR TRÁS DO PÂNICO, SURGE UMA OPORTUNIDADE

sob seu governo, o então ministro da Fazenda, o sociólogo Fernando Henrique Cardoso, implementou novo plano econômico, o Plano Real, desta vez bem-sucedido. O real tornou-se o principal cabo eleitoral que o levou à Presidência da República na eleição de 1994. Reeleito em 1998, FHC manteve-se no poder até 2002. Entre 1994 e 2001, duas novas crises vieram também de fora: a asiática, em 1997, e a russa, em 1998, à qual se somaram os ataques terroristas de 11 de setembro, em 2001. Em janeiro de 1999, nova crise, com forte ataque contra a moeda brasileira, culminando com a desvalorização cambial de 30% e a adoção do câmbio flutuante pelo Banco Central.

Estamos em 2002 e surge nova crise, com intensa fuga de capitais, forte desvalorização da moeda brasileira e economistas estrangeiros que prognosticavam a quebra do país. A razão? O temor de que o candidato Lula se elegesse como sucessor do presidente FHC. Os "Cavaleiros do Apocalipse" quebraram a cara e, desde então, o país vem apresentando processo gradativo de recuperação econômica e social, com o presidente Lula alcançando índices de popularidade invejáveis que o levaram à reeleição em 2006, culminando com duas agências classificadoras de risco, elevando o Brasil ao tão cobiçado Grau de Investimento em 2008, ponto final nesta retrospectiva de 28 anos. Passaram-se 14 anos desde o Plano Real e seus efeitos ainda repercutem na economia, com o governo Lula mantendo os fundamentos dele, porém, com novas ações no sentido de melhorar a distribuição de renda no país.

O que queremos abordar neste texto são os efeitos das crises e planos econômicos fracassados sobre as empresas e as oportunidades de investimento que surgem. Pois bem, das 101 empresas que compunham o índice Bovespa em 1983, após 25 anos, apenas 46 continuam listadas, sendo que algumas delas transformaram-se em conglomerados poderosos, como a Gerdau (ex-Cosígua), Ambev (ex-Brahma) e Braskem (ex-Copene). Outras empresas importantes da época faliram, como Engesa, Mesbla, Banco Nacional, Sharp e Varig. Outras ainda, consideradas de "segunda linha nobre", foram adquiridas e tiveram seu capital fechado, como Acesita e Belgo Mineira (Arcelor); Caemi e Samitri (CVRD); Cevai, Manah e Moinho Santista (Bunge). Outras empresas importantes também tiveram seu capital

A TRIGONOMETRIA DOS INVESTIMENTOS

fechado, como Cimento Itaú, Ericsson, Pirelli, Vidraria Santa Marina e White Martins.

Mais interessante ainda é observar que, das 20 ações mais negociadas na Bolsa de Valores do Rio de Janeiro em 1985, ano que antecedeu o Plano Cruzado, restaram menos da metade: CVRD (1ª), Petrobras (2ª), Paranapanema (3ª), Banco do Brasil (4ª), Braskem (6ª), Banco Itaú (15ª), Aracruz (16ª), Unipar (19ª) e Aços Villares (20ª). Entre as dez mais negociadas, merecem destaque as falidas Sharp (5ª), Varig (7ª) e Trorion (10ª). Se ampliarmos a relação das empresas mais negociadas na Bolsa de Valores do Rio de Janeiro, em 1985, para 50, restou exatamente metade: 25.

COMENTÁRIO ATUAL: entre 2008 e 2019, a Aracruz tornou-se parte da Suzano, a Villares entrou para o Grupo Gerdau, a Paranapanema tornou-se uma *small cap* e a Braskem foi comprada pelo Grupo Odebrecht.

Após sucessivos planos econômicos objetivando a estabilização da economia e de crises de caráter local e internacional, o que se observou foi um processo natural de depuração. Empresas mal geridas e protegidas por uma economia fechada ou subsídios simplesmente desapareceram. Destacamos aqui o setor de informática, que teve seu momento de glória nos anos 1980, citando alguns nomes como ABC Xtal, Edisa, Elebra, Flexdisk, Matec, Modata, Microlab, Microtec, Itautec, Polymax, Racimec e Sid Informática, entre outros, restando apenas a Itautec, que contou com o suporte financeiro e comercial do Grupo Itaú S.A. Alguns bancos brasileiros de grande porte, como Bamerindus, Comind, Econômico e Nacional, e outros de menor porte, como Auxiliar, Maisonave e Sul Brasileiro, também sucumbiram.

A história e a análise das empresas nos ensinam que, nas crises, companhias bem geridas e com sólida estrutura de capital foram vencedoras e aproveitaram a oportunidade para ampliar ainda mais sua presença no mercado. As mal geridas, que dependiam de subsídios ou eram protegidas pela economia fechada, situação que se manteve até o final dos anos 1980, desapareceram. Outro exemplo é o setor de transportes aéreos, então representado por Transbrasil, TAM, Vasp e Varig, restando apenas a TAM, que cresceu, inicialmente,

POR TRÁS DO PÂNICO, SURGE UMA OPORTUNIDADE

ao ocupar o nicho específico de mercado de voos regionais, além de contar com a competência do comandante Rolim. A incompetência, a competição nas linhas internacionais e a ingestão do governo no setor foram fatais.

Remetendo ao início deste texto, assim como em nossa vida pessoal, é na crise que temos de tomar as decisões mais importantes em relação aos nossos investimentos. A história e os dados aqui relatados nos ensinam que, mesmo após sucessivas crises e com o Brasil tendo sua economia estabilizada apenas na metade dos últimos 28 anos, empresas sólidas trouxeram ganhos substanciais no longo prazo. Investimentos em momento de euforia, como aqueles feitos em empresas que recentemente abriram seu capital, em 2006 e 2007, podem ser desastrosos para o investidor incauto. Estas, de forma geral, foram negociadas com múltiplos de mercado muito acima dos das empresas tradicionais, que se provaram vencedoras nas diversas crises, enquanto algumas das novatas simplesmente venderam planos de negócios.

COMENTÁRIO ATUAL: a recente euforia do mercado nos remete ao passado. IPOs com valores muito acima de empresas listadas e conhecidas, mercado pagando preços sem qualquer relação com o valor intrínseco e sobrevalorizando setores glamorosos. Investidores incentivados por recomendações generosas das corretoras ligadas a bancos de investimentos com interesses comerciais nas empresas levam incautos e novatos a seguirem cegamente tais recomendações. Este ambiente se repete sempre que o mercado perde a racionalidade e a euforia prevalece.

SUMARIZANDO:

- O crescimento dos anos 1970, produzido de forma artificial, deixou-nos, como legado, a maior dívida externa do mundo, duas moratórias, o maior déficit em conta corrente, um dos maiores déficits públicos em relação ao PIB e uma das maiores inflações do mundo no decorrer de quase 15 anos seguintes;

A TRIGONOMETRIA DOS INVESTIMENTOS

- O Brasil provou, no longo prazo, que é maior que a crise;

- Em cada crise surgem oportunidades de comprar ativos a preços atraentes;

- Ao abraçar as oportunidades surgidas nas crises, empresas sólidas transformaram-se em grandes conglomerados, enquanto empresas mal geridas desapareceram;

- Uma carteira de ações com empresas sólidas traz retorno consistente no longo prazo;

- Movimentos de manada – venda na crise e compra na euforia – trazem resultados inversos ao esperado;

- Investimentos de renda fixa em emissores privados (bancos e empresas não financeiras) e em títulos públicos estão sujeitos a risco de contraparte (quebra do emissor) e rendimentos abaixo da inflação, conforme nos ensina a história econômica do Brasil e a atual crise financeira nos Estados Unidos, repercutindo em quase todos os mercados financeiros;

- O Brasil possui estabilidade política e condições econômicas favoráveis jamais vistas na história recente, apesar de ter uma das maiores taxas de juros reais do mundo. O país caminha num processo gradativo de melhora na distribuição de renda, possui autossuficiência energética e é um dos poucos países com possibilidade de aumentar a oferta de alimentos e biocombustíveis, sem falar do potencial da indústria petrolífera. Ainda temos, no entanto, inúmeros problemas e deficiências. O momento é de crise financeira mundial, mas acreditamos que surge mais uma janela de oportunidades de se ganhar com a crise e cabe a cada um de nós tomar as decisões.

COMENTÁRIO ATUAL: A racionalidade econômica que acompanhou o Brasil até cerca de 2011 foi substituída pela Nova Matriz Econômica, plantada quando Dilma Rousseff e Guido Mantega se tornaram ministros durante o governo Lula, mas que frutificou após a eleição de Dilma à presidência, em 2011,

e que deixou um legado de desaceleração do PIB, grandes problemas macroeconômicos e desequilíbrio nas contas públicas. O atual governo, principalmente por intermédio do ministro Guedes, busca corrigir o desconcerto causado pela falta de reformas econômicas de vulto desde 2011. O momento não é de crise, mas a janela de oportunidade mais uma vez se abriu. Esperamos que os frutos das atuais reformas restabeleçam o potencial de crescimento do Brasil. As reformas, no entanto, não estão apenas sob o comando do ministro Guedes, mas devem passar pelo crivo do Legislativo e pelo Judiciário, exemplificando que, no estado de direito, o Executivo não pode tudo, devendo aprender a navegar pela política brasileira. O ano de 2019 foi de grande aprendizado para o ministro, que agora deve nadar com mais desenvoltura nas revoltas águas do mar político de Brasília.

SPQR (Senātus Populusque Rōmānus)

Se me permitem uma analogia, um dos melhores livros que li nos últimos anos tem o título *SPQR*, da historiadora Mary Beard, professora em Cambridge (mesma universidade de Keynes – vide nossa carta de outubro), que muito agradavelmente nos conta a história de Roma. SPQR (Senātus Populusque Rōmānus) significa "O Senado e o Povo de Roma", frase que, segundo Beard, representa o poder do povo para o povo, ideia que inspirou quase todas as nações do mundo. No Brasil, os três poderes possuem a chave para a transformação. No campo econômico, o poder Executivo decifrou a fechadura e desenhou a chave. O Legislativo deverá autorizar a introdução da chave na fechadura; o Judiciário, fiscalizar o correto uso. Podemos chamar, por analogia, este momento de TPPB – Três Poderes e o Povo Brasileiro.

– *Werner Roger (Dezembro/2019)*

7 ROBERTO VAN WINKLE

Outono de 2020, quarentena sem previsão para terminar. As brigas cada vez mais frequentes testavam a paciência de Roberto ao ver sua esposa perambulando de cômodo em cômodo com o celular a tiracolo. Ambos estavam no mesmo barco, num confinamento insuportável.

Roberto fez a barba e resolveu sair, respirar um pouco. Caminhou rumo ao bosque dentro do condomínio, sentindo o ar fresco, aliviando sua tensão. Era, como muitos ao seu redor, investidor em bolsa, e estava sofrendo com a queda das suas posições. Sabia que não refletiam os fundamentos de longo prazo e que estava diante de uma janela de oportunidade geracional, mas, como muitos, estava paralisado pelo medo e simplesmente não tinha força emocional para aumentar sua exposição. Lembrou de 2008, do Ibovespa abaixo de 30 mil pontos, angústia por ter perdido o momento. "Ah, se eu soubesse lá o que sei hoje...", pensou.

Foi quando percebeu uma aglomeração de pessoas ao lado e resolveu aproximar-se. Eram esquisitas, vestidos como se não pertencessem à sua era, mais brutas, língua estranha, com mãos calejadas. Estavam celebrando, tomando algo. Percebeu um olhar convidativo e sentou-se para confraternizar e esquecer o momento atual. Bebeu... Pegou no sono...

Acordou com o barulho do jardineiro aparando a grama. Estranhou, estava barbado, muito barbado. Saiu do bosque e logo percebeu o movimento normal das pessoas, dos carros, da vida, do calor úmido de verão. Mas, verão, como? Voltou correndo para casa, sua esposa não estava. Entrou no escritório, ligou seu *home broker* que indicava a data de dezembro de 2020, foi logo olhando o IBOV... Estava acima dos 100 mil pontos. O mundo renascera da pandemia do coronavírus! Suspirou aliviado. Mas o mundo já não era o mesmo. Um marco nas relações sociais e trabalhistas havia sido transposto e o único que não havia mudado em nada era o Roberto, que mais uma vez deixou-se levar pelo impulso, repetindo o erro da última grande crise em 2008[1].

A crônica acima foi baseada na história de Rip Van Winkle, do livro do autor americano Washington Irving, escrito em 1819. A história se passa na época colonial dos Estados Unidos, quando o personagem sai para caminhar num dia de outono depois de ter discutido com sua esposa. Lá ele encontra um grupo de anões se divertindo, bebendo um licor, momento em que Rip entra na folia e cai num sono profundo alguns instantes depois. Diferentemente do nosso personagem Roberto, que dormira uns seis meses, Rip dorme durante 20 anos e acorda já na ex-colônia inglesa[2], depois da revolução americana.

Com o tempo, o termo Rip Van Winkle acabou tornando-se sinônimo de pessoa que vive um momento de transição social, mas "congela no momento". Aquele que ficou estagnado apesar das mudanças exteriores.

É claro que, se pudéssemos dormir hoje e acordar no fim do ano, a grande maioria de nós aumentaria hoje as respectivas posições em bolsa. Há um certo consenso de que não só o mercado exagerou na destruição de valor, como também de que esta pandemia terá fim. Se isto é verdade, o que estamos esperando? Aqui na Trígono escuto em

---

1. O *low* do IBOV ocorreu em 22.10.08, quando bateu 29.435 pontos. Seis meses depois fechou a 44.888, alta de 53%!

2. Foi durante a Guerra da Revolução Americana (1775 - 1783) que os Estados Unidos se declararam independentes da Inglaterra, em 4 de julho de 1776.

nossos comitês as grandes barganhas presentes hoje em nossas carteiras. Empresas sólidas, com saúde financeira, receitas em dólar, que subiu mais de 30% só neste ano, valendo menos do que seus ativos reais, como caixa, recebíveis, terras etc. Quem pensa no longo prazo não pode titubear. Esta é uma oportunidade única, mas só para aqueles que conseguem mirar lá na frente. E, se pudéssemos pular para este futuro, seguramente entraríamos de cabeça nos investimentos em ações, mas aí não teríamos aprendido nada com a crise, não haveria evolução.

O interessante é que a grande maioria dos investidores foca em lamber suas feridas, olha para o próprio dia, sofre com os acontecimentos, evitando constatar que teremos um mundo melhor e mais fortalecido depois que tudo isso passar. O fato é que, na mínima visibilidade, os mercados voltarão com a mesma força com que caíram. Foi assim em 2008 e em todas as outras crises. Mas, já que não podemos "nos congelar no tempo", precisamos usar esta travessia pelo deserto como forma de aprendizado, de melhorar nossa relação com o mundo e tudo ao seu redor.

O mundo pós-coronavírus não será mais o mesmo. Imaginamos um aumento da tensão geopolítica entre os EUA e a China, que está sendo acusada de ter ocultado o surgimento da epidemia, aumentando significativa e irresponsavelmente o alastramento da doença pelo globo. Enquanto os EUA vivem hoje um *lockdown* com uma queda drástica da economia, a China já começa a demonstrar recuperação, incomodando ainda mais os americanos, que estão hoje no meio do turbilhão.

É possível, ainda, que haja um incentivo enorme do governo em trazer a manufatura que migrou para a China de volta para os EUA, reduzindo a interdependência com aquele país. Talvez a implantação da tecnologia de dados 5G, tão pleiteada pela Huawei, empresa de tecnologia chinesa, seja totalmente descartada pelos americanos, que devem buscar novas soluções. Enfim, muitas transformações pela frente e um possível retorno à Guerra Fria, só que agora com a China. A temperatura dos possíveis confrontos adiante vai depender muito de quem será o próximo presidente americano. Trump vai jogar duro na campanha ao apontar o dedo, de forma chauvinista, para os chineses, com intuito de safar-se de qualquer acusação de não ter agido com larga eficiência, mesmo depois do fim do caos. Esta campanha promete!

O dia 17.11.19[3] será marcado pelo surgimento desta pandemia que vem impactando nosso dia a dia como nunca, mas sairemos dela mais maduros, mais altruístas e generosos, mais solidários e higiênicos. Seremos mais conscientes da nossa fragilidade e impermanência. Controlaremos mais os gastos, seremos menos fúteis e perdulários e, acima de tudo, daremos muito mais valor a todos aqueles que são importantes para nós. Vamos pensar pelo lado bom: se pudéssemos dormir e acordar no fim do ano, não estaríamos tendo esta oportunidade de evoluir e nos tornar mais humanos!

Muito obrigado pela confiança em nossos remotos trabalhos. Estamos todos recolhidos, mas unidos pela tecnologia, com fé e segurança de que em breve comemoraremos a volta da normalidade num mundo melhor.

– *Frederico Mesnik (Março/2020)*

---

3. Registro do primeiro caso na província de Wuhan, na China.

8 VISÃO CONJUNTURAL DO GESTOR

Abrir demais nossa estratégia ao público pode ser contrário aos nossos interesses comerciais, mas, com mais de 10 mil investidores que depositam confiança e recursos em nossos fundos, temos de democratizar essas informações. Essa é a forma de tornar essas estratégias compreensíveis e de tornar compreensível também nosso posicionamento em relação a determinados setores.

Este texto talvez pareça longo e repetitivo (e por isso já nos desculpamos), mas neste momento julgamos fundamental detalhar mais nossos pensamentos, preocupações e estratégia. Afinal, nossos investidores são nossos "patrões", e a eles devemos prestação de contas. Nenhum de nós aqui (leitores e nós mesmos) passou por situações tão dramáticas para a humanidade quanto a Gripe Espanhola (1918 - 1920), causada pelo vírus influenza H1N1.

Estima-se que 500 milhões de pessoas (um quarto da população mundial) foram infectadas, e o número de mortos é estimado entre 17 milhões e 50 milhões (há quem diga que chega mesmo a 100 milhões). Como se não fosse suficiente, a pandemia de então ocorreu quando o mundo ainda se encontrava sob os escombros da 1ª Guerra Mundial

VISÃO CONJUNTURAL DO GESTOR

(1914 - 1918). E como se nem isso bastasse, apenas nove anos depois o mundo embarcaria na Grande Depressão, que se estendeu de 1929 a 1932. Estima-se que os EUA – já então uma grande potência econômica – produziam naquela época 40% de todas as mercadorias do mundo, e que o PIB mundial foi reduzido em 15%, ante apenas 1% na crise de 2008/09. A União Soviética passou praticamente ilesa por essa catástrofe econômica, pois sua economia era bastante fechada. Alguns historiadores afirmam que a Grande Depressão foi o "ovo da serpente": dela sairiam as ditaduras e mesmo o regime nazista que precipitou a 2ª Guerra Mundial (1940 -1945) apenas oito anos após o final do período mais agudo da crise.

Acreditamos que, da mesma forma que os EUA ampliaram sua importância econômica mundial após as duas grandes guerras, a China poderá ganhar mais relevância hoje. Sua economia deverá receber novos estímulos do governo, voltando a crescer num ritmo muito mais acelerado do que o resto do mundo, que se contentará em retomar a atividade econômica, severamente comprometida. A Europa ainda se ressente dos efeitos da crise de 2008 que, embora tenha nascido nos EUA (a partir do mercado financeiro e do evento conhecido como *subprime*), atingiu duramente o velho continente.

O momento atual guarda certos paralelos com essa turbulenta primeira metade do século 20: temos uma pandemia (muito aquém, no entanto, da Gripe Espanhola), recessão mundial, estado de guerra (contra um inimigo quase invisível e comum a todas as nações) e um país, supostamente a fonte da covid-19, emerge rapidamente na recuperação econômica.

A forte queda do preço do petróleo foi outro elemento perturbador. Segunda maior economia mundial, a China poderá sair fortalecida e, para a felicidade do Brasil, demandando os principais produtos de nossa pauta de exportações: *commodities* de origem mineral (minério de ferro, petróleo) e proteínas de origem vegetal e animal. Portanto, vivemos um momento de disputa econômica entre as duas maiores potências mundiais, com o vice-líder aproximando-se do líder, e a Índia num ritmo de expansão muito maior que o dos países desenvolvidos e já entre os cinco maiores do mundo.

A TRIGONOMETRIA DOS INVESTIMENTOS

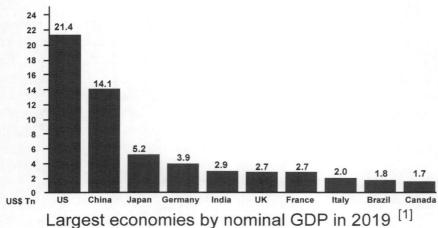

Largest economies by nominal GDP in 2019 [1]

Fonte: FMI

No início de março, acreditávamos que em três meses teríamos uma visão mais clara da situação sanitária que, por agora, já estaria sob controle. Hoje, as curvas de infecção e mortes na Ásia e Europa já inflexionaram, nos EUA estão estabilizando-se, e alguns países em desenvolvimento como Índia, África do Sul e México encontram-se em situação similar à do Brasil (embora na Índia o número de óbitos esteja em pouco mais de 6 mil numa população de 1,3 bilhão de habitantes, em grande parte miseráveis e desprovidos de qualquer suporte do governo). Ainda assim, devido ao brutal efeito na economia, tais países decidiram relaxar e flexibilizar as regras de distanciamento e isolamento social.

Ninguém sabe precisar que consequências se seguirão disso e não existe uma balança que pese os efeitos. Como comparar perdas econômicas e sociais com perda de vidas humanas? As próprias perdas econômicas podem levar a perdas humanas e efeitos sociais dramáticos. Nenhum juiz ou economista poderá julgar ou contabilizar os efeitos das medidas adotadas nesses países, assim como na própria Europa e nos EUA.

Passando à nossa economia, vemos dois setores menos impactados – e eventualmente até favorecidos – no curto e médio prazos:

VISÃO CONJUNTURAL DO GESTOR

mineral e agronegócio. O primeiro, pelo efeito câmbio (desvalorização de 33% até maio), pelo comportamento de alguns preços e pela demanda em recuperação, notadamente da China. O segundo nos parece o mais favorecido, especialmente na produção de grãos. Além de seu desempenho não ter sido prejudicado (contrastando com quase todos os demais setores), o agronegócio beneficiou-se de câmbio, redução no custo logístico, expansão na área plantada, queda de juros combinada a aumento na oferta de crédito para custeio e investimentos. Além disso, a demanda por alimentos não cai, e até aumenta na China, inclusive para formação de estoques com propósito de intensificar a segurança alimentar. Isso dá sustentação aos preços, mesmo com supersafras nos EUA e no Brasil (os maiores exportadores de grãos e proteínas do mundo).

Nunca, em 38 anos de atividade como gestor de investimentos, imaginei passar por um momento sequer parecido. Este tipo de risco não consta em manuais. É mais um aprendizado. Com cerca de 90% das empresas já tendo reportado seus resultados do primeiro trimestre (com comentários que abrangem abril e até maio), e com uma grande quantidade de informações e notícias, videoconferências etc., podemos refletir e edificar nossa estratégia com uma argamassa que (acreditamos) nos permitirá resistir ao vendaval. Infelizmente, muitas empresas, negócios e empregos serão vitimados – inocentes que simplesmente sofrerão as consequências deste furacão/tsunâmi econômico.

A seguir faremos alguns comentários setoriais para ajudar nossos leitores a entenderem melhor nossa estratégia e a razão pela qual evitamos determinados setores, com presença relevante nos índices e em muitos portfólios, contrariando muitos "especialistas".

CONSUMO, VAREJO E *SHOPPING CENTERS*

O *lockdown* em vários municípios refletiu-se em apenas 15 dias da operação desses setores no primeiro trimestre, mas o efeito registrado foi bastante duro, notadamente nos segmentos de vestuário e naqueles em que o *e-commerce* é menos relevante. No segmento de bens duráveis, especialmente eletrônicos (TV) e utilidades domésticas (fogão, máquinas de lavar louça e roupa), acreditamos que as vendas *online* tenham atenuado a queda nas lojas físicas – e até estimulado, uma vez que, com as pessoas em casa, a necessidade de trocar certos aparelhos pode ter-se manifestado. A dúvida é se este comportamento se sustenta.

No segmento de vestuário, a coleção de inverno será seriamente comprometida no segundo trimestre. Lojistas e empresas terão de tomar decisões difíceis a respeito das próximas coleções (primavera-verão), além de lidar com o efeito câmbio nos produtos e matérias-primas. Os *shopping centers* terão a duríssima missão de administrar inadimplência e perda de locatários – que certamente virão –, com impacto nas receitas futuras, além de renegociação das locações. O reajuste dos contratos (pelo IPCA na maior parte dos casos) será desfavorável ao crescimento das receitas.

Acreditamos que o setor ainda será impactado pelo aumento da inadimplência, especialmente em vias financeiras ligadas e crediário próprio. Vemos no mercado uma certa sobrevalorização do *e-commerce*, confundindo com tecnologia o que é apenas uma modalidade de vendas, embora cada vez mais presente. Para nós, tal confusão é um absurdo: as empresas de varejo simplesmente fazem uso da tecnologia, amplamente disponível. Não são geradoras de novas tecnologias nem são exclusivamente dedicadas ao *e-commerce*, mas competem com empresas 100% virtuais e sem o ônus de manter lojas. Não temos posição no setor.

TURISMO E SETOR AÉREO

Sem dúvida, os segmentos mais duramente atingidos e cuja sobrevivência dependerá de aportes de capital e ajuda de governos, já que a aviação comercial é essencial. Acreditamos que a recuperação será lenta e que muitos estabelecimentos ligados ao turismo não sobreviverão. A oferta de serviços de hotelaria deve cair e talvez haja uma redução nos preços a fim de atrair turistas num ambiente de maior competição. Não temos posição setorial.

CONCESSÕES DO SETOR ELÉTRICO

A magnitude dos efeitos será variável nos diferentes segmentos (geração, transmissão e distribuição), com o governo atuando para conceder empréstimos (R$ 16 bilhões) por meio do sistema bancário, a serem pagos indiretamente pelos consumidores mediante aumento das tarifas. Além da perda de receitas, inadimplência e postergação de pagamento de contas comprometem capital de giro e faturamento das empresas. A energia não consumida não é recuperada, o que torna as perdas permanentes. Uma hidrologia desfavorável nas regiões Sul e Sudeste é outro golpe no setor (embora minimizado pela retração no consumo energético). No Nordeste, os sistemas eólicos sofreram com um regime de ventos desfavorável devido às chuvas anormais: estas alimentaram os reservatórios hídricos, mas a demanda por energia foi comprometida. O lado positivo é que esta energia pode ser "estocada" nos reservatórios. Temos posições em uma geradora sem problema de descontratação e numa *holding* que deverá privatizar sua distribuidora ainda neste ano.

SANEAMENTO

Setor menos afetado que o elétrico, mas também sujeito a condições hídricas, inadimplência e postergação de pagamento de contas. Aguarda novo marco regulatório, essencial para destravar valor, atrair novos investimentos e privatização. O governo federal deposita grande importância no segmento, não só pela questão sanitária, mas por eficiência, investimentos privados e necessidade de fortalecimentos das "contas estaduais" via privatização. Não temos posição no setor.

ÓLEO, GÁS E PETROQUÍMICA

A queda no preço do petróleo e da demanda atingiu a Petrobras e restringe sua capacidade de investir, não só pela viabilidade econômica, mas pela cautela maior dos agentes financeiros. Além disso, o descomissionamento das estruturas de produção de petróleo e gás natural que findaram sua vida útil será um grande ônus e desafio. Preocupa-nos o efeito da cadeia de fornecedores e prestadores de serviços, o que pode comprometer a cadeia de produção e investimentos. A petroquímica é favorecida pela queda nos custos das matérias-primas (nafta, eteno), mas sofre com uma queda da demanda e margens menores.

O setor de gás natural, nosso favorito, deverá receber grande apoio do governo para ter participação maior na matriz energética e ser matéria-prima de alguns setores, como petroquímico – além dos usos residencial, comercial, industrial e veicular. Participamos de videoconferência promovida pelo BNDES, com abertura do ministro Paulo Guedes e presença de diversos agentes econômicos, o que reforça a importância que o governo dará ao setor. Além da necessidade de criar um mercado cativo para o gás gerado pelo pré-sal, o preço acima de US$ 10/BTU (British Thermal Unit), ante menos de US$ 2/BTU nos EUA, tem de ser reduzido drasticamente – segundo o ministro, para menos da metade (o que ainda o deixaria muito caro).

Novo marco regulatório, privatização dos gasodutos, novos contratos com a Bolívia (o contrato de 30 anos em vigor termina em 2021), leilão de novas termoelétricas a gás natural – tudo isso será determinante para uma forte expansão no setor, além das privatizações. A intensificação do uso e sobretudo a redução dos preços darão nova dinâmica ao setor. Estamos investidos estrategicamente por meio da Comgás (que reportou excelente resultado no primeiro trimestre). A empresa, como transportadora, beneficia-se sobremaneira da queda de preço do petróleo (hoje ainda relacionado ao preço do gás) e a queda futura, gerando maior consumo e novos projetos; é uma excelente distribuidora de dividendos.

MINERAÇÃO E SIDERURGIA

O setor siderúrgico foi fortemente impactado pela queda na demanda, levando ao desligamento de altos fornos da Usiminas e da CSN. A atitude foi drástica, mas necessária. A Gerdau possui mais flexibilidade pelo tipo de produto e pelos mercados e processos. Na Vale, embora favorecida por alta de preços, mercado chinês e câmbio, não investimos, pela questão de ESG, especialmente relacionado a meio ambiente. Participamos no setor através da Ferbasa, cujas perspectivas estão relacionadas a questões externas, como mercado internacional de aço inox

VISÃO CONJUNTURAL DO GESTOR

(determinante na demanda e formação de preços de ligas de ferro cromo, seu principal produto), problemas de oferta de minério de cromo e ferro cromo na África do Sul (maior fornecedor mundial de ambos), além de taxa de câmbio (100% da receitas em moeda estrangeira), aumento da produção de ligas e exportações (as de minério de cromo serão regulares a partir deste ano). Destacamos o uso de tecnologia de última geração nas minas (raio X e desenvolvimento da operação de maquinários controlados remotamente) e o enriquecimento do *mix* de produtos de ferro silício – dobrou a capacidade do produto de alta pureza, de maior valor agregado e utilizado em geradores, transformadores e motores que demandam eficiência energética. O aumento de preços nas ligas de cromo em abril terá impacto positivo nos resultados associados à desvalorização cambial. Como empresa eletrointensiva, a queda de preços da energia na região Nordeste e a regularização dos reservatórios são positivos para a Ferbasa, especialmente no longo prazo. A empresa avalia tornar-se autoprodutora e autossuficiente em energia, o que a deixaria quase 100% integrada (a exceção seria o coque metalúrgico), caso único do mundo em seu segmento. Teria importante vantagem competitiva, além de ser uma empresa fortemente comprometida com meio ambiente e com baixa emissão de CO_2.

BENS DE CAPITAL E INDÚSTRIA

Em que pese a queda da demanda, notadamente no setor automobilístico, estes setores poderão figurar entre os mais beneficiados pela desvalorização cambial. As empresas mais expostas no exterior e que atendem montadoras no Brasil com produtos globais serão especialmente beneficiadas pelas exportações diretas e indiretas de seus clientes, com destaque para a Tupy. Entre as lições aprendidas e que serão intensificadas está a necessidade de ter fornecedores fortes (reduz o risco de quebra da cadeia produtiva) e um índice maior de nacionalização. Destacamos a Schulz como uma das empresas cujos resultados estiveram entre os melhores apresentados no primeiro trimestre e que se enquadra perfeitamente nos pontos acima elencados e que fornece para as mais renomadas montadoras globais produtoras de caminhões, tratores agrícolas e *off-road*.

O desejo do ministro Guedes de desonerar a folha de pagamentos, se levado a cabo, será muito positivo para o setor, um dos mais prejudicados pelos encargos sociais. Participamos no segmento por meio de Tupy (*top pick*), Schulz, Marcopolo e Metal Leve. No caso específico da Schulz, além do melhor resultado geral do setor destacado anteriormente, os dados do segmento de máquinas agrícolas são muito animadores: em maio, as vendas de tratores de rodas cresceram 23% sobre maio de 2019, e no acumulado do ano estão positivas em 1%. Trata-se de um segmento importante para a Schulz e com excelentes perspectivas para o segundo semestre. A Schulz manteve seus investimentos e estará apta a atender um mercado bastante promissor nos próximos anos.

Destacamos que indicamos – e foram eleitos – representantes independentes para os conselhos de administração e fiscal na Metal Leve, e na última AGO, conselheiro fiscal na Tupy. Esta, além de 80% de suas receitas no exterior, tem os EUA como responsáveis por 60% delas, em que a produção de veículos está quase no nível pré-pandemia, em especial do segmento de *pick-ups* (um dos mais importantes para a empresa). Investimentos trilionários em infraestrutura nos EUA e na China também favorecem Tupy e Schulz (que têm no segmento *off-road* e equipamentos rodoviários e caminhões seus principais clientes).

FINANCEIRO E SEGUROS

O setor bancário está sendo submetido a uma dura prova: aumentar exposição em crédito num momento de deterioração da capacidade de pagamento de indivíduos e empresas, redução na rentabilidade e geração de receitas de serviços, queda nas taxas de juros, pressão legislativa para aumento da carga tributária etc. Também são bastante desafiadoras as receitas de tesouraria e, nas seguradoras, o retorno sobre os ativos financeiros que lastreiam reservas securitárias e atuariais.

Além da queda na rentabilidade dos ativos, existe pouca visibilidade sobre os índices reais de sinistralidade pela queda na atividade econômica. No setor de saúde, o baixo uso de serviços médicos e hospitalares devido às restrições de mobilidade favorece momentaneamente os resultados das seguradoras. Mas seu futuro ainda é uma incógnita, dado o represamento dos serviços pelos segurados e um crescimento nos óbitos justamente pela falta de tratamento adequado de doenças e exames preventivos e pelos efeitos da covid-19 em pessoas de grupos de risco (que sofrem de doenças crônicas, são obesas ou têm mais de 60 anos). Não possuímos posições nestes setores.

CONSTRUÇÃO E INCORPORAÇÃO IMOBILIÁRIA

Embora as construtoras e incorporadoras tenham mantido as obras, as vendas foram severamente impactadas pelas restrições de acesso aos estandes. Trata-se de um mercado cujo comportamento após a normalização do acesso do público aos canais presenciais de vendas é pouco visível. Flexibilização dos procedimentos cartoriais, forte aumento da captação de recursos pela caderneta de poupança e queda nas taxas de juros favorecem o setor. Mantemos a Trisul como única empresa investida, focada na região metropolitana de São Paulo. Não atua no segmento comercial (no qual o golpe mais duro pode estar ainda para ser sentido no pós-pandemia; a ver) e, na nossa opinião, tem forte estrutura financeira e reportou o melhor resultado de primeiro trimestre dentro do setor.

AGRONEGÓCIO

Nossa visão a respeito do setor de proteínas (que incluímos em agronegócio) é que a visibilidade é baixa e o risco, elevado, pois há muitas variáveis combinadas: taxa de câmbio, custo dos grãos e do boi gordo, disputa de preços e mercados entre as diversas proteínas animais (aves, suína e bovina), risco sanitário e interdições de frigoríficos, barreiras, ESG (corrupção, governança e ambiental) e, em alguns casos, falta de disciplina financeira (aquisições ao invés de desalavancagem). A despeito dos riscos e incertezas do segmento de proteínas animais, acreditamos que o agronegócio é um dos mais promissores setores do país, particularmente na produção de grãos, açúcar e etanol, apesar da conjuntura atual de curto prazo no setor de petróleo (que se reflete no preço do etanol).

No entanto, questões ambientais e o compromisso do Brasil com a COP 21 (acordo de redução emissões de gases assinados por 195 nações na conferência de Paris de 2015), de reduzir a emissão de CO_2 em 37% entre 2005 e 2025, favorecem o setor de etanol e energia renovável (incluindo biomassa). Nossos investimentos restringem-se à São Martinho, talvez a mais rentável e sustentável empresa do setor no mundo.

Em relação aos grãos, entendemos que o setor de armazenagem e logística deverá ser indiretamente o mais beneficiado no curto e longo prazos, não só pelo enorme déficit do país, mas pelo crescimento da produção de grãos e pelos investimentos em modais de transporte como hidrovias, ferrovias e portos. Tais investimentos favorecem infraestrutura em armazenagem, logística e transbordo, e a Kepler Weber, líder de mercado, está apta a capturar tais investimentos. A queda nas taxas de juros e recursos creditícios e próprios direcionados ao setor também favorecem a expansão setorial.

LOGÍSTICA E LOCAÇÃO DE VEÍCULOS E EQUIPAMENTOS

Ligado a toda a economia (particularmente ao agronegócio e ao *e-commerce*), acreditamos que este setor será especialmente beneficiado com a retomada da atividade, a necessidade de ganho de eficiência e a terceirização dos serviços. A JSL, líder setorial, é nossa opção de investimento, além da controlada Movida (que consideramos a mais atraente no segmento de locação de veículos). A queda nos juros favorece sobremaneira o setor – e o grupo JSL, pela natureza de capital intensivo e alavancagem financeira. Acreditamos que tanto JSL quanto sua subsidiária integral Vamos e a Movida ganharão participação do mercado pós-pandemia e, em nossa visão, terão o valor aumentado, ainda que o mercado tenha penalizado duramente suas ações, o que, para nós, aumentou ainda mais sua atratividade.

– Werner Roger (Maio/2020)

9 EMPRESAS INVESTIDAS

O CONJUNTO DA OBRA É MAIS IMPORTANTE QUE SEUS ATORES

Apresentamos aqui a "primeira segunda parte" de nossa Palavra do Gestor, agora divulgada quinzenalmente. Nela abordaremos, como já era a praxe no formato anterior, nossa estratégia atual e um tema livre.

Nesta edição faremos uma breve descrição de algumas empresas investidas e comentaremos resultados e perspectivas. Não é nosso objetivo fazer qualquer recomendação de compra de ações. Apenas apresentamos algumas (não todas) dentre as principais posições de nossos fundos. Há também toda uma racionalidade na composição das carteiras e da estratégia para cada fundo. O importante, como se diz, é "o conjunto da obra": como num filme, o que importa é a história, não os atores, e que o conjunto final satisfaça a todos, mesmo que uma ou outra cena se destaque ou desagrade. O cineasta dedica seu tempo a selecionar um astro principal, e às vezes o coadjuvante acaba roubando a cena. Para ele, isso não é tão relevante: o que importa é o resultado final. Na Trígono e com nossas carteiras de investimento é a mesma coisa.

ESTRATÉGIA

Tendo em vista as condições atuais da economia e os novos eventos, a estratégia mantém-se inalterada: privilegiamos empresas com receitas referenciadas em moeda estrangeira, exportadoras e com subsidiárias no exterior.

Setorialmente, nossos fundos estão mais concentrados em agronegócio, atividade industrial relacionada a veículos pesados (inclui concessionárias), notadamente fabricantes de componentes, distribuição de gás natural e logística. Este último tem relação indireta com agronegócio, mineração e algumas indústrias, como de alimentos, e é muito sensível ao nível de atividade da economia.

Nossa moeda continua a mais desvalorizada no ano entre as dos principais países emergentes e das maiores economias mundiais. O agronegócio mantém grande vigor e é o único setor com crescimento no 2º trimestre deste ano (2T20) – e excelentes perspectivas para 2021. A produção de veículos pesados – notadamente tratores, mas igualmente *off-road* e caminhões – vem recuperando-se, mas ainda se adapta às restrições relacionadas à covid-19. Já no gás natural, o novo marco regulatório foi aprovado na Câmara dos Deputados e aguarda votação no Senado. O documento está em linha com as demandas dos principais agentes envolvidos, que manifestaram apoio às novas diretrizes. Alguns segmentos industriais e empresas investidas poderão beneficiar-se da queda do preço do gás e de novos atores nesse mercado.

A seguir comentamos os pontos que julgamos mais importantes no 2T20 e nossas expectativas para este 2º semestre e para 2021. A sequência das empresas não é aleatória: muitas delas e muitos setores estão relacionados ou sujeitos aos mesmos fatores macroeconômicos. Daremos maior destaque e detalhamento para empresas menos conhecidas e que anteriormente não havíamos comentado.

FERBASA-FESA4

Fundada em 1961, a Ferbasa é a única produtora integrada de FeCr (ferro cromo) nas Américas e produz cerca de 50% do FeSi75% (fer-

EMPRESAS INVESTIDAS

ro silício) do Brasil. Possui minério de cromo para cerca de 80 anos de produção, sendo este seu principal ativo. Apenas o minério contido (cerca de 40 milhões de toneladas), e considerando um preço de US$ 150/t, representa um valor mineral de US$ 6 bilhões, enquanto o valor de mercado da empresa é de apenas US$ 300 milhões. O valor mineral não é contabilizado, apenas os custos de desenvolvimento das minas e de suas galerias de produção. No final destes comentários, voltaremos ao tema valor de alguns ativos.

Em relação aos resultados do segundo trimestre, destacamos tanto o aumento de volume de produção quanto o de vendas num período em que toda a economia se retraiu. A produção de ferro-ligas cresceu 19,2% no 2T20, em relação a um ano antes. No semestre houve crescimento de 14,2% sobre um ano antes e de 47% sobre 2T19 – fato bastante positivo, dado o ambiente tão desafiador. Destacamos o crescimento de 17,4% no volume de vendas de abril a junho, sobre um ano antes, e de 13,5% no semestre, também contra 2019.

Traduzindo para resultados: a receita líquida de R$ 426 milhões no 2º trimestre foi a maior da história da empresa para um único tal período. Sobre o ano anterior, o crescimento foi de 32%. O EBITDA ajustado, de R$ 132 milhões (margem de 31%), foi o maior desde o 3T18 (R$ 153 milhões, margem de 39%). Sobre o 1T20 (R$ 67 milhões), o aumento foi de 94%. Poucas empresas no Brasil (ou no mundo) puderam reportar resultados semelhantes.

Tal EBITDA reflete a combinação de dois fatores positivos (volume e câmbio) e dois negativos (preços em dólar e *mix* de mercado). As exportações de 46 mil toneladas no 2T20 representaram 70% das vendas (em volume) e refletem a estratégia de maximizar vendas convertendo produção e estoques em receitas e geração de caixa. Desse modo, a empresa aproveitou o câmbio favorável (100% de suas receitas são referenciadas em moeda estrangeira). O outro lado da moeda (sem trocadilho) foi o sacrifício de preços – especialmente devido às exportações, já que a Ferbasa usou estratégia agressiva para conquistar mercado. Desta forma, o preço médio das ferro-ligas praticado pela empresa caiu de US$ 1.328/t no 2T19 para US$ 1.046/t no 2T20 (menos 21,2%), sendo de US$ 1.137/t no 1T20 (redução de 8%). Cabe

A TRIGONOMETRIA DOS INVESTIMENTOS

destacar que os preços médios das ferro-ligas praticados pela Ferbasa foram de US$ 1.523/t em 2018 e de US$ 1.294/t em 2019, o que evidencia o nível atual muito baixo e o potencial de recuperação, especialmente do FeCr, devido a problemas de toda natureza na África do Sul. O país responde por 75% do minério de cromo consumido pela China (que não produz este minério) e é o maior exportador mundial de FeCr, abastecendo principalmente a China, maior produtor e também importador mundial desta liga.

Embora a China seja o maior produtor de FeCr utilizando minério sul-africano, suas necessidades de consumo são muito maiores para abastecer sua produção de aço inoxidável, que deverá representar em 2020 cerca de 60% da produção mundial. Neste ano, os preços-base de referência que a Ferbasa utiliza para alguns clientes no Brasil e negociados trimestralmente tiveram reajuste de 13% no 2º trimestre, mantendo-se constante nos 3º e 4º trimestres (já anunciados). Já as exportações e algumas vendas baseiam-se no preço *spot* praticado na China, o qual vem ganhando corpo mais recentemente devido ao aquecimento do mercado chinês.

A última linha dos demonstrativos mostrou prejuízo de R$ 600 mil no 1T20 e lucro de R$ 21,5 milhões no 2T20. O resultado foi impactado pela política de *hedge* com venda de dólar a termo, causando perda cambial de R$ 23 milhões no 1T20 e de R$ 64 milhões no 2T20; no 1º semestre deste ano, a perda somou R$ 87 milhões (contra ganho de R$ 14 milhões um ano antes).

A política de *hedge* da empresa é determinada pelo conselho de administração, que permite a venda a termo de 30% a 50% das receitas em dólares orçadas para os próximos 12 meses. A estratégia de preservação de receitas, empregada ao longo de 2019, baseava-se nas estimativas do *Boletim Focus* (elaborado pelo Banco Central) para o câmbio – e proporcionou ganho.

Com o advento da covid-19 e a desvalorização do real, no entanto, o efeito foi contrário, neutralizando os excelentes resultados operacionais. Com base nos dados divulgados pela empresa, e estimando cotação média do dólar a R$ 5,35, projetamos perda cambial de R$ 96 milhões (quase R$ 10 milhões acima do 1S20) no 2º semestre. Para

EMPRESAS INVESTIDAS

2021, com base nas contratações de *hedge* reportadas no 2T20, e estimando os mesmos R$ 5,35 (em média) por dólar, haveria perda de R$
65 milhões. Mas destacamos que para o 4T21 já existem US$ 5 milhões
vendidos a R$ 5,81, o que neste nível de câmbio se traduzirá em ganho.
Acreditamos que tais perdas serão reduzidas com novas contratações
a taxas acima de R$ 5,35. Uma eventual queda do dólar reduziria a per-
da, compensando em parte a redução nas receitas operacionais.

Por outro lado, os resultados operacionais deverão beneficiar-se
dos volumes de produção e vendas e, principalmente, do aumento da
demanda interna, com consequente desempenho menor das exportações. Em suma: o melhor *mix* de mercado e o movimento atual de
aumento nos preços internacionais devem levar ao crescimento dos
preços médios. Estimando-se para 2021 vendas de 300 mil toneladas
de ferro-ligas a US$ 1.100/t (em média) e dólar a R$ 5,35, a receita
líquida poderá chegar a R$ 1,8 bilhão; e o EBITDA, a R$ 540 milhões.

Essas estimativas baseiam-se na margem de cerca de 30% reporta-
da no 2T20 (ainda que com preços 5% mais baixos).

A controladora reportou, em junho, R$ 240 milhões em caixa e apli-
cações financeiras, R$ 211 milhões de créditos de PIS e Cofins e R$
23 milhões de adiantamentos a fornecedores de energia. No total, R$
474 milhões.

Esse montante contrapõe-se a R$ 306 milhões de empréstimos e R$
200 milhões em provisões relacionadas ao *hedge*, um saldo negativo total de apenas R$ 23 milhões. A empresa está precificada a R$ 1,6 bilhão
(valor de mercado com preço da ação cotado a R$ 18,93). Considerando e
subtraindo R$ 564 milhões em investimentos em subsidiárias (principal-
mente o parque eólico BW) e cerca de R$ 400 milhões (estimativa) para
65 mil ha de florestas (contendo 26 mil ha de eucaliptos), o valor da empresa relacionado à mineração e à metalurgia (ferro-ligas) seria de R$ 636
milhões (pouco menos de 1,2 x o EBITDA estimado para 2021).

As condições atuais de mercado favorecem alta nos preços tanto de
FeCr (60% das receitas) na China quanto de FeSi75 (35%). No primeiro
caso, devido à queda nos estoques chineses de minério de cromo e FeCr
e a uma retomada mundial na produção de aço inoxidável. No segundo,

A TRIGONOMETRIA DOS INVESTIMENTOS

China, Rússia e Malásia – grandes produtores e exportadores – reduziram a produção (o último país ainda centrou parte da atividade no ferro manganês, mais rentável). Brasil e Noruega aproveitaram-se da situação e têm ampliado a presença no mercado internacional de ferro silício, liga usada na produção de aços dos mais variados tipos. Na Europa, a recuperação de preços tem sido consistente, especialmente devido a algumas paradas de produção no continente e à menor oferta da China e Malásia.

O Brasil ainda é favorecido pela taxa de câmbio e por ser o único produtor mundial a usar biorredutor de eucalipto (os demais usam coque de origem mineral, grande gerador de CO_2, ou efeito estufa). O biorredutor também favorece a qualidade por ter menos contaminantes para a produção de aço. Assim, o aço que utiliza o FeSi75% do Brasil reduz a pegada de carbono de seus produtos. O Brasil emprega, ainda, energia limpa e renovável, enquanto a China – maior produtor e exportador mundial de FeSi75% – utiliza principalmente energia térmica de carvão.

Além das questões relacionadas a câmbio e mercado internacional de ligas, a Ferbasa poderá ter importantes catalisadores de geração de valor, como novos investimentos em energia elétrica, em busca de 70% de autossuficiência, migração para o Novo Mercado ou mesmo obtendo a condição de autoprodutora de energia e, nesse caso, mudanças na sua exposição regulatória envolvendo o horário de ponta. Hoje a empresa interrompe sua produção de ferro-ligas por três horas diariamente, pois o preço da energia e os encargos regulatórios tornam inviável a produção nesse horário, o que seria mitigado se consumisse energia no regime de autoprodutora.

A empresa continua a investir em tecnologia de ponta em mineração, o que permite aumentar produção, reduzir custos e exportar minérios regularmente. Ainda busca agregar valor aos produtos, como se viu com a recente duplicação da capacidade de produção de FeSi75% de alta pureza (100% destinado ao exterior).

TRONOX PIGMENTOS-CRPG5 E CRPG

Única produtora de TiO_2 (dióxido de titânio, pigmento essencial, por exemplo, na produção de tintas e plásticos) da América do Sul – indústrias cuja atividade caiu de forma acentuada devido às restrições da covid-19. A demanda subjacente, especialmente relacionada a construção (reformas) e bens de consumo e embalagens, deverá ensejar retomada e recomposição de estoques em toda a cadeia de produção e varejo. A Tronox também é a única fornecedora no Brasil de zirconita, minério essencial na produção de cerâmicas, azulejos e porcelanatos – todos impactados pela pandemia, mas cujas demandas, ligadas à construção e às reformas, devem voltar a crescer. O terceiro produto em importância é a ilmenita, minério que contém titânio e que a Tronox exporta regularmente para empresa coligada baseada em Thann (França). No 2º trimestre não houve exportações de ilmenita.

Com a paralisia das cadeias de produção e do setor de material de construção no 2º trimestre, a empresa sofreu forte retração nas vendas, mas a produção se manteve quase normal, elevando seus estoques de produtos acabados de R$ 195 milhões em dezembro para R$ 219 milhões em março e R$ 251 milhões em junho, salientando que estes estoques são contabilizados a custo, mas têm seus preços baseados em moeda estrangeira, seguindo cotações internacionais.

Além de precificar seus produtos em dólar, a Tronox não pratica *hedge* e não possui dívidas, o que deverá traduzir-se em forte elevação nas margens de rentabilidade no 2º semestre. Mesmo com 46% de queda nas receitas no 2T20, o EBITDA de R$ 25 milhões representa recuo de apenas 6% sobre o 2T19, enquanto sobre o 1T20 houve alta de 34%. A margem de rentabilidade do EBITDA saltou de 18% no 2T19 para 32% no 2T20; o baixo volume de vendas prejudicou a absorção dos custos fixos. Desta forma, esperamos também maior margem no 2º semestre, acompanhada de forte expansão em receitas e volume faturado. O lucro líquido subiu de R$ 13 milhões (margem de 9%) no 2T19 para R$ 16 milhões (margem de 20%) no 2T20.

Receita Líquida por Trimestre - 2º trimestre de 2020

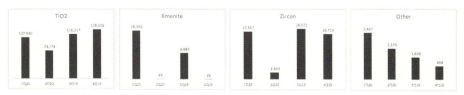

Fonte: Relação com Investidores - Tronox

Quando consideramos os R$ 120 milhões da posição de caixa e das aplicações financeiras, adicionados a R$ 40 milhões de adiantamento a fornecedores e R$ 50 milhões de créditos de PIS e Cofins, e nenhuma dívida, a empresa exibe confortável posição de caixa ou equivalentes e créditos de R$ 210 milhões. A esse último valor somam-se R$ 401 milhões da posição de estoques (sendo R$ 251 milhões de produtos acabados), com valor em dólar, mas contabilizados a custo em moeda local – e o total supera os R$ 590 milhões de valor de mercado da empresa baseado na cotação da ação em R$ 20,40 (o valor contábil dos estoques não reflete o valor de mercado devido ao efeito câmbio). Se considerarmos o lucro líquido dos últimos 12 meses (R$ 101 milhões), seu valor de mercado corresponde a menos de seis vezes o lucro líquido, embora 85% das receitas tenham sido geradas antes da desvalorização cambial. Este múltiplo deverá retrair-se fortemente (desde que o preço das ações se mantenha inalterado) devido à forte expansão da receita e do lucro líquido esperados para o segundo semestre, bem como a conversão dos estoques em caixa.

A nosso ver, esses indicadores mostram que a Tronox é uma das empresas mais descontadas na B3, e com solidez financeira sem paralelo. Para a segunda metade deste ano, o câmbio, a retomada do mercado e a monetização de estoques se traduzirão em resultados muito acima dos reportados nos últimos 12 meses (além do contínuo aumento do caixa) e potencial distribuição de dividendos elevados, já que 25% do lucro líquido têm de ser distribuídos e lembrando que a empresa detém 75% de incentivo fiscal sobre Imposto de Renda, além de prejuízos fiscais compensáveis, o que torna a provisão para IR muito baixa.

A empresa vem investindo em busca de maior produtividade, e o gás natural é um custo importante que terá o preço reduzido com o novo marco regulatório. Apesar do fechamento da mina que fornece 50% das necessidades de titânio (ilmenita), os estoques bastam para chegar até 2023, gerando caixa, e após o consumo destes estoques sua controladora será a principal fornecedora, já que é uma das três maiores produtoras mundiais de minério de titânio e a maior do mundo 100% integrada, ou seja, produz todo o minério consumido e ainda comercializa parte das matérias-primas e minérios produzidos.

EMPRESAS INVESTIDAS

Diante desse cenário, e com perspectivas de aumento na geração de caixa, fica a questão: a que o caixa, os dividendos ou os investimentos em suas operações serão dirigidos? A empresa opera a menos de 70% do volume autorizado pelas agências ambientais até 2026 (70 mil t/ano, embora produza menos de 50 mil toneladas anualmente) e conta com 75% de redução no Imposto de Renda até 2026 (ambos renováveis) e com R$ 55 milhões de créditos do mesmo imposto (não contabilizados no balanço) relacionados a prejuízos ficais compensáveis, conforme comentado anteriormente.

A mudança de controle acionário da Cristal Global (do grupo árabe saudita Tasnee) para a Tronox (empresa norte-americana, vice-líder mundial no negócio de TiO_2 e 100% integrada no fornecimento de minério de titânio) foi, julgamos, um importante catalisador de valor: a Tronox é listada nos EUA e seu objetivo é gerar valor para o acionista. O ex-controlador nunca demonstrou tal preocupação e debatia-se com elevado endividamento, limitando investimentos de suas subsidiárias, notadamente no Brasil, de forma a reduzir a dívida líquida em seu balanço consolidado, satisfazendo obrigações contratuais com seus credores. Tal procedimento prejudicou sua modernização e ganhos de eficiência, o que já está sendo corrigido pelos novos controladores. Em nossa opinião, o Brasil é o único local que justifica uma ampliação de capacidade para a Tronox no mundo. A América do Sul importa cerca de 80% de suas necessidades de TiO_2, o que se traduz num mercado de enorme potencial para a companhia, além de futuramente se tornar um consumidor cativo do minério ilmenita e *slag* (concentrado de ilmenita) produzidos pela controladora e fonte das necessidades de titânio. Para a controladora, o ganho poderá ser duplo: melhora os resultados no Brasil e aumenta suas vendas para a subsidiária brasileira.

TRISUL-TRIS3:

Construtora cujo foco está nas regiões mais nobres da cidade de São Paulo e no segmento de média/alta renda há quase dez anos. Em tempos eufóricos de IPOs, a Trisul continua sendo nosso único cavalo no setor imobiliário desde que iniciamos o fundo Flagship Small Caps, em abril de 2018. Nesse período, o investimento na Trisul proporcionou um retorno de 355% (até o fim de agosto), comparado a 16% do Bovespa, 39% do Índice SMLL do qual faz parte e 86% do nosso fundo Flagship Small Caps, sendo uma das posições que mais contribuíram positivamente para o desempenho dele.

A companhia vem apresentando resultados consistentes há anos. Desde seu IPO, em 2007, reportou apenas um prejuízo – em 2010, de R$ 40 milhões. Essa consistência, acreditamos, deve-se à estratégia de construir em regiões nobres com alta densidade populacional e poder aquisitivo, e de não atuar no segmento comercial e no *Minha Casa Minha Vida* (este dependente de ações governamentais). São terrenos com VGV de cerca de R$ 1,5 bilhão, não contabilizados no balanço por estarem amparados em contratos de compra e venda com cláusulas de rescisão unilateral. Isso significa que a companhia tem o direito de exploração de compra do terreno, mas só inicia o pagamento quando a execução de um projeto se torna viável. No total, o VGV, ou potencial de valor imobiliário de seus terrenos, é de R$ 5,1 bilhões. Essa estratégia, além de fomentar a demanda, reduz o risco da execução dos projetos – as regiões onde atua dispõem de infraestrutura básica e têm baixo potencial de risco regulatório.

Assim, presente em áreas nobres da cidade, o ciclo de desenvolvimento de terrenos (período entre a aquisição do lote e o lançamento do projeto) da Trisul é de menos de 30 meses, o menor do setor. Isso significa entregas rápidas e com alto percentual de unidades vendidas. Ou seja: a companhia monetiza seus ativos com agilidade e eficiência.

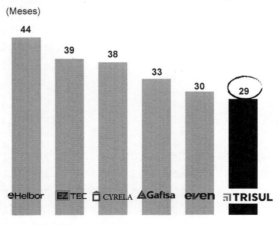

Fonte: Relação com Investidores - Trisul

EMPRESAS INVESTIDAS

Tal combinação assertiva de estratégia e execução resulta no melhor ROE do setor (19%). Eis aí um cavalo vencedor.

Agora comentando os resultados do 2T20: o contexto que se desenhava era o de uma "tempestade perfeita" para o setor e para a companhia: estandes (principal canal de vendas da Trisul) fechados; INCC (Índice Nacional de Custo da Construção) em ascensão, afetando custos de produção (e margens da companhia); cartórios fechados, atrasando certificações de terrenos e novos projetos e dificultando as vendas; e canal de vendas *on-line* ainda em desenvolvimento.

Mas nosso cavalo, repetimos aqui, é de ponta: lançou três empreendimentos com VGV de R$ 319 milhões, as vendas brutas somaram R$ 195 milhões (25% acima do 1T20), o EBITDA ajustado ficou em R$ 46 milhões (alta de 27%) e o lucro líquido, em R$ 36 milhões (31% acima do 2T19). O impacto negativo na margem bruta (de 35% no 1T20 para 33% no 2T20) veio do aumento dos custos de materiais de construção, principalmente aço e concreto. A companhia ainda tem 23 obras em andamento, com VGV total de cerca de R$ 2,3 bilhões, ou 2,6 vezes seu faturamento em 2019. Esses empreendimentos, inclusive, já incorporaram novos padrões para atender demandas pós-pandemia, como espaço para *home office*.

Comparativamente, os resultados reportados pela Trisul estão entre os mais fortes e consistentes da nossa carteira e, acreditamos, de todo o setor (entre empresas similares). A companhia ainda conta com recursos do *follow-on* levantados no 4T19. Ao todo, são mais de R$ 400 milhões para pagar empréstimos para capital de giro de curto prazo e compra de terrenos estratégicos.

Seguimos confiantes com o *case*. Projetamos um cenário conservador, mas o mercado se ajustou à nova realidade e a demanda por imóveis do padrão atendido pela Trisul continua muito positiva. Nossa maior preocupação é o custo da construção, especialmente na fase final. Isso deve afetar todo o setor e, de certa forma, os preços refletirão o "novo normal" dos custos. Já o mercado acionário sofre com excesso de IPOs dentro do segmento, limitando a exposição setorial por parte de fundos que usam o *top-down* como estratégia de construção das carteiras, alocando determinada percentagem em setores. Desta forma, ao investir em nova empresa do setor, necessitam vender posições existentes, de forma a manter a alocação setorial. Não usamos este conceito, mas o *bottom-up*, que considera o valor das empresas e não limita a exposição setorial nem busca alocar um determinado percentual em setores.

COMGÁS-CGAS5

A Comgás é uma empresa concessionária distribuidora de gás natural encanado no Estado de São Paulo – e a área de concessão em que atua concentra 27% do PIB nacional. Seu controle acionário concentra-se na *holding* Compass (99,2%), criada pelo Grupo Cosan para participar dos negócios relacionados ao gás. Suas atividades proporcionam grande previsibilidade de receita e lucratividade recorrente por conta das características do setor. Os clientes são totalmente dependentes da empresa para o fornecimento de gás, uma vez que, quando adaptados ao gás encanado, dificilmente buscarão conversão para outra fonte (até pelo custo da mudança).

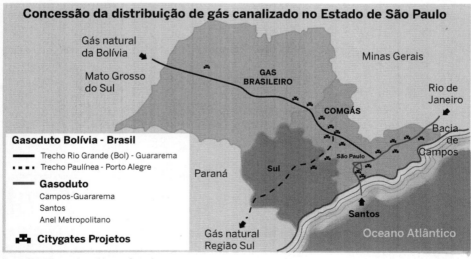

Fonte: Relação com Investidores - Comgás

Isso vale para todos os tipos de clientes: comerciais (principalmente hotéis e restaurantes), industriais, residenciais ou mesmo veiculares (GNV) que já fizeram adaptações para o gás natural.

EMPRESAS INVESTIDAS

Nos últimos dez anos, a Comgás demonstra uma dinâmica mista: por um lado, tem expandido sua malha de gasodutos para o interior paulista, ampliando sua carteira de clientes residenciais e comerciais. Por outro, tem perdido volume de consumo por conta das dificuldades do setor industrial e pela baixa competitividade do preço do gás. Como as margens do setor residencial são consideravelmente maiores, mesmo com a perda de volume no agregado, a empresa conseguiu aumentar a lucratividade e distribuir elevados dividendos (19,3% nos últimos 12 meses).

Para os próximos dez anos, acreditamos numa nova dinâmica para a companhia: com o novo marco regulatório do gás implementado, quatro transformações importantes devem acontecer: 1) o preço da molécula cairá substancialmente – talvez pela metade –, alinhando-se ao mercado internacional; 2) os contratos de fornecimento serão mais flexíveis, dos pontos de vista espacial, temporal, volumétrico e de fornecedores; 3) haverá intensificação de seu uso como fonte de energia, combustível e molécula; e 4) ocorrerá ganho de competitividade das indústrias que usam o gás como insumo e/ou substituto de outras opções.

Com apenas a Petrobras a fornecer gás no Brasil, o preço fica muito acima do praticado internacionalmente: a estatal tem-se aproveitado do *spread* monopolista. Por exemplo: neste ano, a petroleira importou gás pelo seu terminal de regaseificação a U$ 2,40/MM BTU, mas revendeu às distribuidoras a U$ 6/MM BTU – margem altíssima para um mercado competitivo. Com relação à mudança dos negócios, atualmente, quando se vai fechar um contrato de fornecimento de gás, além de contar com apenas um fornecedor da molécula, os prazos são longos; e as condições, desfavoráveis e inflexíveis. No futuro, espera-se ter contratos com diversos fornecedores, com retirada de gás em vários pontos, por um tempo determinado e com volumes menores. Assim, forma-se um mercado livre de gás, parecido com o que existe no setor de energia elétrica. A Petrobras também tem optado por reinjetar o gás em seus poços de petróleo como forma de estocagem e para aumentar a produção de óleo devido à maior pressão nos poços.

Apesar dessa mudança, o papel da Comgás continua o mesmo: monopolista da distribuição em sua área de concessão. Assim, inde-

A TRIGONOMETRIA DOS INVESTIMENTOS

pendentemente da forma do contrato, a empresa deve ser remunerada segundo uma tabela de preços pré-determinada pelo regulador, reajustada periodicamente. É importante mencionar que a Comgás é remunerada pelo volume distribuído, e não pelo volume vendido (preço). Isto é: quanto maior o volume distribuído, melhor, e quanto menor o preço, maior o incentivo para consumo e uso do gás natural. Gás mais barato e contratos mais atrativos serão muito favoráveis à empresa, pois há potencial de aumento do consumo, principalmente na indústria, na geração de energia termelétrica e por veículos, mais sensíveis a preço. No caso da indústria, destacamos cerâmica, vidros, fertilizantes, química e petroquímica, inclusive por meio de pequenas termelétricas e autoprodução, o que reduz muito custos ligados a encargos regulatórios e transmissão.

Dito isto, é difícil estimar o efeito dessas transformações na demanda da companhia, mas há certas dinâmicas interessantes a destacar: primeiro, o impacto mais rápido deve ocorrer em indústrias que já possuem capacidade instalada, mas que produzem de forma limitada por conta de custo e *mix* de produtos – o setor de cerâmica é um exemplo claro. Com custo do gás mais atrativo, o exportador brasileiro se torna mais competitivo e pode aumentar a produção, ganhando competitividade em relação a produtos importados impactados pela desvalorização cambial. Como a utilização na indústria estava abaixo de 80% da capacidade (antes da pandemia), uma simples mudança no preço da molécula pode aumentar a produção para capacidade plena, sobretudo explorando as exportações.

A Comgás fornece um importante parque industrial cerâmico na região de Santa Gertrudes e Rio Claro. O decréscimo do volume consumido de dez anos para cá indica que a capacidade instalada está subutilizada e que esse primeiro impacto é relevante para a demanda da companhia. Como os investimentos em dutos já foram realizados, a maior utilização eleva as receitas com a mesma base de custos, pois quem paga o preço do gás é o cliente.

Uma segunda dinâmica a destacar é a da expansão de capacidade e investimentos mais rápidos e de menor intensidade de capital: reformas de expansão e conversões de veículos para GNV, de fogões de GLP e de chuveiros elétricos para gás natural. Já para um prazo maior, a

EMPRESAS INVESTIDAS

mudança de demanda pode ser enorme. Em Santa Gertrudes, quando a Comgás fez a expansão, previa-se uma demanda várias vezes menor que a atual – mas foi surgindo um ecossistema industrial no local, com alta concentração de consumidores, embora ainda haja grande capacidade ociosa.

Mudanças tecnológicas em motores de veículos leves e principalmente pesados também podem impulsionar muito a demanda por gás nos próximos anos. A Scania já vende caminhões movidos a gás – com tecnologia de motores muito parecida com a dos movidos a diesel, mas cujo custo poderá ser substancialmente menor, além do efeito ambiental positivo, com menos emissão de CO_2 e eliminação de particulados. O ruído é menor, mas sem perda de desempenho. Para ônibus urbanos e serviços logísticos, o incentivo ao uso de veículos movidos a gás seria muito grande e com custo muito menor em relação a veículos elétricos.

O aumento da demanda das termelétricas a gás deve ser igualmente substancial. Pelo Brasil, já há diversas iniciativas: Pará e Sergipe têm projetos assinados de grandes usinas térmicas integradas a terminais de GNL; o mesmo pode se dar em São Paulo, com o terminal GNL em instalação na região de Santos, da Compass. O estado importa cerca de 60% da energia que consome; com custos competitivos das térmicas a gás, logo, existe um enorme potencial de geração na região.

Um projeto importante que pode sair do papel no fim do ano ou em 2021 é uma parceria entre EMAE e o consórcio Gasen (tendo ainda a Siemens como parceira), que prevê a construção de uma termelétrica de até 2 GW, que deve consumir 6 milhões de m³ de gás por dia. Para se ter uma ideia do tamanho desse projeto: no 2T20 foram consumidos 841 milhões de m³ de gás na região de concessão da Comgás (ou 9,3 milhões de m³ por dia). Ou seja: o consumo dessa parceria representaria expansão de 65% no volume transportado pela Comgás.

Devido aos efeitos da covid no 2T20, o volume de gás distribuído teve queda de 26,5% sobre o 1T19, ainda que o segmento residencial apresentasse avanço de 15%, com queda de 12,6 milhões para 9,2 milhões de m³/dia no conjunto de suas operações. A receita líquida também caiu, mas em ritmo menor (18,8%): as tarifas residenciais, que são mais altas, amorteceram o efeito do volume. No semestre, a queda

A TRIGONOMETRIA DOS INVESTIMENTOS

das receitas foi de apenas 4%. O EBITDA teve retração ainda menor no trimestre (16,8%) e no semestre, de apenas 1,6%. O lucro líquido recuou 48,4% no 2T20 sobre o 2T19, para R$ 159 milhões, mas no semestre a queda foi de apenas 1,9%, acumulando R$ 538 milhões. Os investimentos mantiveram-se de acordo com o planejamento: R$ 231 milhões de abril a junho, para aumentar a malha de dutos e ampliar o número de clientes atendidos, que cresceu 4,9% nos últimos 12 meses. A posição de caixa e equivalente é bastante confortável, com R$ 3,4 bilhões (contra R$ 2,2 bilhões de endividamento de curto prazo).

Com a retomada da economia, a empresa deverá aos poucos voltar a distribuir volumes como os anteriores à pandemia, notadamente no setor industrial, um dos mais impactados. Assim, esperamos que os resultados no 2S20 se normalizem, baseados principalmente nos apresentados no 1T20, e com o novo marco regulatório do gás abre-se uma enorme avenida de crescimento para o Grupo Cosan por meio da Compass (em processo de IPO buscando R$ 5 bilhões no mercado), tendo a Comgás como principal veículo de investimento no setor e distribuidora na "última milha", ou seja, ponta final de toda a expansão do setor em sua área de concessão, onde se concentra quase um terço do PIB do Brasil.

UNIPAR-UNIP6

Empresa do segmento químico e petroquímico desde 1969, e já em 1971 listada em bolsa de valores. Desde o início tinha participação de 50% na Carbocloro em parceria com a Occidental (os outros 50% foram comprados em 2013). Em 2016, comprou os negócios da belga Solvay Indupa na Argentina e no Brasil, por US$ 200 milhões – que representaram 70,6% da Solvay Indupa, que por sua vez controlava 99,9% da Solvay no Brasil. Em 2017 e 2019, mediante ofertas públicas na Argentina, a Unipar passou a controlar 98,4% da Solvay Indupa e fechou o capital da subsidiária argentina.

Atualmente, a empresa é a maior produtora de cloro e de soda da América Latina e a segunda maior produtora de PVC (mercado liderado pela Braskem). A companhia ainda produz hipoclorito de sódio e ácido clorídrico, insumos para indústrias têxteis, de papel e

EMPRESAS INVESTIDAS

celulose, alimentos, bebidas e farmacêutica, além de aplicações de natureza sanitária; e dicloroetano, matéria-prima básica para produção do PVC. A Unipar tem capacidade produtiva anual de 700 mil toneladas de cloro e derivados, 190 mil toneladas de soda e 276 mil toneladas de PVC. No 2T20, a capacidade ociosa média das suas unidades produtivas ficou em torno de 40%, mas isso deve diminuir com a retomada do mercado já no 3T20, repercutindo em forte elevação das receitas.

A Unipar opera em três unidades produtivas: Cubatão (SP/Brasil), Santo André (SP/Brasil) e Bahia Blanca (Argentina). Essa disposição geográfica é crucial para o sucesso estratégico da companhia: ela está nas proximidades dos principais mercados consumidores do país e perto de portos para escoamento. Dado o risco corrosivo e de explosão de seus produtos, há um limite de quilometragem para o transporte do cloro/soda, reduzindo a concorrência, pois as principais unidades produtivas da Braskem no Brasil estão da região Nordeste, longe dos centros consumidores.

Produtos / Serviços (mil toneladas / ano)	Cubatão	Santo André	Bahia Blanca	Total
Cloro Líquido	355	160	165	680
Soda Cáustica Líquida e em Escamas	400	180	186	766
PVC (policloreto de vinila)	-	300	240	540
VCM (MVC - cloreto de vinila)	-	317	248	565
Dicloroetano EDC	140	406	431	977
Ácido Clorídrico	630	37	-	667
Hipoclorito de Sódio	400	60	12	472

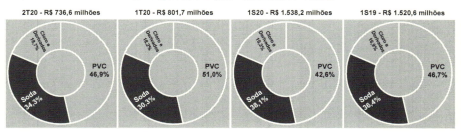

Receita Operacional Líquida Consolidada Por Produto

Fonte: Relação com Investidores - Unipar

Tivemos a oportunidade de visitar duas das unidades produtivas da companhia – Cubatão e Santo André. O programa Fábrica Aberta já funciona há 20 anos e recebe escolas, universidades, empresas e investidores do Brasil inteiro, todos os dias do ano. Durante nossas visitas, ficou evidente o cuidado especial da companhia com a segurança dos colaboradores e com a região de preservação florestal.

Na planta de Cubatão, a água do rio que a companhia utiliza em seu processo produtivo retorna mais limpa e oxigenada para sua origem do que quando captada. Como prova da qualidade do tratamento efetuado, os efluentes, antes de serem descartados no rio Cubatão, passam por um aquário, denominado Carboquarium.

A planta de Cubatão fica próxima a uma área verde de 650 mil m² de Mata Atlântica preservada. A companhia mantém um criadouro conservacionista outorgado pelo Ibama que acolhe animais da fauna local. Além disso, a Unipar conduz projetos assistencialistas recorrentes com a população do entorno da fábrica. Em nossa visão, a Unipar é um exemplo evidente de ESG em relação às práticas ambientais e sociais. A "cereja do bolo" virá com o encerramento do processo produtivo que utiliza mercúrio para produção de soda numa das unidades da planta de Cubatão. Esse descomissionamento deve ocorrer até 2025. No entanto, o uso de mercúrio se dá em processo fechado, com 100% de recuperação, pois não há comércio de mercúrio e qualquer dano ao meio ambiente.

No cenário de pandemia, a operação da Unipar foi considerada essencial por produzir materiais indispensáveis ao tratamento de água e à indústria de limpeza. Portanto, as três plantas não tiveram suas atividades interrompidas, apenas operando em condições ajustadas à demanda de seus produtos. Por outro lado, a procura por PVC, altamente relacionada ao setor de construção civil, recuou no período. Como o cloro (também usado na produção de PVC) é altamente corrosivo, não ocorre descarte; portanto, se a produção de PVC recua, a produção de cloro/soda deve ser ajustada. Como a fabricação de cloro resulta necessariamente na produção simultânea de soda cáustica (sal + água + energia = soda + cloro, através da eletrólise), houve redução na oferta de soda devido ao menor volume demandado de cloro.

Alguns segmentos consumidores de soda (alumínio e papel/celulose, por exemplo) mantiveram ritmo de produção mais intenso em re-

EMPRESAS INVESTIDAS

lação a outros. Assim, durante a maior parte do 2T20, a demanda por cloro caiu mais que a demanda por soda. Consequentemente, o preço da soda líquida (base: mercado americano para exportação) registrou preço médio 49% acima do verificado no trimestre anterior (embora 10% abaixo do 1T19).

Apesar do cenário desafiador, os preços no Brasil, seguindo base internacional (em dólar), mitigaram em parte a menor demanda por PVC e cloro.

A receita líquida de R$ 737 milhões no 2T20 recuou apenas 1,7% sobre o 1T19, enquanto o EBITDA de R$ 136 milhões cresceu de forma robusta: 53,5% sobre o 1T20 e 9,1% sobre o 2T19. A dívida líquida da empresa teve uma redução drástica: em junho, estava em R$ 3,5 milhões, contra R$ 216 milhões um ano antes. Isso mostra forte geração de caixa nos últimos 12 meses, em que pesem a adversidade do mercado e os efeitos da pandemia no 2T20. A utilização média da capacidade de produção de cloro/soda da Unipar ficou em 76,4% no 1S20, um aumento de 1,9% sobre o 1S19 e acima da média da indústria brasileira (49%, segundo a Abiclor). Na Argentina, foi de apenas 43% no 2T20, comparada a 74% no 1T20 e 70% no 2T19, mostrando que as operações argentinas vinham crescendo, mas foram penalizadas com os efeitos da covid no segundo trimestre.

Apesar do atual cenário desafiador, um novo contexto favorável vem-se desenhando. Estamos otimistas com o futuro da companhia: acreditamos que a demanda por PVC deve recuperar-se no curto e médio prazos, com a rápida retomada das atividades no setor de construção civil. O novo marco do saneamento – cuja meta é levar água potável a 99% da população e coleta de esgoto a 90% até 2033 – deverá ser positivo para a demanda de cloro. Além disso, a Braskem (hoje sua principal concorrente regional) está com sua planta de cloro/soda em Alagoas paralisada devido ao impacto que a mineração de sal-gema teve na estrutura das casas da população residente próxima à área de exploração. Eis aí uma excelente oportunidade competitiva para a Unipar ganhar mercado. ESG atuou em favor da Unipar, pois a Braskem foi duramente penalizada pelas práticas ambientais e sociais em seu entorno, além de multas bilionárias relacionados aos danos em Maceió (R$ 8,3 bilhões) e da corrupção apurada na Lava Jato. Como sempre observamos, um dia a conta chega e o acionista, inclusive minoritário, vai ajudar a pagar.

Outro evento relevante para a companhia é a aprovação do novo marco regulatório do gás. Sendo uma exportadora de *commodities*, a única forma de proteger as margens da companhia, além de uma política de *hedge*, é gestão de custos. Assim, é preciso entender a composição de custos da Unipar: mais de 50% são custos produtivos – água, sal e energia elétrica (insumos da produção de cloro/soda). A operação é intensiva em consumo de energia, por isso a queda de preço relevante do gás, com a quebra do monopólio da Petrobras, vai beneficiar suas margens.

Quando o gás apresentar preço competitivo no mercado brasileiro, a companhia poderá até substituir o eteno usado na produção de PVC (cujo preço é determinado pelo valor da nafta) pela molécula do gás. Em linha com essa estratégia, a companhia anunciou, recentemente, uma *joint venture* com a AES Tietê para construir um parque eólico na Bahia, previsto para entrar em operação no 2S22. O projeto tem capacidade de gerar 155 MW de energia elétrica instalada – equivalentes a 78 MW médios de energia assegurada, sendo que 60 MW médios foram comercializados por meio de contrato com prazo de 20 anos para a própria Unipar. Estamos plenamente alinhados com a estratégia de investimento dela.

Lembremos: a Unipar possui baixo endividamento e capacidade ociosa em todas as unidades produtivas. Acreditamos, portanto, que o melhor investimento atualmente são suas próprias ações. Precificada a R$ 28,50 (ação UNIP6), a empresa possui valor de mercado de R$ 2,7 bilhões e queda de 5% em 12 meses. A desvalorização do real, o aumento do preço da soda, a recuperação do mercado do PVC e a queda no preço do gás natural em agosto catalisarão resultados já no 3T20, mas que deverão consolidar-se ao longo do 2S20 e potencialmente em 2021. Recentemente a companhia ampliou o seu programa de recompra de ações, após o cancelamento das ações em tesouraria. É uma ótima sinalização de que o mais rentável destino do seu caixa atualmente são as ações da própria companhia, decisão com a qual concordamos plenamente.

EMPRESAS INVESTIDAS

SÃO MARTINHO-SMTO3

Fundada em 1914, a São Martinho é uma das mais antigas empresas do setor e da B3, tendo realizado seu IPO em 2007, com uma capacidade de esmagamento de 24,5 milhões de toneladas de cana-de-açúcar, crescendo quase 2,5 vezes de tamanho (crescimento anual composto de 8%) desde seu IPO, quando esmagava 9,8 milhões de toneladas. Já suas receitas cresceram 380% no período, ou quase 13% anualmente. Refletindo contínua expansão nas margens e crescimento físico, o EBITDA aumentou de R$ 290 milhões na safra de 2006/07, ano de seu IPO, para R$ 2 bilhões em 2019/20, nada menos de 590%, ou 16% de crescimento anual em 13 anos. Avaliamos que se trata de uma das empresas de maior rentabilidade do mundo no setor sucroalcooleiro, e das mais sustentáveis no conjunto de operações agrícolas e industriais. Seu potencial de expansão de margens e produção não se esgotou, especialmente devido a ações internas da companhia, bastante diligente em seus investimentos e decisões de alocação de capital, evitando aquisições destrutivas em valor com propósito único de crescimento. Assim rejeita prática muito usual no mercado e que, na maioria dos casos, contraria os preceitos do EVA, que é gerar valor aos acionistas; se o excesso de capital não tiver destino racional, o melhor é distribuir dividendos, tese que acreditamos poder ser implementada pela empresa.

Comentando seus resultados neste ano (a empresa fecha seu balanço em março e junho reflete seu primeiro trimestre), a queda do preço do petróleo afetou a demanda por etanol e, com a redução dela, a produção de açúcar subiu (pressionando os preços para baixo); mesmo assim, a São Martinho viu suas receitas crescerem 36% no 1T21 (jun/20), para R$ 1,024 bilhão, enquanto o EBITDA ajustado cresceu 41%, para R$ 491 milhões, com margem de 48% (ante R$ 348 milhões e margem de 46% no 1T20). O lucro líquido cresceu 28%, para R$ 116 milhões. O resultado reflete a alta de 10,8% na cana processada, atingindo 10 milhões de toneladas (ou 43% do estimado para a presente safra) com a antecipação da moagem viabilizada pelas boas condições climáticas. Ou seja, muito diferente do que as corretoras de valores antecipavam, penalizando a São Martinho com suas projeções pessimistas, a empresa surpreendeu o mercado. Em nosso caso, porém, sempre tivemos uma expectativa contrária à visão do mercado e mantivemos o otimismo em relação aos resultados e perspectivas para a empresa, não só para 2020, mas especialmente para 2021 em diante.

A produção de açúcar cresceu 36,7% e a de etanol, 6,3%, devido ao excelente rendimento agrícola e industrial, com o ATR (açúcar total recuperável) avançando 6,9% – de 122,7 kg/t para 131,2 kg/t. Tais indicadores antecipam um ano positivo e um olhar mais focado no açúcar. Com crescimento de 3% no volume de vendas de etanol, o resultado só não foi melhor devido à redução de 14,3% nos preços médios praticados (decorrência da forte queda no preço da gasolina e no consumo de combustíveis). Para a presente safra 2020/21, a empresa estima esmagar 23,2 milhões de toneladas de cana-de-açúcar (2,5% a mais que na safra anterior). Apesar de os resultados do primeiro trimestre já serem bastante positivos, grande parte foi vendida a preços com *hedge* do dólar a R$ 4,41 e açúcar em torno de US$ 0,13 por libra (R$ 1.315/t). Para a safra seguinte (2021/22), a empresa já fechou cerca de 16% das vendas relacionadas à cana própria a R$ 1.424/t (atualmente, já acima de R$ 1.600/t).

A condição negativa do mercado de etanol vem sendo revertida, com crescimento progressivo da demanda e reajustes no preço da gasolina. Assim, na primeira semana de setembro, o preço já estava cerca de 10% acima do visto um ano antes. Isso jogou luz sobre uma análise equivocada de corretoras a respeito do setor e da São Martinho (associavam seu valor ao mercado de petróleo). Com entressafra, recuperação da demanda e foco na produção de açúcar (por parte daquelas empresas do setor que puderam fazer esse direcionamento), um cenário possível é o de escassez de etanol, com aumento de preços (mas dependendo também do preço da gasolina).

Em termos de fundamento de mercado, destacamos a quebra de 43% na produção de açúcar na Tailândia (segundo maior exportador mundial) na última safra, e de 15% na Índia (segundo maior produtor mundial, atrás do Brasil). Isso ajudou a sustentar os preços apesar do forte incremento na produção brasileira. Mesmo com uma recuperação da próxima safra na Tailândia, o Brasil deverá elevar a produção de etanol, equilibrando o mercado (que deverá apresentar déficit uma vez mais).

EMPRESAS INVESTIDAS

Chamamos atenção para dois fatores relacionados à Índia. O país inicia a colheita da próxima safra em outubro, quando a do Brasil se encerra. Mas o número de pessoas infectadas pela covid-19 naquele país vem crescendo rapidamente, ao ritmo de quase 100 mil ao dia. Isso poderá (deverá?) prejudicar o deslocamento de quem atua na colheita manual. Ao contrário do Brasil, que praticamente erradicou queimadas e colheita manual, a Índia ainda usa esses dois métodos (empregando crianças e mulheres, inclusive). A Índia pretende adicionar 20% de etanol à gasolina até 2030. Isso significa menor oferta de açúcar – talvez até a saída da Índia do mercado como exportador. Por outro lado, a China vem importando mais açúcar. Esses fatores em conjunto poderão desequilibrar o mercado.

Trump anunciou que poderá aumentar a adição do etanol na gasolina de 10% para 15% a fim de ajudar seus eleitores do *cornbelt*, movimento de cunho eleitoral, óbvio. Se isso se concretizar – ainda que numa eventual gestão Biden –, os mercados de etanol, açúcar e milho poderão sentir um solavanco. Seria uma excelente notícia para o Brasil e empresas relacionadas a tais setores.

O valor de mercado da São Martinho, de R$ 8,1 bilhões (ao preço de R$ 23,45 por ação), nos parece excessivamente descontado. O mercado ainda a associa ao petróleo, o que consideramos equivocado; basta ver os resultados positivos, quando estava teoricamente no olho do furacão, e que deverão melhorar especialmente na safra 2021/22, com o novo patamar do câmbio. Apenas para chamar atenção a tal discrepância entre preço (ação) e valor (empresa), os 55 mil ha de terras próprias valem cerca de R$ 3,3 bilhões. Somem-se às terras outros R$ 2 bilhões (valor contábil) das lavouras de cana e ativos biológicos e créditos junto ao IAA (Instituto do Álcool e Açúcar) através da Copersucar (da qual a São Martinho foi associada), no valor de R$ 16,2 bilhões de precatórios da União em favor da cooperativa (cabendo 13% proporcionalmente à São Martinho). Desse total, apenas 22% foram recebidos com saldo corrigido (IPCA + 6%) – o recebimento deve acontecer ao longo dos próximos três anos e meio. Há ainda uma parcela de R$ 2,2 bilhões em discussão. Estimamos em R$ 1,7 bilhão os créditos da empresa relacionados ao IAA. Já temos cerca de R$ 7 bilhões – e nem se considerou ainda o valor de usinas, equipamentos e maquinários (e o fluxo de caixa gerado).

A TRIGONOMETRIA DOS INVESTIMENTOS

Com dívida líquida de apenas 1,5 vez o EBITDA dos últimos 12 meses, e sem grandes investimentos ou aquisições no radar, consideramos a São Martinho subalavancada e apta a aumentar de forma significativa seus dividendos. Investimentos em curso na cogeração de energia elétrica (200 MW, com início das operações em abril de 2023) e a maturação do processo de plantio de cana através de meiose e do projeto COA (controle via satélite dos equipamentos móveis, que permite otimizar o uso dos equipamentos) trarão ganhos progressivos de rentabilidade e no retorno sobre os ativos econômicos, o que, para a Trígono, é o princípio básico do EVA. A companhia, por fim, ainda tem diversas questões de natureza tributária em tramitação, que poderão trazer novos ganhos não recorrentes. Some-se a tudo isso tratar-se de empresa referência em ESG, e, neste ano, o setor já começa a vender créditos de carbono (CBIOs), conforme legislação em vigor, cabendo às distribuidoras de combustíveis comprar tais créditos de acordo com sua participação no mercado.

BRASILAGRO-AGRO3

Uma das maiores empresas brasileiras detentoras de terras agricultáveis. Sua principal estratégia de geração de valor é comprar propriedades rurais subutilizadas ou não produtivas e introduzir técnicas modernas e melhores práticas de manejo agrícola para aumentar a produtividade; isso valoriza as propriedades, que então são colocadas à venda em momentos oportunos, cujo resultado é realocado em novas propriedades e/ou distribuído aos acionistas por meio de dividendos.

O preço da terra do Brasil subiu 148% nos últimos 120 meses (contra 151% do CDI e 22,6% do IBOV). Entre 2009 e 2019, o dólar teve variação de 130% – a moeda americana serve como grande indicador do preço da terra, a qual é balizada por preços e rentabilidade dos produtos agrícolas. Com a desvalorização de 30% nos últimos 12 meses, o câmbio terá impacto positivo no preço da terra, tal como já se vê na renda do agronegócio e no capital disponível para investimentos (em terras, inclusive). Terra agricultável no Brasil é um ativo que ganha valor ao longo do tempo; quando a ela aplica o processo de desenvolvimento e transformação, a BrasilAgro monetiza seu portfólio de terras com impressionantes TIRs (Taxa Interna de Retorno) de 14% a 27%.

EMPRESAS INVESTIDAS

Ao longo de seus 11 anos de operação, a empresa já transformou mais de 125 mil ha de terras no Brasil e no Paraguai. Hoje dispõe de 16 fazendas, sendo 72% áreas próprias e 28%, arrendadas, na região do MATOPIBA (Maranhão, Tocantins, Piauí e Bahia) e no Paraguai. No total, formam uma área de cerca de 270 mil ha, dos quais 196 mil são agricultáveis.

A partir do seu modelo de negócios, além do ganho imobiliário no momento da venda da terra madura e desenvolvida, a companhia conta com fluxo de caixa operacional recorrente advindo da operação agrícola, que ostenta um *mix* de produtos composto por cana-de-açúcar, soja, algodão, milho e feijão, além da pecuária. Cerca de 41% da receita total da companhia são gerados pela venda de grãos – soja e milho – e 35%, de cana-de-açúcar, culturas que consideramos chave na balança de exportação do país. Dados recentes do Ministério da Agricultura mostram que as exportações do agronegócio em agosto subiram 7,8%, puxadas pelas vendas de soja (dado o aumento de demanda da China por grãos) e açúcar (em resposta à queda de produção na Índia e Tailândia). Projeções da USDA indicam que o Brasil deve aumentar a exportação de soja em 24% e de milho em 92% até 2029.

É muito importante para a operação consolidada da BrasilAgro dispor de uma receita recorrente da venda de produtos agrícolas, dado que o processo de desenvolvimento e transformação das terras agrícolas leva em média cinco anos. Assim, a companhia procura manter um equilíbrio contínuo do seu portfólio de terras dividido entre não desenvolvidas (35%), em desenvolvimento (30%) e desenvolvidas (34%).

O Brasil é o país com maior área agricultável, fazendo justiça ao carinhoso apelido de "celeiro do mundo". O tamanho do potencial agrícola brasileiro é impressionante: o solo do país totaliza 8,5 milhões de km² (60% dele, florestas), e mesmo grande parte desse território sendo agricultável, somente 65 milhões de hectares (ou 7,6% da área total) são cultivados, de acordo com a Embrapa. Historicamente, apenas os ganhos de produtividade não foram suficientes para suprir o aumento da demanda por alimento: nos últimos 40 anos, a produção agrícola avançou 400% e a área plantada cresceu apenas 60%.

A TRIGONOMETRIA DOS INVESTIMENTOS

A ESALQ (Escola Superior de Agricultura Luiz de Queiroz da USP) estima que, na próxima década, 50% da oferta de alimentos virão do aumento da produtividade de terras, e 50%, da abertura de novas áreas agrícolas, sendo que 40% desse potencial estão na América do Sul. Assim, consideramos a BrasilAgro muito bem-posicionada em termos geográficos e de estratégia no principal vetor de crescimento agrícola desse período. Como pioneira nas novas fronteiras agrícolas, inclusive no Paraguai, adquiriu propriedades com valores muito atraentes.

Novas ferrovias e melhorias em toda a cadeia logística são catalisadores para redução de custos de produção e escoamento. Isso valoriza as propriedades, cujos preços sempre são relacionados à renda que produzem, ou seja, receitas deduzidas os custos, inclusive do capital.

Em 2018 tivemos a oportunidade de visitar a Fazenda São José (MA) e observamos na prática o processo de transformação da terra executado pela BrasilAgro. Desde que assumiu a gestão da fazenda, a companhia mostrou excepcionais ganhos de produtividade mediante aprimoramento da técnica de cultivo e irrigação. Trata-se de uma área com mais de 18,6 mil ha de cana-de-açúcar e 4,8 mil ha de soja. Fizemos uma rápida visita ao canavial e é muito perceptível a diferença entre a lavoura antiga e a transformada pela companhia – o que fica evidente na evolução da métrica de t/ha desde a compra da fazenda. Sem contar que o preço da cana na região tem em média 20% de prêmio sobre a referência do Consecana, além de fretes mais baixos devido à proximidade do porto de Itaqui (aproximadamente 600 km), o que reduz os custos logísticos dos grãos.

A respeito dos resultados do 2T20 (período de encerramento do ano-safra 2019/20 da companhia), alguns fatores podem explicar desempenho comparativamente mais fraco que o do ano-safra anterior. Começando com a política de *hedge*: a companhia sofreu impacto negativo relevante no seu resultado financeiro devido à volatilidade cambial do período. O efeito era esperado e não é recorrente – e afetou também empresas exportadoras com exposição cambial e que realizaram *hedge*, dada a expectativa de valorização do real após as reformas (notadamente a da Previdência). Além disso, no começo da pandemia, diante daquele cenário de incertezas, a companhia antecipou vendas de produtos agrícolas para preservar caixa, medida que aumentou a exposição à volatilidade dos preços das *commodities* – especialmente da cana-de-açúcar, que sofria com os conflitos geopolíticos que afetaram o preço do petróleo.

Por fim, talvez o principal impacto negativo no ano-safra corrente tenha sido um resultado imobiliário 60% menor (R$ 72 milhões, ante R$ 177 milhões na safra anterior) devido a uma venda 75% inferior de terras (3,2 mil ha contra 13 mil ha na safra passada). Para explicar essa estratégia é preciso recordar como a lei da oferta e da demanda afeta os preços dos ativos: quando há abundância de oferta – ou seja, quando todos querem vender – os preços caem. Quando há escassez, os preços sobem. É nesse contexto que a BrasilAgro procura maximizar suas taxas de retorno na venda de terras desenvolvidas, agindo inversamente, limitando a venda das propriedades.

Além disso, mediante cenário favorável de preços de terra e baixas taxas de juros, a companhia adicionou cerca de 34 mil ha de terras para desenvolvimento a seu portfólio, incluindo a aquisição da Fazenda Serra Grande, em Baixa Grande do Ribeiro (PI). A propriedade tem 4,5 mil ha, dos quais 2,9 mil ha são agricultáveis a serem desenvolvidos, com aptidão para o cultivo de grãos. Por outro lado, a operação agrícola apresentou resultados positivos. Os números de produtividade de soja (10,4% superior à da safra anterior) e milho (57,8% superior à da safra anterior) são impressionantes. Esse desempenho alinha-se com os dados do PIB divulgados pelo IBGE: enquanto o Brasil afundou 11,4% no 2T20 em relação ao 2T19, o único setor que apresentou variação positiva foi o agropecuário (1,2% de alta no período).

A companhia ainda estreou na exportação de feijão, lavoura herdada da incorporação da fazenda Agrifirma (BA), próxima às fazendas Jatobá e Chaparral (esta, adquirida no início de 2020). Ao todo, foram adicionados ao portfólio da BrasilAgro 28.930 ha aptos para grãos e pecuária, além de relevante potencial para irrigação, o que se traduz em ganho de escala e sinergia com operações na região.

No consolidado da safra 2019/20, a BrasilAgro produziu 315 mil toneladas de grãos, 7,5 mil toneladas de algodão, 2,2 mil toneladas de cana e 2,5 mil toneladas de carne. Em termos de receita líquida, a combinação de expressivos volumes de produção, e mesmo com câmbio antes da desvalorização, gerou receitas de R$ 488 milhões na safra 2019/20, valor 36% superior ao da safra anterior. Lembro aqui que o câmbio médio praticado pela companhia ficou em torno de R$ 4,06 – agora que o câmbio supera os R$ 5,30, pode haver um aumento expressivo na receita (57% da próxima safra já foi travada em R$ 5,12, taxa que deverá aumentar progressivamente).

Outro evento que pode destravar valor no futuro é o projeto de lei que flexibiliza a venda de terras para estrangeiros.

Atualmente, a Lei 5.709/1971 prevê uma série de restrições para aquisição de imóvel rural por estrangeiros – por exemplo, a limitação de dimensões das áreas a serem compradas e a exigência de autorização prévia do Incra (Instituto Nacional de Colonização e Reforma Agrária) para implantação de projetos agrícolas.

Essa "novela" é debatida há décadas e, como a BrasilAgro possui um controlador argentino (Cresud), essa flexibilização pode destravar a operação da companhia. O projeto está atualmente em tramitação na CCJ (Comissão de Constituição e Justiça) da Câmara dos Deputados.

Em termos de precificação, o valor de mercado da BrasilAgro é de cerca de R$ 1,32 bilhão (com ação a R$ 22,24). Segundo avaliação interna mais recente, o valor de mercado do portfólio de fazendas da companhia estava em torno de R$ 1,9 bilhão (ou seja: a empresa negocia com um desconto de 30% sobre o valor das propriedades), sem contar o potencial de valorização das terras, geração de caixa e distribuição de dividendos. Em 12 meses, a valorização das ações, em torno de 30%, acompanhou a alta do dólar.

KEPLER WEBER-KEPL3

Fundada em 1925, a Kepler Weber é líder na manufatura de equipamentos para armazenagem, beneficiamento e movimentação de grãos, com cerca de 40% do mercado no segmento (o segundo colocado tem cerca de 10%). Suas fábricas ficam em Campo Grande (MS) e Panambi (RS). O portfólio de produtos inclui silos metálicos, transportadores horizontais e verticais, secadores e máquinas de limpeza de grãos. A re-

EMPRESAS INVESTIDAS

ceita em 2019 veio de armazenagem (71%), construção de transporte de granéis (6,2%), peças e serviços (12,2%) e exportações (10,6%). É o *one-stop-shop* da pós-colheita, provendo equipamento para secagem e beneficiamento do grão, construção de silos, serviço de manutenção e movimentação de granéis, incluindo não relacionados aos agrícolas, em ferrovias, hidrovias e portos.

Em 2019, a razão "capacidade de armazenamento/produção total de grãos" ficou próxima de 70% no Brasil, enquanto o *benchmark* considerado ideal pela FAO (Organização das Nações Unidas para Alimentos) para segurança alimentar é de 120%. Nos EUA, esse nível aproximou-se de 114% em 2016. O armazenamento é importante tanto para vendas a preços mais favoráveis quanto para diminuição dos custos de frete, que encarecem em período de safra pela procura elevada e maior tempo de deslocamento logístico por conta do trânsito nas estradas, congestionamento dos portos e capacidade de embarque.

Como exemplo, a multa para cada dia de atraso de um navio no porto, comum em períodos de escoamento de produção, é de US$ 30 mil/dia, custo que muitas vezes acaba sob responsabilidade do exportador. Além disso, a armazenagem mantém o grão com o nível de umidade adequado, de forma a otimizar a pesagem do grão vendido pelo produtor, que não vende o grão muito seco, perdendo peso útil e receita. A sanidade dos grãos contra insetos e fungos é também garantida pela armazenagem adequada. A limpeza do grão e a manutenção da umidade máxima permitida são igualmente importantes – grãos muito úmidos ou com impurezas sofrem descontos no preço, além da perda causada pelos insetos, fungos e bactérias. Tudo isso representa custos.

A safra 2020/21 está estimada em 279 milhões de toneladas, pela última avaliação da Conab (Companhia Nacional de Abastecimento), quase 30 milhões de toneladas acima do recorde anterior (crescimento de 8%) em 2019/20. Existe uma estimativa de que, a cada 1 milhão de toneladas de grãos produzidos adicionalmente, são necessários investimentos de R$ 1 bilhão em armazenagem. Parte será feita por meio de crédito subsidiado via BNDES (programa PCA), que nesta safra será de R$ 2,4 bilhões para armazenagem. O crédito privado também tem ganhado cada vez mais relevância para a construção de silos, com grandes bancos disputando financiamento para o agronegócio. Atualmente o agricultor brasileiro está bem capitalizado, devido a safras recordes e ao patamar do câmbio – e já comercializando a safra 2020/21, que ainda nem foi plantada, recebendo adiantamentos.

Além disso, é preciso considerar as incertezas quanto à disponibilidade do frete para escoamento imediato, como observado durante a greve dos caminhoneiros. Fica cada vez mais interessante para produtores investir em silos: o retorno é certo e rápido. Outro *driver* é o melhoramento da infraestrutura brasileira, com ampliação e construção de ferrovias, hidrovias e portos, todos necessitados de estruturas de armazenagem. O possível aumento da produção do etanol de milho no Brasil pode ainda ser determinante para que se armazenem mais grãos, além do crescimento do setor de proteínas animais. Fora isso, observa-se recentemente o forte aumento dos preços do arroz e do feijão, por absoluta falta de estoques desses cereais, que poderiam ter sido armazenados pela Conab, regulando a oferta durante a entressafra ou escassez, como se observa.

Fonte: Cogo Inteligência 2020

Historicamente, o setor tem certa dependência de oferta de linhas de crédito subsidiado aos produtores, atualmente com juros de 5% a 6%, prazo de 15 anos com três de carência. O crescimento dos fundos imobiliários pode ser, assim como foi para o segmento de *shoppings* e galpões logísticos, um grande provedor de recursos ao setor de arma-

EMPRESAS INVESTIDAS

zenagem e viabilizar muitos investimentos. Além do GGR Copevi (R$ 810 milhões de patrimônio) outro FII que investe em silos é o Quasar Agro (R$ 510 milhões de patrimônio), iniciado em novembro de 2019 e com investimentos exclusivamente em armazenagem agropecuária. O potencial de impacto dos FIIs nesse setor pode ser ainda maior, já que os produtores, como regra geral, são pouco capitalizados e avessos à alavancagem, embora recentemente essa tendência tenha mudado. Uma solução que envolva pagamento de aluguel sem endividamento é atraente para eles. Essa solução passa pelos fundos imobiliários para armazéns e silos.

O agronegócio atravessa um momento muito positivo, em especial pelo efeito na renda proporcionado pela taxa de câmbio, e a Kepler, como líder de mercado, deverá capturar este bom momento com aumento nas encomendas. Acreditamos que este cenário é sustentável no longo prazo. Disponibilidade de novas fronteiras agrícolas (o Brasil é o país com maior área ainda disponível para agricultura), emprego crescente de tecnologia com ganhos de produtividade e redução de custos, melhoria na logística, mais profissionalização no campo, queda nos juros, maior oferta de crédito – todos esses são fatores determinantes para inserir cada vez mais o Brasil no comércio mundial de grãos. Isso só faz crescer a necessidade de silos para abrigar o crescente volume da produção. O setor de armazenagem, direta ou indiretamente, acaba favorecido.

O nome Kepler Weber é uma referência em silos, pela qualidade e confiabilidade na entrega dos produtos e nos prazos, pela assistência técnica e pela eficiência operacional (margens rivalizam com *benchmark* internacional do setor). Os investimentos realizados em *lean manufacturing* (*just in time* ou kanbam) já vêm trazendo resultados bastante positivos e as margens de rentabilidade em relação ao histórico deverão crescer. Também proporcionaram mais eficiência na alocação de capital, reduzindo o prazo de execução das encomendas, estoques intermediários e a área ocupada do parque fabril.

A KW possui quatro principais concorrentes: AGI (Canadá), GSI (ligada ao grupo AGCO), Comil e CASP. A GSI tentou comprá-la em duas oportunidades – 2007 e 2016. Na segunda tentativa, o preço oferecido não agradou aos acionistas, incluindo fundos que investiam na época.

A TRIGONOMETRIA DOS INVESTIMENTOS

Apesar dos efeitos da pandemia e da necessidade de paralisar atividades industriais por duas semanas, os resultados do 2T20 foram relativamente positivos. A receita líquida, R$ 94 milhões, foi 19,7% inferior à do ano anterior. O EBITDA ajustado de R$ 7,4 milhões (excluindo despesas não recorrentes de R$ 4,9 milhões e ganhos de PIS e Cofins de R$ 21 milhões) representou queda de 47,6% sobre o do 2T19 (R$ 14,1 milhões), explicada pela redução de atividades e custos fixos no período. Já o lucro líquido, R$ 15,2 milhões, foi muito positivo, visto que um ano antes houve prejuízo de R$ 3,5 milhões. Como comentado anteriormente, grande parte deste lucro foi proveniente de ganho não recorrente (PIS e Cofins), mas será convertido em caixa.

O que mais chamou nossa atenção, porém, foi a posição de caixa e equivalentes em junho: R$ 145 milhões, contra endividamento total de R$ 52 milhões (ou seja, caixa líquido de R$ 93 milhões). Essa solidez financeira é especialmente importante num momento como o atual – e num setor que opera sob encomenda. Os clientes adiantam recursos para execução de pedidos, incorrendo no risco de não serem atendidos no prazo acordado, ou mesmo do não cumprimento da entrega por parte do fornecedor. Este é mais um fator que deverá favorecer a Kepler no segundo semestre.

Acreditamos que existem potenciais de crescimento e destravamento de valor por meio de aquisições e melhor governança. Apesar de ter 100% das ações na classe ON, ainda é negociada no Nível Básico de governança corporativa. Uma migração para o Novo Mercado poderá ser importante, melhorando a percepção do mercado em relação à governança e tornando suas ações mais líquidas.

Com valor de mercado de R$ 1,078 bilhão (preço da ação em R$ 41,00), acreditamos que a Kepler Weber está subprecificada, dado o enorme potencial de crescimento. Em 2014, a empresa teve faturamento de R$ 906 milhões e lucro líquido de R$ 133 milhões (14,7% de margem), comparados a apenas R$ 584 milhões e R$ 38 milhões em 2019. Só para voltar ao nível de seis anos atrás, a KW deveria crescer 55% em receitas, sendo que a situação do agronegócio atualmente é muito melhor, o déficit de armazenagem cresceu substancialmente e a produção de grãos aumentou 45% desde então, já considerando a projeção da safra 2020/21. Em 2014, a empresa tinha um valor de mer-

EMPRESAS INVESTIDAS

cado superior a R$ 1,3 bilhão (30% acima do atual) e um caixa líquido de R$ 72 milhões, portanto abaixo do atual. E como comentamos anteriormente, o *lean manufacturing* deverá proporcionar margens de rentabilidade operacional melhores e que serão percebidas à medida que a empresa aumentar o nível de atividade, absorvendo os custos fixos. O Brasil é o celeiro do mundo e a Kepler Weber, a maior fábrica de celeiros. A empresa é recordista mundial em capacidade de silos, com 25 mil toneladas.

SCHULZ-SHUL4

Fundada em 1963 (um dos fundadores é o CEO e importante acionista) e baseada em Joinville, é a maior fundição de ferro do Brasil com usinagem, pintura e montagem de sistemas automotivos. Na linha de compressores de ar de pistão e parafuso, possui cerca de 75% do mercado em que atua no Brasil, contando com uma rede de 10 mil distribuidores e 700 assistências técnicas – segunda a empresa, a maior em seu segmento no mundo. Realizou seu IPO em 1994 e atua em 70 países, tendo inaugurado recentemente um centro de distribuição nas cercanias de Atlanta, sede da WEG Américas, importante fornecedora de motores elétricos para a Schulz.

A distribuição das receitas da empresa é: cerca de 25% na divisão de compressores e 75% na divisão de componentes automotivos para veículos pesados (destes, 40% vêm do mercado de caminhões, 30% do de tratores e veículos *off-road* e 30% da exportação). Mesmo com a forte queda na produção em abril e maio (reflexo da pandemia) e com o fechamento de vários pontos de venda de compressores (devido a uma natural redução da demanda pelo produto, dadas as circunstâncias), a Schulz surpreendeu.

A receita líquida caiu 37% no 2T20 sobre o 1T20, mas as vendas de compressores cresceram 9,6%, enquanto a divisão automotiva recuou 47%. No trimestre passado, a produção brasileira de tratores e veículos *off-road* diminuiu 36%, e a de caminhões, 67% em relação ao ano anterior, o que explica a retração da divisão automotiva.

A TRIGONOMETRIA DOS INVESTIMENTOS

O cenário desafiador não foi obstáculo para a empresa, que reportou em junho posição de caixa e aplicações financeiras de R$ 490 milhões (contra R$ 430 milhões de passivo circulante, evidenciando excelente liquidez).

A dívida líquida encolheu de R$ 235 milhões em março para R$ 186 milhões em junho (contra R$ 241 milhões de junho de 2019). Isso por si só é notável, pois somente nos últimos 12 meses a empresa investiu quase R$ 100 milhões. O lucro operacional, medido pelo EBITDA, atingiu R$ 29,3 milhões no 2T20 (margem de 16,3% sobre as vendas), ante R$ 33,7 milhões no 1T20 (margem de 14,4%) e R$ 39,6 milhões no 2T19 (margem de 13,9%). Expansão de margens num ambiente tão complicado, e com queda de apenas 13% sobre o 1T20 (quando o mercado estava normal)? Surpreendente. O lucro líquido de R$ 13,2 milhões representou uma pequena queda de 15,2% sobre o de 1T20, o que não deixa de ser positivo diante da forte retração do mercado.

Na empresa, a expectativa quanto ao 3º trimestre é muito positiva, de crescimento de 80% nos pedidos (inclusive de clientes europeus que transferiram ao Brasil parte de sua produção no período de férias de verão – inverno por aqui). A empresa tem investido pesadamente em novos produtos – de compressores a componentes – com clientes da divisão automotiva (nomes como Mercedes Benz, Volvo, Scania, DAF, Caterpillar, MAN, John Deere e fabricantes de componentes do grupo Randon, ZF e Eaton). A modernização dos veículos produzidos no Brasil em linha com o mercado europeu oferece excelente oportunidade de crescimento e fornecimento para as matrizes no exterior pelo processo de globalização.

A Schulz, além da expansão de sua fundição (25% projetada para os próximos dois anos), vem investindo em inovação, tecnologia (indústria 4.0), uso intenso de robôs e ampliação da capacidade de usinagem, oferecendo soluções completas, absorvendo parte do processo das linhas de montagem, melhorando a eficiência e a produtividade das montadoras. A empresa se beneficia da desvalorização do câmbio (um terço da sua produção é exportado) e da ampliação das exportações dos clientes: a globalização dos produtos os leva a buscar regiões de maior rentabilidade para alocar a produção, além da nacionalização de componentes. Com a cotação das suas ações a R$ 11,04, a Schulz está

EMPRESAS INVESTIDAS

precificada em R$ 987 milhões, pouco mais de dez vezes o lucro de 2019, de R$ 97 milhões. Nos últimos três anos, as receitas cresceram 65% e o lucro mais que triplicou, mesmo o Brasil passando por uma recessão e juros elevados, que contrariam a expansão das atividades nas quais a Schulz está inserida. Mas o futuro parece ainda mais promissor.

Pelo que se disse até aqui, a nós parece bastante provável que a empresa mantenha as condições de continuar a crescer e ampliar suas margens de rentabilidade. O bom momento do agronegócio e as perspectivas de investimentos em infraestrutura, que demandarão equipamentos fabricados pelos seus principais clientes, terão efeito positivo. Segundo a Sobratema (Associação Brasileira de Tecnologia para Construção e Mineração), o setor por ela representado cresceu 62% no 1S20 (incluindo equipamentos importados) e há uma carteira potencial de R$ 226 bilhões em obras de infraestrutura – portos, aeroportos, ferrovias e rodovias até 2022 por meio de PPPs (Parcerias Público-Privadas). Para o IBRAM (Instituto Brasileiro de Mineração), as empresas do setor investirão R$ 32 bilhões até 2025. Grande parte destes investimentos será canalizada para veículos produzidos por montadoras clientes da Schulz.

O agronegócio é outra vertente de crescimento, sendo o segmento de tratores agrícolas um dos principais atendidos pela Schulz, com destaque para a John Deere, um dos mais importantes clientes, com o qual está habilitada a desenvolver componentes em soluções para produtos globais. A Caterpillar também se destaca, transferindo para o Brasil parte de sua produção do exterior, sendo que nosso país, além de oferecer excelentes perspectivas para investimentos e obras no setor de infraestrutura, tornou-se muito competitivo pela desvalorização cambial e deverá ganhar relevância como exportador. Para finalizar, a Schulz investe pesadamente para atuar cada vez mais como "sistemista", ou seja, em vez de simplesmente fornecer componentes, passa a vender sistemas completos, como freios. Na linha de compressores, inovação, equipamentos mais econômicos e novos produtos, como para o setor de construção e para reposição em freios (neste caso, combinando a divisão automotiva com a de compressores), abrem grande perspectiva de crescimento. Digno de nota o fato de, apenas dois anos depois de seu lançamento, os compressores usados em reposição em sistemas a ar para caminhões da Schulz tornarem-se líderes absolutos de mercado. E mais: para cada 100 mil km rodados, os veículos devem fazer uma reposição preventiva dos compressores, já que é um componente envolvido em segurança, no qual não se pode economizar ou reduzir a manutenção.

TUPY-TUPY3

Fundada em 1938, sediada em Joinville e listada desde 1966 na então Bovespa (hoje B3), a Tupy atua no segmento de componentes automotivos, notadamente no nicho de blocos e cabeçotes de ferro fundido. Com duas plantas industriais (Cifunsa Diesel e Tecnocast) adquiridas em 2013 no México por US$ 439 milhões, a empresa tornou-se uma multinacional brasileira. Sua capacidade instalada saltou 60% e o mercado norte-americano responde por mais de 60% de seu faturamento (do qual mais de 80% são gerados no exterior). Trata-se da maior exportadora do Brasil no segmento de componentes automotivos.

Em dezembro de 2019, a Tupy anunciou a aquisição dos negócios de fundição de componentes de ferro fundido da Teksid (controlada da Fiat Chrysler-FCA) por € 210 milhões (será 100% financiada). A compra praticamente dobrou sua capacidade de fundição, com plantas em Betim (MG), México, Polônia e uma *joint venture* na China. Assim, a Tupy terá 100% da produção de blocos e cabeçotes de ferro fundido no mercado brasileiro (que também importa) e vai suprir outras empresas do Grupo FCA, como Case New Holland e Iveco. O preço da aquisição equivale a 4,9 vezes o EBITDA, e a integração com a Teksid trará importantes sinergias – incluindo pesquisa e desenvolvimento, compras, otimização da produção nas plantas, melhores práticas etc. A aquisição está em processo de análise pelos órgãos reguladores. A Tupy atenderá ainda, por meio de contratos de sete anos, o Grupo FCA, que deverá tornar-se seu maior cliente, integrando uma lista que inclui nomes como Ford, Tracton (VW, MAN e Scania), Daimler, Cummins, John Deere, MAN e Caterpillar.

Sumarizando: a Tupy atua num ambiente de elevadas barreiras de entrada e complexidade industrial, com tecnologia de última geração para maximizar eficiência energética e mecânica dos motores que usam seus componentes (desenvolvidos com montadoras e fabricantes). Na realidade, indiretamente, seus produtos fazem parte de aplicações em soluções de conversão de energia química (atualmente de origem fóssil; no futuro, de hidrogênio, biogás e biodiesel) em energia mecânica. Com a aquisição da Teksid, consolidará sua posição de líder mundial, com potencial de dobrar de tamanho em até três anos, em nossa avaliação.

A Teksid apresentou margem EBITDA de 8,1% em 2019 e média projetada de 8,8% nos próximos cinco anos. A Tupy acredita que a Teksid poderá elevar a margem a 14%, sem considerar sinergias e sem a nova realidade de câmbio, que deverá favorecer a rentabilidade de ambas. Em nossa opinião, um alinhamento para 16%, seguindo a margem da Tupy, é plausível. Isso, se concretizado, dobraria o valor da Teksid, sem considerar que a capacidade da empresa em 2019 estava 30% ociosa e poderá ser preenchida sem grandes investimentos.

A Tupy atende fabricantes de bens de capital para uma série de setores, como construção e infraestrutura, mineração, agronegócio, energia, naval, aeroportuário e logística, além do enorme mercado norte-americano de *pick-ups* e SUVs. Entre 2007 e 2019, a Tupy mais que triplicou seu EBITDA – de R$ 229 milhões para R$ 700 milhões, mesmo com taxa de câmbio abaixo de R$ 4,00. Tudo o mais mantido constante, a desvalorização cambial de 30% do real em 12 meses ocasionaria crescimento de ao menos 20% nas receitas, além de ampliação da margem de rentabilidade, principalmente devido às exportações.

O impacto da covid-19 no resultado do 2T20 foi forte. Indústria automotiva e toda a cadeia de produção e vendas pararam. O volume de vendas caiu 60%, a 61 mil toneladas; as receitas recuaram 54%, a R$ 645 milhões (contra R$ 1,4 bilhão no 2T19), sendo da receita total apenas 14% na América Latina. O segmento *off-road* e veículos comerciais (que deverá ter recuperação mais acelerada) representou 92% das receitas. A empresa reportou, no trimestre passado, prejuízo de R$ 83 milhões (contra lucro de R$ 59 milhões no 2T19), associado à queda da atividade e alguns efeitos não recorrentes. Endividamento e liquidez não preocupam: dos R$ 2,665 bilhões de dívida total, R$ 1,9 bilhão vencem em 2024/25 e R$ 621 milhões em 12 meses; as disponibilidades de caixa, por sua vez, estão em R$ 1,3 bilhão (ou duas vezes o tamanho da dívida de curto prazo). A dívida líquida, de R$ 1,4 bilhão, represen-

A TRIGONOMETRIA DOS INVESTIMENTOS

ta menos de duas vezes o EBITDA de 12 meses entre abril de 2019 e março deste ano (R$ 728 milhões). Seria um nível normal, mas o efeito câmbio deve influenciar – e mais de 80% das receitas em moeda estrangeira deverão ser expressos em resultados a partir do 2º semestre, reduzindo favoravelmente a relação entre dívida e EBITDA.

Além da recuperação dos mercados – notadamente o norte-americano e o de veículos pesados –, a renovação da carteira com produtos de maior valor agregado e a necessidade de reposição de frota e estoques (e a aquisição da Teksid) dão margem a um sentimento de otimismo. A R$ 16,12 por ação, o valor de mercado, de R$ 2,3 bilhões, equivale a US$ 435 milhões (dólar cotado a R$ 5,33) – ou menos que o das plantas adquiridas no México. Estas, nos últimos sete anos, passaram por grandes melhorias em processos, desenvolvimento de produtos, redução de custos e ampliação de mercado. Investimentos em infraestrutura nos EUA e em outros países, bem como em mineração e agronegócio, reforçam esse otimismo quanto aos resultados da empresa, especialmente de 2021 em diante. Acreditamos que, no entanto, a aquisição da Teksid é um evento de extraordinária importância, com a Tupy podendo dobrar de tamanho e capturar geração de valor que não estava embutida no preço de aquisição. Ainda assim, as ações da Tupy estão precificadas 40% abaixo do preço anterior ao comunicado do fato relevante no fim do ano passado e ainda sem levar em consideração o efeito positivo do câmbio em seus negócios e resultados que serão exibidos nos próximos trimestres, especialmente, em 2021.

WLM-WLMM4

Fundada em 1946, a empresa atuou inicialmente na distribuição de GLP (gás liquefeito de petróleo) por intermédio da Cia. Supergaz (estabelecida inicialmente na cidade de Campinas) com a aquisição da empresa Paterno & Cia. Ltda., que atuava como distribuidora de gás na região, em sociedade com amigos. Em 1956, o senhor Wilson Lemos de Moraes, fundador do grupo, adquiriu a parte de seus sócios. Posteriormente comprou mais duas empresas do setor, Gasbel e Petrogaz, dando o arranque para seu crescimento.

EMPRESAS INVESTIDAS

CURIOSIDADE:

A família Lemos de Moraes associou-se a Erling Lorentzen (hoje com 97 anos), norueguês casado com a princesa Ragnhild, filha mais velha do rei norueguês Olavo V – que, em 1953, adquiriu os negócios de gás da Esso (Exxon) no Brasil, denominada Gasbrás. A Supergasbrás nasceu da fusão, em 1968, da Supergás, dos Lemos de Moraes, com a Gasbrás (de Lorentzen), que tinha dificuldades operacionais e buscou na parceria com empresa de reconhecida eficiência a resolução de seus problemas. Em 1972, com desavenças na sociedade, o senhor Lorentzen vendeu sua parte na Supergasbrás para dedicar-se à Aracruz Celulose, por ele concebida em 1968. Hoje, mantém negócios de navegação em empresa que leva seu nome e é cunhado do atual rei da Noruega, Harald V. A Supergasbrás continua a crescer graças a várias aquisições, tornando-se uma das três maiores do setor no país.

Na década de 1970, a Supergasbrás tornou-se concessionária da marca Scania, dadas as sinergias. Em 2004, a família Lemos de Moraes vendeu o negócio de gás ao grupo holandês SHV Energy (controlador da Minasgás), após o que mudou de nome para WLM – as iniciais do fundador, Wilson Lemos de Morais (a família controla 83% do capital social por meio da *holding* Sajuthá Participações). A WLM é uma das maiores concessionárias da Scania no Brasil e no mundo. Suas unidades estão em SP (Quinta Roda), RJ (Equipo), MG (Itaipu) e PA (Itaipu Norte) e alcançam 944 municípios. A empresa também atua na agropecuária, com fazendas e propriedades que podem ser monetizadas em empreendimentos com diferentes propósitos. Em 2019, a WLM (então apenas uma *holding*) incorporou suas quatro subsidiárias concessionárias Scania e tornou-se uma empresa operacional (os nomes-fantasia foram mantidos). A gestão é 100% profissional: à família cabem apenas dois assentos no conselho de administração, além de três conselheiros independentes, entre eles Luís Octavio da Motta Veiga (advogado e ex-presidente da CVM).

A atividade agropecuária – pecuária com mais de 25 mil cabeças de gado, café e grãos em pequena escala – representava até 2019 cerca de 3% das receitas. Uma das propriedades, de 100 mil hectares, fica

A TRIGONOMETRIA DOS INVESTIMENTOS

entre o sul do PA e o norte do MT (80 mil ha são mantidos como reserva legal). Em fevereiro foi divulgado em fato relevante o contrato de parceria com a Sierentz Agro Brasil, para cultivo de grãos – notadamente soja – por 15 anos numa área de 14 mil ha desta propriedade. A Sierentz, ligada à família Dreyfus, adquiriu a Agrinvest, que cultiva mais de 45 mil ha de soja de terceiros no MA. Em 2018, as receitas da Sierentz alcançaram R$ 201 milhões, com lucro líquido de R$ 81 milhões. Os números mostram o potencial de geração de receitas e valorização da propriedade da WLM (que representa uma escala equivalente a um terço do novo parceiro). A Sierentz é administrada por Christophe Akli (CEO desde 2018), que já comandou a Biosev e a Paranapanema, nome ligado à família Dreyfus (investidora da Biosev).

Um dos principais ativos imobiliários da WLM são as propriedades que possui por meio da subsidiária Itapurá, que cultiva café no sul de MG e possui áreas compreendendo 280 ha na região de Jaguariúna (inclusive próximas à Ambev e à Motorola). Acreditamos que tais propriedades tenham diferentes vocações imobiliárias e a WLM estuda a melhor maneira de monetizá-las – seja em parcerias (como a da Sierentz), como condomínio residencial ou para logística (dada a localização estratégica). Estas propriedades na região de Jaguariúna estão contabilizadas por valor histórico no total de R$ 76 milhões, que acreditamos ser uma fração do seu potencial imobiliário. A tabela abaixo ilustra a evolução do lucro líquido consolidado nos últimos três anos, mas sem espelhar a importante parceria no segmento agropecuário que deverá repercutir nos próximos dois anos:

Segmento	Lucro / (Prejuízo) - R$mil		
	2019	2018	2017
Automotivo	57.895	26.920	11.756
Agropecuário	2.493	(2.411)	(6.144)
Administração	(10.553)	(8.249)	(11.581)
Descontinuadas	(58)	(198)	(733)
Total	49.777	16.062	(6.702)

(1) Inclui todas as controladas: Fartura, São Sebastião do Araguaia e Itapura

Fonte: Relação com Investidores - WLM

EMPRESAS INVESTIDAS

A venda de veículos (caminhões e ônibus) é o principal gerador de receitas (75%) do negócio de concessionárias Scania, mas a prestação de serviços e a venda de peças e lubrificantes (25%) são outra fatia importante. Quanto maior a participação desta linha de negócios, maior a rentabilidade. A montadora Scania tem realizado grandes esforços nesta direção, pois a venda de peças por intermédio de suas concessionárias é também grande fonte de resultados. Apesar da forte retração do mercado de veículos no 2T20, a WLM reportou receita líquida de R$ 197 milhões (25% menos que um ano antes) no período e no semestre, de R$ 398 milhões (queda de apenas 11,5%, contra um ano antes). O EBITDA – R$ 16,5 milhões – cresceu quase 20% no trimestre sobre 2019 e 29% no semestre, para R$ 31 milhões. O lucro líquido – R$ 10 milhões – no trimestre representa avanço de 17%, e no semestre atingiu R$ 19,4 milhões (ante R$ 15 milhões no 1S19).

Tudo considerado, podemos dizer que pouquíssimas empresas listadas na B3 tiveram resultados tão positivos. Mas positiva mesmo foi a evolução do caixa líquido: de R$ 23 milhões no final de 2019, estava em R$ 89 milhões em junho deste ano. Tal desempenho resultou da estratégia de elevar estoques no fim do ano passado, prevendo um 2020 muito positivo; a covid-19, porém, paralisou as montadoras, reduzindo a produção. A WLM ficou, então, em posição privilegiada, com estoques e capaz de suprir a demanda dos setores ligados ao agronegócio e à mineração, bastante favorecidos pelo câmbio.

A Scania foi uma das montadoras que mais investiram nos últimos anos na atualização tecnológica de seus produtos: R$ 2,6 bilhões entre 2016 e 2020, e anunciou novo ciclo de R$ 1,4 bilhão entre 2021 e 2024, com seus produtos já alinhados com a Europa e no padrão Euro 6, que limita emissões de poluentes e deve ser aplicado como mandatório no Brasil em 2023. Os novos modelos consomem até 12% menos combustível, embora sejam mais caros que os da concorrente também sueca Volvo, esta, no entanto, com tecnologia defasada. A Scania também foi pioneira no uso de gás natural e biometano em seus veículos (com bloco fornecido pela Tupy), produto que, além de ecologicamente correto (menores emissões de CO_2 e material particulado), poderá ter custos operacionais bastante reduzidos com a queda do preço do gás natural.

143

A Scania é reconhecida entre os grandes usuários de veículos pesados pela excelência, durabilidade e pelo menor custo operacional de seus produtos (ainda que mais caros). Pequenos frotistas são orientados mais por preços, embora, no longo prazo, o custo operacional e a durabilidade sejam mais importantes. Destacamos, ainda, que a Scania acaba de lançar um novo modelo extra pesado para 55 toneladas (11 t acima da versão anterior), o *off-road* XT Heavy Tipper G 540 10x4, destinado principalmente a mineração, uso florestal, canavieiro e de construção, com preço de R$ 950 mil. Já comentamos, na análise da Schulz, (a Scania é um dos principais clientes) o ambiente promissor para estes setores, destacando que a WLM atua em SP (grande mercado para o setor canavieiro e de logística), MG (grande polo minerador, siderúrgico e florestal) e PA, que abriga uma das maiores províncias minerais do mundo e onde a Vale (grande cliente da WLM) focará seus investimentos. A construção e a ampliação de ferrovias nesta região representam ainda enorme potencial de demanda para veículos produzidos pela Scania – além de valorizar suas propriedades (como comentamos mais acima).

A Scania teve 20.824 veículos (ônibus e caminhões) licenciados em 2013; em 2019, foram 13.658. Ou seja: seu mercado deveria crescer 52% sobre 2019 para atingir o pico alcançado há seis anos. O envelhecimento da frota, o efeito câmbio favorável aos principais setores atendidos pela Scania e a queda nos juros são elementos importantes para a volta da expansão de vendas da montadora no Brasil, tendo a WLM como uma das principais concessionárias.

Cabe, ainda, destacar o potencial imobiliário da propriedade em Jaguariúna, próxima a Campinas (SP). Com a WLM negociada a um valor de mercado de R$ 750 milhões (R$ 20,60/ação) e um caixa líquido de R$ 90 milhões, acreditamos que o potencial de seu patrimônio imobiliário, as perspectivas dos negócios relacionados às concessionárias Scania e o agropecuário não estão refletidos. Demos destaque a esta empresa, já que é pouco conhecida – embora suas receitas anuais fiquem acima de R$ 1 bilhão e ela esteja listada em bolsa de valores desde 1971. Para finalizar, destacamos a solidez financeira da WLM, a qualidade de produto (Scania) e o desenvolvimento do negócio agropecuário. A título de referência, a BrasilAgro (também investida pela Trígono) vendeu, em julho, propriedade na Bahia com vocação para

EMPRESAS INVESTIDAS

soja por R$ 30 mil/ha. Comparativamente, isso pode gerar um valor imobiliário entre R$ 350 milhões e R$ 450 milhões na área, em parceria com a Sierentz, tendo por base o valor de 300 sacas/ha na transação recente da BrasilAgro e o potencial imobiliário das propriedades em Jaguariúna, além de outras propriedades de menor relevância.

SIMPAR (*HOLDING* DE GRUPO JULIO SIMÕES LOGÍSTICA)-SIMH3

A história do grupo JSL, ou Simpar, começou em 1956, quando o imigrante português Julio Simões criou a transportadora com seu nome na cidade de Mogi das Cruzes (SP), para transporte de produtos hortifrutigranjeiros entre São Paulo e Rio de Janeiro. No mesmo ano de sua fundação, passou a atender o setor de papel e celulose (Suzano) em cidade vizinha à sua sede. Em 1970, fez sua primeira aquisição (a empresa adquirida era três vezes maior). Atualmente, o grupo é o maior do setor em que atua, fruto de crescimento orgânico e aquisições. Esse pequeno histórico serve para mostrar algo que está no DNA do grupo JSL: crescimento orgânico, mas acelerado com aquisições, inclusive em novos negócios. Em 2014, por exemplo, o grupo comprou a pequena locadora de veículos Movida, com apenas 2.400 veículos, hoje vice-líder do mercado.

Em 2010, a JSL fez IPO na Bovespa/B3; desta forma, acelerou seu crescimento e beneficiou (e muito) sua governança – recentemente, por exemplo, houve uma reorganização societária sugerida pelos acionistas minoritários. A Trígono apoiou esta reorganização, inclusive comparecendo à AGE que a aprovou, com apoio de 100% dos minoritários presentes. Foi uma satisfação grande cumprimentar Fernando Antônio Simões e ouvir seu agradecimento. Filho caçula do senhor Julio, Fernando trabalha desde os 14 anos na empresa, da qual hoje é CEO e controlador. Em 2015, a JSL criou a Vamos. A nosso ver, é a joia da coroa do grupo. A empresa abriga as operações de locação de veículos pesados – negócio pioneiro desde a década de 1990 e do qual é líder absoluta (87% de participação de mercado). O crescimento e a geração de valor do grupo devem vir principalmente da Vamos. A frota de caminhões alugados no Brasil representa apenas 0,1% dos veículos pertencentes a empresas e 0,6% da frota total de caminhões. O potencial de crescimento é enorme – pelo menos 20 vezes, se comparado ao dos EUA.

No caso da Movida, a frota no fim de 2019 era de 110 mil veículos, com crescimento de quase 90% ao ano nos seis anos seguintes ao de sua aquisição. Eis o espírito da JSL e também um novo negócio.

Mais de 70% das receitas da JSL se concentram em cerca de 50 clientes – entre eles, nomes como Unilever, Nestlé, BRF, VW, Ford, Toyota, Cummins, Vale, Usiminas, Arcelor Mittal, Suzano, Klabin, Caterpillar, Braskem e Whirlpool (Brastemp e Consul). Nenhum deles representa mais de 10% das receitas. Seguindo o princípio de *asset light* (focar no negócio principal e não em áreas acessórias), estas empresas citadas seguem o princípio do EVA: aumentar o retorno sobre o capital investido e desmobilizar ativos alheios ao foco do negócio mediante terceirização. A JSL atua para maximizar seu próprio negócio, no qual escala e gestão são fundamentais.

Como maior comprador no país de caminhões e partes (pneus, filtros, pastilhas de freio, óleos lubrificantes etc.), o grupo consegue descontos e condições favoráveis de compra, além de vantagens em financiamento para seus ativos com recursos captados no mercado financeiro. A combinação desses fatores reduz os custos em até 30% em relação aos serviços realizados internamente pelos seus clientes, razão pela qual muitos optam pela terceirização.

Do IPO, em 2010, até o ano passado, o grupo JSL teve crescimento anual composto de receitas de 16%, com incremento anual de 22% no EBITDA. Suas margens aumentaram mesmo com todos os entraves nesse período – e, bem sabemos todos, não foram poucos: juros elevados, recessão em 2015/16, falta de previsibilidade da economia e incertezas políticas, para ficar só nos mais notórios. Muitas empresas retraíram seus investimentos ou tiveram dificuldade em investir, mas para a Simpar foi um momento oportuno de crescer organicamente e fazer aquisições.

Acreditamos que os efeitos da pandemia serão relativamente positivos para o grupo JSL: a queda nas taxas de juros e uma retomada do mercado de capitais no Brasil favorecem investimentos e crescimento; para seus clientes, é evidente a necessidade de maximizar alocação de capital e busca de eficiência; agronegócio, mineração, *e-commerce* e

EMPRESAS INVESTIDAS

alimentos (segmentos importantes atendidos pelo grupo) também se têm mostrado bastante resilientes.

A Movida, que realizou seu IPO na Bovespa/B3 em 2017, no ano passado fez nova emissão de ações, acelerando seu crescimento. Praticamente no mesmo momento em que fez a reorganização societária com a Simpar, tornando-se uma *holding* pura e controladora das diferentes empresas do grupo, a Julio Simões Logística (que era *holding* e empresa operacional listada em bolsa) fez emissão de R$ 700 milhões em ações em setembro, passando a ser 75% controlada pela Simpar. Portanto o grupo Simpar passou a ter três listadas: a própria *holding* pura Simpar, a JSL e a Movida. Possivelmente haverá uma quarta, a Vamos, mas esta aguardará um momento mais oportuno, quando o mercado estiver mais apto a precificá-la corretamente, pois seus administradores entendem que os investidores não conhecem este segmento adequadamente, subestimando seu valor e potencial de crescimento. Concordamos integralmente com esta visão.

Em 31 de março deste ano – antes dos efeitos da pandemia, portanto –, a distribuição das receitas do grupo nos 12 meses até então era: Movida, 37%; Vamos, 25%; JSL, 22%; CS Brasil (transporte de passageiros e limpeza urbana), 14%; e Original (concessionária de veículos leves VW, Fiat e Ford), 2%. Vamos e Movida também vendem veículos seminovos (vindos de suas operações de locação). Como são muitas empresas e negócios, distribuímos num gráfico os resultados individuais e do consolidado na Simpar baseados no 2T20:

	JSL 2Q20	▲ YoY	movida 2Q20	▲ YoY	VAMOS 2Q20	▲ YoY	CSBRASIL 2Q20	▲ YoY	BBC 2Q20	▲ YoY	Original 2Q20	▲ YoY	SIMPAR 2Q20	▲ YoY
Gross Revenue	698	-25.6%	1,094	5.3%	363	11.9%	206	-15.5%	12	13.6%	68	-69.1%	2,390	-10.9%
Net Revenue	582	-26.1%	1,048	5.8%	330	9.6%	184	-15.7%	11	8.2%	63	-69.8%	2,197	-8.0%
Net Rev. From Services	550	-25.6%	299	-19.8%	298	21.7%	161	-13.9%	11	8.2%	61	-70.0%	1,331	-22.3%
EBIT	27	-64.4%	50	-48.2%	85	6.1%	43	-9.9%	3	-3.3%	(2)	-127.2%	199	-35.8%
Margin[1]	4.9%	-5.3 p.p.	16.7%	-9.1 p.p.	28.7%	-4.3 p.p.	26.7%	1.2 p.p.	27.2%	-3.3 p.p.	-3.6%	-7.6 p.p.	14.9%	-3.1 p.p.
EBITDA	82	-38.1%	151	-0.1%	153	12.0%	83	2.3%	3	-3.1%	2	-83.3%	470	-9.2%
Margin[1]	15.0%	-3.0 p.p.	50.7%	10.1 p.p.	51.3%	-4.4 p.p.	51.8%	8.2 p.p.	28.9%	-3.5 p.p.	3.2%	-2.7 p.p.	35.3%	5.1 p.p.
Net Income[3]	1	-98.0%	3	-93.7%	39	4.8%	19	-33.6%	1	-38.9%	(2)	-151.1%	157	119.9%
Margin	0.1%	-3.0 p.p.	0.2%	-4.0 p.p.	11.9%	-0.6 p.p.	10.4%	-2.7 p.p.	10.1%	-8.0 p.p.	-3.8%	-6.1 p.p.	7.1%	4.1 p.p.
Adjusted Net Income[4]													13	-81.7%
Adjusted Margin													0.6%	-2.4 p.p.
Net Debt[3]	1,990		2,291		1,836		835		-		-		8,498	14.8%
Net Debt/EBITDA LTM	4.6x		2.6x		3.3x		2.7x		0.0x		0.0x		3.9x	

Fonte: Relação com Investiores - JSL

A TRIGONOMETRIA DOS INVESTIMENTOS

Individualmente, a JSL foi a mais impactada pela pandemia, justamente por ter a indústria automobilística como importante cliente. As montadoras foram duramente afetadas pelas medidas preventivas associadas à covid-19, o que reduziu sua produção e, como consequência, a demanda e o transporte de componentes.

A Vamos foi o grande destaque positivo: o serviço de locação, normalmente em contrato de cinco anos, viu pouca queda de atividade. Ao contrário: houve, sim, surgimento de novos clientes, o que deverá traduzir-se em novos contratos nos próximos meses. Quase 40% da carteira de clientes da Vamos relacionam-se ao agronegócio – que, como já dissemos, é um dos setores mais promissores e beneficiados pela desvalorização cambial. Nos últimos três anos, a Vamos cresceu quase 23% ao ano. Um IPO poderia ser novo acelerador de crescimento, basicamente para ampliar a frota, outro catalisador de valor para a Simpar.

A dívida líquida consolidada, equivalente a 3,9 vezes o EBITDA dos últimos 12 meses, não nos preocupa: o grupo acaba de capitalizar a JSL em R$ 700 milhões e o EBITDA deverá voltar a crescer, reduzindo esse indicador. E a posição de caixa e equivalentes é confortável: quase R$ 5,7 bilhões, que cobrem todos os compromissos financeiros até o fim de 2022 – sem considerar a emissão de R$ 700 milhões de ações pela JSL em setembro e eventuais captações de recursos de longo prazo. O custo médio da dívida, de 10,1% em junho de 2019, caiu a 6,2% em junho deste ano, redução de cerca de R$ 300 milhões em 12 meses no custo de carregamento da dívida, sobrando mais caixa para investir e reduzi-la.

Sumarizando: o Grupo JSL (Simpar) reúne um conjunto de empresas com excelentes perspectivas de crescimento. Alavancagem é típica desta expansão – e, em nossa opinião, muito bem administrada. Juros baixos e retomada da economia, especialmente em setores atendidos pelo grupo, deverão dar impulso a esse avanço. Aplicando nossa ferramenta de avaliação de empresas, o EVA, a JSL é um veículo para seus clientes gerarem maior valor aos acionistas, aplicando seu capital no objetivo-fim do seu negócio, deixando ativos ligados a logística para parceiros que nisso sejam mais eficientes.

EMPRESAS INVESTIDAS

A JSL é um veículo para aplicação do EVA, e desta forma, encerramos esta longa jornada. Expusemos aqui, ainda que de forma resumida, a explicação, para nossos investidores, do racional de investimento de algumas das principais empresas dos nossos fundos. O grupo Simpar está intimamente relacionado a muitas das empresas aqui apresentadas, ligadas ao agronegócio, mineração, produtoras de componentes para veículos pesados, transporte de produtos, e até os caminhões vendidos. Deixamos este texto para o final, pois o grupo espelha muitos dos preceitos e atributos que buscamos: nichos, liderança, crescimento, boa gestão, maximização do retorno do capital investido, práticas adequadas de ESG e retorno do capital ao acionista. O anúncio da aprovação de um novo programa de recompra de ações para tesouraria demonstra que seus conselheiros e controladores estão atentos ao valor das ações mal precificadas pelo mercado, e, em nossa opinião, a recompra representa excelente alternativa de investimento.

Desta forma, também a Trígono busca compor seus fundos com empresas que proporcionem aos nossos investidores a melhor relação de risco e retorno no longo prazo.

Agradecemos a todos pela atenção e esperamos ter mostrado um pouco dos fundamentos das empresas e por que compõem nossos portfólios.

– *Werner Roger (Agosto/2020)*

10 VISITA À MINA DA TRONOX

Visitamos recentemente a mina de titânio e zirconita da Tronox Pigmentos, empresa investida em nossos fundos, que anunciou o fechamento da atividade de mineração na unidade do estado da Paraíba até abril. No momento em que o ESG se torna tema importante, em particular para empresas com inserção na área ambiental, consideramos relevante apresentar um bom exemplo de práticas ambientais. A Tronox é uma referência para o próprio Ibama, que considerou a mina um modelo ambiental em extração e recuperação de dunas.

INTRODUÇÃO

A mina, denominada Guaju (nome do rio que divide os estados da Paraíba e do Rio Grande do Norte), iniciou atividades em 1983. Os principais produtos da mineração são a ilmenita ($FeTiO_3$), matéria-prima para produção de dióxido de titânio (TiO_2, produto final da Tronox e insumo na produção de pigmentos, plásticos e borracha) e zirconita ($ZrSiO_4$, vendida pela Tronox no Brasil, insumo na produção de cerâmica, azulejos e porcelanato). A mina do Guaju é uma das 20 maiores do Brasil em movimentação, com 12 milhões de toneladas (*run of mine*, ou produção bruta) anuais (2,0% de minérios e o restante, areia). A zirconita estocada será comercializada até o fim de 2020, e a ilmenita será utilizada pela Tronox até 2022/23.

O complexo mineral constitui-se basicamente de dunas, em área total de 1.050 hectares. Destes, 700 hectares foram objeto de lavra por um sistema de draga, formando um lago artificial com água captada do rio. Quando a atividade de lavra for encerrada em abril, permanecerá apenas o beneficiamento dos minérios estocados e sua expedição ocorrerá até 2022/23, abastecendo a planta química da Bahia com ilmenita.

Antes de iniciarmos a visita à mina e ao complexo que compreende a área pertencente à Tronox, foi feita uma apresentação pelos três responsáveis da empresa, que afirmaram que, para a Cristal (e a agora sucessora Tronox), o investimento ambiental representa geração de valor ao acionista, ao contrário da maior parte das empresas, que vê nisso apenas custos ou despesas. A Tronox provisionou cerca de R$ 100 milhões, a serem utilizados para o fechamento das operações e para a recuperação ambiental (restituição das dunas, cobertura vegetal nativa e atração da fauna que habita ou habitava o local). Desde 1996 a empresa mantém um programa de envolvimento comunitário e de educação ambiental, com a participação de mais de 9 mil alunos e quase 800 professores.

CERTIFICAÇÕES

A mina possui as certificações ISO 9001:2008 (Qualidade), ISSO 14001:2004 (Meio Ambiente), OHSAS 18001:2007 (Saúde e Segurança do Trabalho) e NBR 16001:2012 (Responsabilidade Social), assim como declaração de conformidade e de que as atuais práticas atendem a essas certificações, quando foram expedidas e renovadas (o segundo número representa o ano da aprovação das normas ou sua última revisão).

A lavra é feita por draga e desmonte da duna com jato d'água e beneficiamento físico, com separação gravimétrica, magnética e eletrostática, sem envolver nenhum processo químico. Anualmente são feitos

A TRIGONOMETRIA DOS INVESTIMENTOS

35 mil testes de qualidade por amostragem. As operações na mina empregam cerca de 155 colaboradores. Destes, 20 têm curso superior e 17, pós-graduação, sendo 22 trabalhando em cargos de chefia, gerência e supervisão e os demais, nas operações.

Segurança do trabalho é um dos pilares da controladora norte-americana Tronox Corporation, sendo a mina de Guaju referência dentro da organização: a unidade detém o recorde de dez anos sem ocorrência que acarretasse dia de trabalho perdido, e desde 2009 não há ocorrência com necessidade de intervenção médica.

O índice de sustentabilidade do grupo DuPont, referência na indústria química mundial, segue uma escala até 100. Antes da aquisição do grupo Cristal Global pela Tronox, a mina de Guaju e a planta química na Bahia obtiveram, sob a Cristal, índice 97 na escala da DuPont. A média das 12 unidades do Grupo Cristal ficou em 74, enquanto 325 plantas químicas do mundo obtiveram média de 60. A mina da Cristal na Austrália, por exemplo, alcançou índice 59 e as plantas de TiO_2 em Ashtabula (EUA) e Thann (França) ficaram com 54 e 50, respectivamente. A unidade de Ashtabula teve de ser vendida por exigência do FTC (órgão antitruste dos EUA) para que a aquisição pela Tronox fosse aprovada. A unidade de Thann é muito parecida com a da Bahia, usando a mesma tecnologia e o mesmo minério produzido em Guaju.

ENERGIA E ÁGUA

A mina abriga em seu sítio 13 aerogeradores, num dos primeiros parques eólicos do Brasil, com 10,2 MW de potência. A matriz energética da mina é constituída por: fonte eólica de terceiros (64%), biomassa (bagaço de cana-de-açúcar produzido na região, 26%) e fóssil (óleo diesel para caminhões e máquinas, 10%). No mundo, 79,5% da energia têm origem fóssil.

A empresa apresenta índice de 98,9% de reuso de água (2019), muito acima dos 61,5% em 2014, sem nenhuma emissão de poluentes no rio ou no oceano.

RECUPERAÇÃO DE ÁREAS MINERADAS

A Tronox realiza ampla recuperação de fauna e da flora das áreas mineradas, com participação da comunidade local. De 700 hectares impactados pela mineração, 650 hectares já foram recuperados com o plantio anual de cerca de 90 mil mudas, totalizando cerca de 1,97 milhão de mudas plantadas. O passivo de recuperação das áreas representa apenas 7% do total e a conclusão está prevista para 2022.

RELACIONAMENTO COM A COMUNIDADE

Desde 1996, a empresa conduz um programa de educação ambiental que abrange professores e alunos do ensino fundamental, com mais de 11 mil participantes, incluindo 800 professores. Desde o ano 2000 realizam-se visitas técnicas, com 2.700 estudantes e professores universitários tendo participado até o ano passado. A comunidade local foi convidada a produzir mudas em 2002, e desde então produziu 1,25 milhão de mudas. Atualmente atendem a 80% da produção utilizada na recuperação da flora. Tais práticas, entre outras, levaram o Ibama a conferir à Tronox homenagem e destaque no processo de recuperação de áreas mineradas em 2019.

No manejo da fauna, foram devolvidos à natureza quase 2 mil animais silvestres que haviam sido apreendidos em cativeiros, e também se faz um trabalho de atrair animais para as áreas recuperadas. Há o caso de um primata que, considerado extinto, agora integra uma comunidade de quase 200 indivíduos que vivem na região.

Este breve relato ilustra um pouco do que vimos e aprendemos na visita à mina de Guaju, referência na recuperação de áreas sensíveis como dunas, com a movimentação de 12 milhões de toneladas de areia ao ano e a reconstituição de 93% da área antes mesmo do encerramento da lavra. O trabalho de recuperação trouxe condições ambientais até melhores do que as encontradas no início da atividade, numa região dedicada ao cultivo de cana-de-açúcar e que ainda pratica queimadas.

Temos orgulho de ser acionistas da empresa e concordamos com cada centavo investido na recuperação ambiental e no envolvimento da população local no processo. Mais que praticar a atividade de mineração de forma responsável, a mina de Guaju e a Tronox Pigmentos são exemplos para a sociedade e mostram que investimento em meio ambiente não é despesa – é geração de valor para o acionista.

– *Werner Roger (Janeiro/2020)*

11

FERBASA – CIA. DE FERRO LIGAS DA BAHIA

COMEÇO DE CARREIRA DE ANALISTA E INVESTIDOR

Nesta resenha escreveremos algo diferente, mesclando um pouco de nossa história pessoal e a de uma das principais empresas investidas pela Trígono. Assim, vamos dar detalhes sobre a empresa, e futuramente sobre outras, que poucos conhecem, mas julgamos importantes. A escolhida, entre outras razões, teve suma importância no início de minha vida como investidor. Além disso, é relativamente pouco conhecida e mantém-se fora do radar das grandes corretoras, que se interessam apenas pelas empresas de maior liquidez ou, em muitos casos, que gerem negócios aos bancos de investimentos ou conglomerados financeiros aos quais pertencem. O *sell-side* complementa as atividades dos bancos, embora, em termos de organização corporativa, sejam entidades segregadas e que respeitam as regras de *chinese wall* (será mesmo?). Não somos corretoras de valores, tampouco consultores, mas a transparência é um dos pilares de nossa relação com investidores.

Como gestores de recursos de terceiros 100% independentes, não temos quaisquer tipos de conflitos corporativos, típicos das grandes organizações. Por exemplo, bancos múltiplos, que conduzem todo tipo de negócio, usam a desculpa esfarrapada de "evitar conflitos" para que suas gestoras relacionadas não participem de assembleias de investidores, gerais ou extraordinárias. Ora: existem regras de *chinese wall*, nada mais nada menos do que segregação total de atividades. Quais conflitos, então, poderiam existir? Temos nossas suspeitas, mas deixa para lá, não é nosso problema. E a maior parte das gestoras também não participa das AGOs ou AGEs. Afinal, dá trabalho, e para quê? Provavelmente ignoram o significado da letra G na sigla ESG, que representa Governança, parte importante do dever fiduciário de todos os gestores de recursos de terceiros e tão ignorada pelo mercado.

Nosso propósito nesta resenha não é fazer nenhum tipo de recomendação de investimento. Apenas usamos a transparência a respeito das empresas investidas, contamos sua história, estudamos seus fundamentos e consideramos as perspectivas – mas de modo algum fazemos projeções ou modelagem de valor, já que são de uso estritamente proprietário e utilizadas em nossos processos de investimento. Eis o grande valor de nossa gestão e da metodologia diferenciada, através do EVA (Valor Econômico Adicionado, na sigla em inglês), do conhecimento das empresas e de nossa experiência profissional, além da observância dos princípios de ESG não apenas no papel, mas na prática, pois, como todos sabem, papel aceita tudo o que nele se escreve.

Nossa história nesta resenha é sobre a **Ferbasa, Cia Ferro Ligas da Bahia**. Foi escolhida por ter muito a ver com minha própria história como investidor, como relatamos anteriormente, além de outros motivos que nossos leitores haverão de entender.

Após ter "aprendido" a analisar balanços como *trainee* de crédito no banco Lar Brasileiro (anteriormente hipotecário e falido, mas adquirido pelo terceiro maior banco americano na época, o Chase Manhattan), me interessei em investir em ações. Inicialmente em fundos, mais especificamente sob gestão do London Multiplic, uma associação do Lloyds Bank com o então conglomerado financeiro Multiplic, dos banqueiros Antonio José Carneiro, conhecido como Bode, e Ronaldo Cezar Coelho. Em 1997, o Multiplic foi incorporado pelo banco inglês ao qual era associado.

O Lloyds Bank ficava na esquina da rua da Quitanda com a Álvares Penteado, no centro velho de São Paulo. O Chase ficava na esquina ao lado. Os outros vizinhos eram Bovespa, Banco Antonio de Queiroz e Banco do Brasil (atual Centro Cultural). A sede do Unibanco ficava muito próxima, na praça do Patriarca. O Bank Boston era outro que ficava bem próximo, na rua Líbero Badaró. O Citibank não era um vizinho, mas não ficava muito longe dali – estava na ainda famosa esquina das avenidas Ipiranga e São João. Esse era o coração financeiro de São Paulo, conhecido como Centro Velho, onde ainda estava a BM&F, Bolsa de Mercadorias e Futuros, posteriormente fundida com a Bovespa, atual B3. Pertinho dali estão a Catedral da Sé e o Pátio do Colégio, local de fundação da cidade por jesuítas comandado pelos padres Manuel da Nóbrega e José de Anchieta em 25 de janeiro de 1554. O nome e a data de fundação da cidade derivam da data de conversão de Paulo de Tarso, ou Saulo de Tarso, ou São Paulo Apóstolo.

Eu, nessa época, geria minha própria (ainda que apenas teórica) carteira de ações. Atravessei dez meses como *trainee* nas instalações do Lar Chase (como era chamado), na rua Genebra, não muito longe da sede do banco em São Paulo, na esquina da Álvares Penteado com Quitanda. Aulas todo dia (verdadeiro MBA), dez provas, três *cases* para defender perante um examinador no final. Passei com nota 8, qualquer nota abaixo de 7 eliminava o *trainee*. Em cada turma havia 16 de nós – da minha, três ficaram pelo caminho, eliminados. Exceto pela contabilidade (que consumiu três meses do treinamento), tudo o mais era ensinado em inglês e com o mesmo conteúdo do treinamento ministrado pelo banco em Nova York, inclusive as mesmas apostilas. Essencial como fosse saber inglês – e hoje essa essencialidade, em vista de toda a interconectividade, é no mínimo tão premente quanto o era então –, a contabilidade era o verdadeiro fator crucial e seu caráter continua, no mínimo, tão essencial quanto antes. Pode-se dizer sem medo de errar: quem não conhece contabilidade terá muita dificuldade como investidor. Será facilmente enganado pelas "contabilidades criativas" que permeiam o mercado e uma vítima ainda mais fácil do horrível EBITDA, usado para justificar ou inventar (criar?) valor.

A TRIGONOMETRIA DOS INVESTIMENTOS

Voltando: aprovado no duro treinamento (agrônomo, com inglês macarrônico aprendido na escola e distante quatro anos na faculdade), fui transferido para a recém-aberta agência Goiânia devido à minha formação acadêmica, uma das razões de ter sido selecionado para *trainee*. Chase e Goiânia foram minhas grandes escolas, pois lá nada havia: nenhum cadastro ou informações de empresas. Em três anos, fui responsável por iniciar, aprovar e monitorar cerca de 70 dossiês de crédito, com aprovação de limites na sede regional no Rio de Janeiro, na rua do Ouvidor. Sem computador, sem internet, sem informações. Nada além de lápis, caneta e papel, e borracha, e muitas perguntas aos representantes das empresas. Hoje, em inglês chamamos esse processo de *due diligence*, ou estudo, análise e exame minucioso de documentação.

Um pequeno parêntese. No início da década de 1980 o Brasil vivia uma crise econômica jamais vista em sua história e o Chase percebeu que o agronegócio era um dos setores mais promissores, como atualmente, e o crédito era essencial. Era também porta de entrada e fundamental para carreira na instituição. O banco abriu, na época, mais de 40 novas agências bancárias em regiões relacionadas ao agronegócio, incluindo Cuiabá, Dourados, Itumbiara, Ribeirão Preto, entre outras, e a promissora Goiânia. Não tenho dúvida de que o Chase foi o banco que mais investiu relativamente na formação de profissionais em crédito, ou *credit officers* como éramos chamados, e formou talentos que até hoje atuam nos mais variados segmentos do mercado financeiro do Brasil e até no exterior. E foi em 1989 que conheci meu sócio Freddy, no Chase. Eu já como analista sênior, e ele iniciando sua carreira como estagiário.

Mas voltemos à minha vida de analista em Goiânia. O prezado leitor não faz ideia. As pobres secretárias tinham de interpretar de cinco a sete páginas de meus hieróglifos e datilografá-las. Se errassem uma palavra, tinham de refazer tudo. Na época, os documentos viajam em malotes. Comunicação? Telefone ou telex – arrisco-me a dizer que apenas uma parcela mínima dos que me leem aqui ouviu falar de telex, e uma parcela menor ainda viu um trambolho daqueles.

Mas divago de novo. Voltemos: em Goiânia havia uma agência do Bozano Simonsen, que tinha corretora e oferecia fundos com

FERBASA – CIA. DE FERRO LIGAS DA BAHIA

100% investidos em ações, entre os melhores da época. Investi e continuei com minha carteira teórica. Percebi que meu desempenho era superior aos dos dois fundos. O pomposo e chique London Multiplic investia 50% em ações e 50% em renda fixa. Menos volátil, mas e daí? O retorno era muito menor. Finalmente tomei coragem: comecei a investir diretamente. Raspei o tacho da poupança (quando ainda estudante, em abril de 1978, ganhei o primeiro prêmio da loteria federal; uma fração apenas, algo como R$ 70 mil atualmente. Ganhei ainda talvez uma dúzia de vezes na loteria esportiva nos anos seguintes, quando aprendi que quem não arrisca, não petisca) e comecei a investir em ações: Banespa (atual Santander), Cica, aquela do elefantinho: "Se é Cica, bom produto indica" (o número de leitores que pode lembrar-se disso talvez seja ainda menor do que os que conhecem o telex); e Mannesmann (atual Valourec). E fui investindo, adorava comprar tudo, uma carteira, talvez com 30 ou 40 papéis. Tudo parecia barato e atraente. Confab, Cia. Ferro Brasileiro e Metalúrgica Barbará, quanta alegria e quantos dividendos (todas multinacionais cujas controladoras buscavam para si os lucros no instável Brasil sob a forma de dividendos).

Até que em 1984, numa publicação anual da Bolsa de Valores do Rio de Janeiro, vi que a Ferbasa, no ano anterior, havia subido 17.386%. Petrobras, "apenas" 741%; Vale (que então ainda era do Rio Doce), 561%; e Banco do Brasil, outros módicos 557%. Estas eram as maiores *blue-chips*. A vedete da bolsa na época era a Paranapanema. Nela investiam o então mago Naji Nahas (um dos maiores especuladores da bolsa em nossa história recente) e os irmãos José Carlos de Araujo (Zé Milionário), Silvio Tini de Araujo e Otavio Lacombe, que controlavam a empresa. Nahas atuava apenas como grande minoritário e ditava o rumo do mercado de opções da empresa e até da bolsa. A Parana, como era chamada, subiu 8.760% (imaginem os ganhos das opções e do Nahas). Cia. Ferro Ligas Paulista (produtora de ferro silício e manganês) subiu 7.423% e Prometal (ferro manganês), 8.233% – estas duas produtoras de ferro-ligas, ambas ainda abaixo da metade da Ferbasa, no entanto. Como pode? Só a também baiana Correa Ribeiro (*trading* de cacau e varejo com as lojas Tio Correa) desbancava a Ferbasa, com atordoantes 18.400%. Magazine Luiza ficaria com inveja da atrevida varejista baiana.

A TRIGONOMETRIA DOS INVESTIMENTOS

Depois desta espécie de pequena biografia (omiti muitas histórias e detalhes para não cansar ainda mais nossos queridos leitores, pois a jornada será longa nesta resenha) de dois anos, contada nesta introdução – a fim de mostrar como os caminhos da empresa e meu se cruzaram –, vamos então conhecer a história da Ferbasa.

Mas apenas para fechar este breve ensaio biográfico: no fim de 1985 fui promovido e transferido para a importante agência Salvador, como chefe do crédito e já com quatro subordinados. Lá me tornei analista responsável pela Ferbasa em 1986 (ano do Plano Cruzado), com o Chase financiando suas exportações e realizando operações de câmbio. Assim pude aprofundar meu conhecimento sobre a companhia *in loco*. O principal setor atendido pela agência era o petroquímico, além de cacau, no qual aprendi muito sobre *commodities* (muito mais do que em Goiânia) e não poderia deixar de mencionar que fui responsável pela aprovação de um grande limite de crédito para o Grupo Odebrecht. Feito notável para a agência Salvador, pois os créditos eram aprovados no Rio de Janeiro, que supervisionava grande parte das agências, ou *regional banks*, como eram conhecidas. Prosseguindo:

FERBASA

Empresa exemplo de abnegação de seu fundador e filantropia

1. O Fundador: José Corgosinho de Carvalho Filho

Não há uma história da Ferbasa sem a história de José Corgosinho de Carvalho Filho.

Mineiro de Abadia (hoje Martinho de Campos), nasceu em 11 de janeiro de 1931 – capricorniano, como eu (dia 13) e minha filha (dia 10). O pai era um dentista prático – formou-se já adulto em odontologia – e a mãe, camponesa. Conseguiu formar-se em farmacologia. Grandes exemplos de que não existe idade para estudar.

Já vivendo em Belo Horizonte e com muitas dificuldades, o acaso (lembro de *O Andar do Bêbado – Como o Acaso Determina Nossas Vidas*, livro de Leonard Mlodinow. Biblioteca básica para investidores) bate à porta da família Carvalho: a Secretaria da Educação de Minas Gerais fizera uma seleção dos melhores estudantes da rede pública a fim de recrutar jovens talentosos para o Colégio Jesuíta Santo Inácio – o Aloisianum, em Botafogo (na cidade do Rio de Janeiro, então a capital do país). Os jesuítas buscavam, com bolsas de estudos, atrair estes jovens intelectualmente diferenciados para a carreira sacerdotal. A escola tinha excelente qualidade educacional e o jovem José pôde educar-se com ensino de excelência por quatro anos, até os 14 de idade.

A disciplina aprendida com os jesuítas e a qualidade do ensino – bem como o preparo para dialogar com homens de grande conhecimento e inteligência – foram fundamentais na vida do jovem estudante José. De volta a Belo Horizonte, concluiu o ensino fundamental. Mais tarde, na Faculdade de Ouro Preto (uma das melhores do país na época), concluiu em seis anos, devido à sobreposição de matérias ligadas à engenharia, os cursos de engenharia civil, metalurgia e minas. Já formado, teve seu primeiro emprego na Cia. Carbonífera Cambuí (PR), mas em 1956 foi atraído ao Planalto Central pela grande epopeia da construção da nova capital. Lá, atuou como engenheiro fiscal de obras pela empresa Novacap. Nascia aí seu espírito empreendedor: aos 26 anos criou a Construtora J. Carvalho Filho, participando da construção de Brasília.

Ainda em 1957, foi um dos fundadores do Clube de Engenharia e Arquitetura de Brasília. Já aos 29 anos, percebendo que as obras terminariam em breve, e com o conhecimento em metalurgia e engenharia de minas, decidiu mudar de rumo. Começou a pesquisar várias oportunidades – entre elas, o xisto (*shale gas*), que aflorava nas areias do rio Tietê, em São Paulo. Vejam só a visão deste homem extraordinário.

2. Nasce a Ferbasa – exemplo de empreendedorismo e desprendimento

Em 12 de outubro de 1960 (data da padroeira do Brasil, Nossa Senhora de Aparecida), há 60 anos, numa festividade em Ouro Preto (onde se formara uma verdadeira confraria de ex-alunos e professores), encontrou um ex-colega de faculdade, Fausto Soares de Andrade, envolvido na criação da Usiminas. Este lhe disse que precisaria de ferro manganês para alimentar os fornos da siderúrgica e que tal liga não existia no país. Ciente da oportunidade que surgia, o Doutor Carvalho (como passou a ser conhecido posteriormente e como iremos chamá-lo doravante) criou a Feliminas (Ferro Ligas de Minas Gerais), que seria abastecida com manganês pela US Steel (empresa que viria a descobrir o complexo mineral de Carajás) e energia elétrica da Cemig. Após visita aos EUA para contratar a empresa que produziria os fornos, soube que a Usiminas desistira de usar o ferro manganês como insumo.

Frustrado, um colega de Ouro Preto o alertou para o fato de que o ferro cromo também poderia ser usado na siderurgia no Brasil. O antenado Doutor Carvalho foi atrás: descobriu que havia uma mina de cromo na Bahia e que duas empresas já produziam em conjunto 2.200 toneladas ao ano (t/ano) de ferro cromo (FeCr) nas proximidades da mina no município de Campo Formoso. Estudioso e com grande visão de futuro, ainda em 1960 vislumbrou a instalação de uma planta de aço inoxidável no Brasil, que necessitaria de ferro cromo (liga que dá a propriedade antioxidante a esse aço especial). A mina funcionava de forma rudimentar – jumentos eram usados para transporte de materiais – e os dados sobre o potencial de reservas de cromita em Campo Formoso eram absolutamente discrepantes. A Bayer, instalada em Belford Roxo (RJ), consumia parte daquele minério para sua atividade química.

O jovem engenheiro conseguiu uma audiência com o então governador da Bahia, Juracy Magalhães, e expôs seu projeto de constituir uma mineração de cromo no estado. Nascia aí o arcabouço da Ferbasa. O governador simpatizou com o atrevido jovem e dispôs-se a investir recursos do estado (5% do capital) por intermédio da empresa Cromita do Brasil. Carvalho e o amigo Andrade partiram para investigar *in loco* as condições da mina e, ao mesmo tempo, procuraram o local ideal para instalar a metalurgia de produção das ligas de cromo.

O local escolhido foi Pojuca (cerca de 70 km de Salvador). Com ferrovia, perto do porto de Aratu, energia elétrica disponível, mão de obra, a cidade reunia o que era necessário, além da localização estratégica. A Ferbasa foi constituída no dia 23 de fevereiro de 1961, já como sociedade anônima de capital aberto, no apartamento 404 do Hotel da Bahia, com o Doutor Carvalho (então com 30 anos) detendo 35% do capital de Cr$ 88 milhões (de cruzeiros, o dinheiro do Brasil de então).

No ano de nascimento já atuava na mineração de cromo mediante arrendamento de pequenas minas e exportava minério para o Japão. Carvalho, no entanto, percebeu que agregar valor ao minério seria muito mais rentável, e decidiu então investir na metalurgia. A suíça Brown Boveri seria encarregada de produzir um forno com potência de 3.000 KVA ao custo de Cr$ 16 milhões – ou pouco menos de 20% do capital da empresa. Mas o projeto atrasou e a fornecedora alterou o preço para Cr$ 90 milhões. Um verdadeiro balde de água fria nas pretensões do jovem empreendedor, dos sócios e da equipe. Parece que baldes de água fria na realidade o animavam ainda mais, jamais desistindo, característica dos grandes empreendedores e homens empresariais de sucesso.

Novamente, Doutor Carvalho procura o governador Juracy. Relata o fato e, no dia seguinte, ambos vão a Recife para um encontro com o superintendente da Sudene – ninguém menos que o brilhante economista Celso Furtado. Novo parêntese. Celso Furtado (paraibano de Pombal, 1920-2004) foi um dos mais destacados intelectuais brasileiros do século 20 e defendia com vigor o papel do Estado na economia, segundo princípios keynesianos (vide nossa resenha de setembro de 2019 sobre Keynes como gestor de investimentos). Serviu como expedicionário na Itália durante a Segunda Guerra Mundial, depois estudou na Sorbonne, em Paris, na qual concluiu doutorado em Economia. Posteriormente, elaborou um estudo que serviria como base do plano de metas do governo Juscelino Kubitschek. Convidado como professor da King's College na Universidade de Cambridge, ali escreveu, em 1959, sua obra mais célebre: *Formação Econômica do Brasil*. Seu inspirador, John Maynard Keynes, foi gestor chefe de parte dos recursos da King's College (Universidade de Cambridge e Oxford) entre 1921 e seu falecimento, em 1946.

Ainda em 1959, a pedido de JK, Celso Furtado criou a Sudene, da qual foi o primeiro superintendente. Sua vida e realizações foram amplas, e destacamos, ainda, sua atuação acadêmica em Yale, Columbia, Sorbonne e Cambridge, sem deixar de mencionar que, em 1997, tornou-se imortal pela Academia Brasileira de Letras. Foi ministro da Cultura no governo Sarney e crítico de Fernando Henrique Cardoso. Para Furtado, uma sociedade em crise, como a nossa atualmente, é quase sinônimo de oportunidade para a reconstrução da unidade, embora nossa mídia insista em gerar discórdia e factoides para crises políticas.

A TRIGONOMETRIA DOS INVESTIMENTOS

Furtado serviu aos governos de JK, Jânio Quadros e João Goulart (este foi vice-presidente entre 1956 e 1961 e presidente entre 1961 e 64), razão pela qual foi exilado em 1964. No entanto, condenava politicamente o marxismo-leninismo.

Mas voltemos à Ferbasa e à importância de Furtado nesta história. Recomendo a todos pesquisarem sobre Celso Furtado e suas obras.

O projeto apresentado para a Sudene preenchia os quesitos de desenvolvimento regional e, meses depois, foi aprovado o financiamento necessário pelo Banco do Nordeste – e não mais para 3.000 KVA, mas sim o dobro, com tecnologia da empresa Lectromelt. Desta forma foi construído o atual Forno 1, com potência de 6.000 KVA. Podemos, assim, inferir que a viabilidade da Ferbasa como metalúrgica e seu desenvolvimento devem-se a Celso Furtado, daí nos termos alongando um pouco a respeito deste ilustre personagem de nossa história econômica.

Aqui fez a diferença para o Doutor Carvalho contar com a contribuição de vários colegas da "confraria" de Ouro Preto para desenvolver e implementar suas instalações. Um dos principais nomes dessa etapa da história foi seu brilhante professor de engenharia elétrica Walter Krüger (1915–2004). O professor Krüger, espécie de mentor do jovem Carvalho, teve em Ouro Preto a mesma formação acadêmica do pupilo. Projetou e ajudou na implementação de toda a parte elétrica da Ferbasa – uma de suas muitas atividades numa destacada vida profissional. Foi também um dos primeiros conselheiros da Ferbasa e – acreditamos – teve inestimável importância no desenvolvimento da empresa e na formação de seu aluno e amigo Carvalho.

Em 1963, outro amigo do Doutor Carvalho ofereceu-lhe uma mina de cromita, denominada Coitezeiro (até ali, a Ferbasa retirava cromo de minas arrendadas). Interessada a Ferbasa estava, mas, envolvida em enorme compromisso financeiro com a construção da metalúrgica, não dispunha de recursos para o investimento. A mina acabou sendo adquirida pela Bayer por meio da subsidiária Comisa, já que consumia cromo da região em sua fábrica no RJ. A Ferbasa era abastecida por minas no entorno – inclusive, numa delas, em parceria com japoneses.

Em 1965, a companhia adquiriu a mina de Pedrinhas, assentando sua base de fornecimento de cromita. Nos dez anos seguintes, a Ferbasa cresceu em mineração, metalurgia, reflorestamento e carvoejamento, buscando verticalizar suas operações e parcerias internacionais e, particularmente, sua prospecção geológica através da subsidiária Progeo (que buscava novas jazidas de cromo). Em todas as parcerias, a Ferbasa sempre detinha 51% das ações das *joint ventures* constituídas.

Em 1975, aos 44 anos de idade – e com 14 anos da Ferbasa desde sua fundação – Doutor Carvalho doou 94% de suas ações à FJC (Fundação José Carvalho), que passou a controlar 50,09% do capital social da Ferbasa (por meio de 99% das ações ON – com direito a voto). Foi um ato de enorme desprendimento pessoal e compromisso com a educação: a FJC tem por objetivo proporcionar educação de qualidade a crianças e jovens carentes em zonas rurais da Bahia. Uma forma de retribuir à sociedade o benefício recebido.

"No passado eu assumi um compromisso muito grande, se um dia tivesse sucesso na vida, teria muita vontade de retribuir tudo que governo e sociedade me deram."

"A única maneira de fazer uma redistribuição de renda neste país é colocando ótimos professores nos locais mais pobres, porque eles vão ser agentes fortíssimos de mudanças. Se não existir educação, não teremos nada."

José Carvalho

Ainda em 1975, Doutor Carvalho estipulou no estatuto social da companhia a distribuição de 10% de seus resultados operacionais aos funcionários. Visionário: a PLR (Participação nos Lucros e Resultados) teve de esperar uma nova Constituição no Brasil para tornar-se realidade, que foi regulamentada por lei (n° 10.101) apenas no ano 2000.

Com o Brasil passando a produzir aço inoxidável em 1977 por intermédio da Acesita (atual Aperam), a Ferbasa antecipou-se e aumentou seus investimentos em mineração de cromita mediante pesquisa em sondagens minerais. Nisso, descobriu o complexo de Medrado, no mu-

A TRIGONOMETRIA DOS INVESTIMENTOS

nicípio de Andorinha (cerca de 420 km de Salvador), onde se encontra sua principal mina (cuja produção começou em 1973).

Ainda na década de 1970, investiu na área florestal para produção de eucalipto utilizado na produção de biorredutor (carvão vegetal), insumo para produção de ferro-ligas. Devido aos baixos preços do ferro cromo (FeCr), a Ferbasa chegou a produzir ligas de manganês. Mas como a empresa Sibra se instalou nas proximidades para produzir ferro manganês, e o mercado de FeCr estava recuperando-se, a Ferbasa voltou a produzir exclusivamente esta última liga. Posteriormente a Sibra foi adquirida pela Vale – e num passado não muito distante, oferecida por ela para a Ferbasa. Problemas ambientais e defasagem tecnológica, resultado do abandono em que caiu sob a Vale, fizeram a Ferbasa desistir da aquisição, apesar do preço muito baixo. Recentemente a Vale anunciou a desativação dos negócios de ligas de manganês, com o fechamento da antiga Sibra, mostrando o acerto da Ferbasa em não aceitar a "pechincha" oferecida.

Em 1979, Doutor Carvalho escreveu seu único livro, *O Protótipo*. Tivemos a oportunidade de ler: trata-se de uma mescla de ficção com realidade, uma história com vários paralelos à Ferbasa, na qual o autor revela sua natureza humanista e seu apreço pela educação. A leitura do livro nos ensinou muitos dos princípios e crenças de seu autor.

Ao iniciar a exploração da mina subterrânea, e tendo em vista a complexidade do corpo mineral em Medrados, Doutor Carvalho, uma vez mais demonstrando habilidade e visão, contratou a empresa finlandesa Outokumpo (única no mundo 100% integrada do minério ao FeCr e aço inoxidável) como consultora e para transferir *know-how* à equipe de técnicos da Ferbasa por três anos. Com isso, a mina de Ipueira nasceu com emprego de tecnologias entre as mais modernas do mundo, completamente mecanizada. Atualmente é uma referência em mineração subterrânea, cavando até 600 m de profundidade (tivemos a oportunidade de percorrê-la em duas ocasiões), e que podemos chamar de *state-of-the-art* e verdadeira "joia da coroa".

Em 1982, sob condições adversas de mercado (jeito suave de dizer que foi o período de maior recessão do Brasil até então; fiz parte desse contexto e, acredito, devo a oportunidade de iniciar minha carreira pro-

FERBASA – CIA. DE FERRO LIGAS DA BAHIA

fissional neste ano, e brinco, sou filho da crise), com o peso dos gastos realizados e o início de investimentos em ferro silício (FeSi), a Ferbasa passou pela maior crise de sua história. Fornos são paralisados, o quadro de colaboradores é reduzido e medidas são adotadas para atravessar as dificuldades. Já com oito fornos dedicados ao FeCr, detinha uma potência de 85.000 KWA (14 vezes maior que a disponível desde a construção do primeiro forno, 20 anos antes). A empresa respondia por 6% do comércio mundial de FeCr, exportando cerca de 40% de sua produção. Suas ações despencaram 72% em 1982, uma das piores performances na Bovespa naquele ano. Mas a estrela do Doutor Carvalho parecia realmente grande e brilhou novamente. Seria uma recompensa?

Em 1983 o governo norte-americano impôs restrições comerciais à África do Sul e à Rodésia (atual Zimbábue) devido à segregação racial (o *apartheid*) nesses países. Na época, ambos detinham 95% das reservas mundiais da cromita. A determinação do governo norte-americano causou aumento de preços no mercado mundial e demanda em outros países produtores, o que favoreceu a Ferbasa. Suas ações ficaram entre as dez mais negociadas na bolsa, com valorização de 17.386% em 1983 (a Petrobras, por exemplo, subiu 741%, como comentamos anteriormente). A inflação medida pelo IGP-DI foi de 154,5%. Em 1984, a Ferbasa foi eleita pela revista *Exame* a melhor empresa de siderurgia do Brasil, revertendo rapidamente a situação de crise para a de vencedora.

Em 1986, a empresa inaugurou a produção de ferro silício 75% (FeSi75) com quatro fornos de tecnologia japonesa, diversificando sua produção. Em 1990, em mais uma amostra de visão e pioneirismo (pareço repetitivo, mas é fato), foi criada uma divisão de meio ambiente. Posteriormente, na década de 1990, a empresa ampliou a capacidade de FeSi75 com a construção de mais dois fornos, chegando a 14 no total (oito dedicados a ligas de cromo e seis às de silício). Em 1994 são feitas parcerias com as empresas japonesas Marubeni e JMC para produzir 15 mil toneladas anuais de FeSi 75% de alta pureza (HP – *high purity*). O material é empregado na produção de aços silicosos (ou "elétricos"), na categoria de aços especiais para motores elétricos, núcleos de transformadores, geradores, e até motores de veículos híbridos – como o do Prius, da Toyota, um dos mais bem sucedidos veículos híbridos do

A TRIGONOMETRIA DOS INVESTIMENTOS

mundo. O FeSi HP tem valor unitário maior e é 100% destinado às exportações, principalmente para o Japão (a Nippon Steel é o principal cliente). Comentaremos mais adiante as peculiaridades deste produto e da Ferbasa como produtora, bem como as promissoras perspectivas mercadológicas e econômicas.

Em 1996, Doutor Carvalho recebeu o título de comendador da Ordem Nacional de Mérito Científico, concedido pelo então presidente da República Fernando Henrique Cardoso. Em junho de 1998 a Ferbasa adquire a mina de Coitezeiro, que lhe fora oferecida em 1963 pelo amigo, mas adquirida na época pela Bayer. Curiosidade: próximo a essa mina está um complexo destinado a hóspedes, construído especialmente para receber o presidente mundial da Bayer, com um lindo projeto paisagístico desenhado por Burle Max, incluindo jardim japonês e apenas com plantas exóticas. O tal presidente, no entanto, preferiu as delícias do Rio de Janeiro em sua visita ao Brasil e jamais visitou a mina. Tivemos a oportunidade de visitá-la e pernoitar no local – nosso grupo incluía cinco amigos investidores que nos apoiam nas assembleias da Ferbasa há muitos anos, elegendo os conselheiros de administração e fiscal indicados por nós.

Ao completar 50 anos de sua fundação em 2011, a Ferbasa colocou-se entre as 500 maiores empresas do Brasil, com receita líquida de US$ 385 milhões (ante US$ 74 milhões dez anos antes), com crescimento de impressionantes 18% ao ano no período. Naquele mesmo ano, migrou para o nível 1 de governança corporativa da Bovespa. Participamos dos eventos comemorativos com apresentações, visita à metalurgia, após palestra do maior consultor mundial de aço inox (Heinz Pariser), e posteriormente visitei as minas pela primeira vez.

Desculpem um novo parêntese. Durante esse evento houve um show no teatro Castro Alves com Caetano Veloso, e bonita homenagem presencial com Doutor Carvalho, já vítima avançada de Alzheimer e alheio à situação, tendo a seu lado sua jovem neta Bárbara. Digno de nota que Caetano esqueceu a letra da *Alegria, Alegria* e contou com o público para cantar. Mas fui brindado pelos dirigentes da Ferbasa para assistir ao show ao lado do sr. Pariser, uma grande honra. Em 2017, Pariser e a consultoria Roskill formaram uma associação, criando a consultoria

FERBASA – CIA. DE FERRO LIGAS DA BAHIA

Roskill Pariser, uma das mais reputadas no mercado de metais, especialmente ligas e metais nobres, e que seguimos em nossas análises.

Em 2014, a empresa aprovou um plano de recompra de ações próprias até o limite regulatório de 10% (4.346.400 ações) dos papéis em circulação. Foram efetivamente compradas 3.183.300 ações (73,24% do total autorizado) ao preço médio de R$ 8,07/ação PN (FESA4) entre 2014 e 2016, quando o conselho de administração determinou o encerramento do programa de recompra.

Tais ações, mantidas em tesouraria, cotadas a R$ 18,82, têm valor de mercado de R$ 60 milhões. Se vendidas a esse preço, representariam lucro de R$ 34 milhões não tributáveis e contabilizados diretamente no patrimônio líquido, sem efeito nos resultados, mas aumentando o caixa disponível em R$ 60 milhões.

Em 2015 faleceu o Doutor Carvalho, de causa natural, aos 84 anos, não deixando bens materiais, humilde, como no seu nascimento, e aos cuidados de sua neta Bárbara. Seu grande legado é a empresa por ele fundada. A fundação com seu nome é um exemplo de filantropia e desprendimento material, canalizando seus recursos financeiros e patrimoniais para a educação de crianças carentes e uma grande quantidade de projetos sociais, além de exemplo para a sociedade, governantes e empresários. Quiçá surgirão outros homens como este a quem o Brasil muito deve, em especial a educação e principalmente o estado da Bahia, onde a Ferbasa tem 100% de seus negócios e cujas crianças recebem educação de excelente qualidade por meio da FJC. Praticamente desconhecido fora da Bahia, também nos ensinou que a humildade e os tropeços, na realidade, são motivações e aprendizado. Desistir é um verbo que não existia em seu vocabulário ou dicionário.

Em junho daquele ano foi renovado o contrato de fornecimento de energia elétrica pela CHESF, mas em condições menos favoráveis: a carga foi reduzida de 210 MW para 155 MW, a tarifa sofreu aumento de 22,5% – reajuste anual baseado no IPCA (70%) e na LTN/NTN-B (30%) – e foi necessário um adiantamento de R$ 80 milhões para entrega de energia futura até este ano. O novo contrato tem validade até

A TRIGONOMETRIA DOS INVESTIMENTOS

2037, sendo que a partir de 2032 as cargas são decrescentes em 25 MW anualmente.

Ainda em 2015, como havia incerteza quanto à renovação do contrato com a CHESF, a Ferbasa contratou energia no mercado livre, de forma a atender a produção de FeCr para seu principal cliente (Aperam). Renovado o contrato, o volume comprado no mercado livre serviu para complementar a carga vinda da CHESF. Foram contratados, para o período entre 2016 e 2034, 60 MW até 2023 e 30 MW até 2034. O contrato da CHESF com a Ferbasa e outras seis empresas foi amparado por um decreto-lei (11.182/15, artigo 10, parágrafo 3), com total segurança jurídica.

Em 2018, novo salto de investimentos e diversificação: em janeiro foi aprovada, em assembleia extraordinária de acionistas, a compra junto ao Grupo Santander de um conjunto de sete centrais de geração de energia eólica, com 92 aerogeradores, por R$ 812 milhões (sendo R$ 450 milhões pelo capital e R$ 362 milhões pela dívida líquida). Em abril do mesmo ano a aquisição foi concluída, com preço, ajustado pelo CDI, de R$ 469 milhões (sendo R$ 321 milhões à vista e R$ 156 milhões financiados pelo banco Santander em três anos, ao custo de CDI + 1% ao ano).

Em setembro do ano passado, o saldo de R$ 137 milhões foi refinanciado pelo Bradesco, com as duas parcelas restantes junto ao Santander com vencimento em 2020 e 2021, sendo alongadas por cinco anos – de 2020 a 2024, ao custo de CDI + 0,7% ao ano. O conjunto dos parques eólicos (denominado BW Guirapá) tem capacidade de 170 MW, sendo 78,6 MW com garantia firme, e energia contratada até 2034 como energia de reserva fornecida ao sistema elétrico brasileiro.

Novos ajustes elevaram o preço da aquisição para R$ 489 milhões – o que, no entanto, foi R$ 75 milhões abaixo do valor patrimonial. O ganho contábil nesse montante (denominado "compra vantajosa") foi levado a resultado, mas com efeito tributário de R$ 26 milhões (provisionado no longo prazo, e efetivo apenas em caso de venda e realização deste ganho). O resultado líquido da Ferbasa em 2018, assim, foi beneficiado com um ganho líquido de R$ 50 milhões.

FERBASA – CIA. DE FERRO LIGAS DA BAHIA

O quadro abaixo ilustra o valor contábil das propriedades (desconsiderados ativos biológicos e investimentos em subsidiárias), totalizando R$ 1,510 bilhão. Os R$ 66 milhões relacionados às minas referem-se ao valor (quase totalmente amortizado) do investimento no desenvolvimento e correspondem à mina a céu aberto em Campo Formoso (em processo de transformação em lavra subterrânea) e ao complexo de Andorinha, com mais de 100 km de galerias e reservas estimadas em 40 milhões de toneladas (o que corresponde a cerca de 80 anos de exploração). O preço do minério já variou entre US$ 130/t e US$ 400/t. A US$ 200/t, representa um valor mineral contido de US$ 8 bilhões. O valor contábil da BW (30/jun/2020) era de R$ 526 milhões – com R$ 38 milhões em outras subsidiárias e R$ 176 milhões em ativos biológicos relativos ao plantio de 25.700 hectares de eucaliptos. A madeira é usada como biorredutor (carvão vegetal), na produção de ferro silício, em substituição ao carvão coque, de origem mineral.

DESCRIÇÃO DO BEM DO ATIVO IMOBILIZADO	LOCALIZAÇÃO - UF	MUNICÍPIO	TIPO DE PROPRIEDADE (ARRENDADA - ALUGADA – PRÓPRIA)	VALOR CONTÁBIL (R$ mil)
Terrenos - (64.070 hectares)	BA	Diversos	Própria	147.698
Máquinas e Equipamentos	BA	Diversos	Própria	919.239
Desenvolvimento de minas	BA	Diversos	Própria	65.586
Veículos e tratores	BA	Diversos	Própria	4.456
Edificações	BA	Diversos	Própria	298.544
Em andamento e outros	BA	Diversos	Própria	76.276

Fonte: Relação com Investiores - Ferbasa

A somatória destes ativos – que não refletem o valor de mercado ou custo de reposição, nem incorporam as reservas minerais – dá o valor contábil de R$ 2,250 bilhões. O valor da empresa na B3, porém, é de R$ 1,6 bilhão (R$ 18,82 para a ação FESA4).

Quanto às certificações, a empresa possui ISO 14001 (Meio Ambiente) e OHSAS 18001 (Gestão de Saúde e Segurança) nas unidades de metalurgia, mineração e florestal, e ISO 9001 (Qualidade e Florestal). Neste ano, a Ferbasa deverá divulgar seu *Relatório de Sustentabilidade* baseado na metodologia GRI (Global Reporting Initiative). Criado em

Boston em 1997 e lançado no ano 2000, o GRI é uma organização internacional sem fins lucrativos com diretrizes para publicação de relatórios de sustentabilidade e/ou ESG utilizados em 90 países. Dados de 2017 indicavam que 63% das 100 maiores empresas do mundo e 75% do *Global Fortune* 250 publicaram relatórios de sustentabilidade baseados no GRI. As barragens para armazenar efluentes gerados no beneficiamento de minério de cromo foram classificadas como de baixo risco pela ANM (Agência Nacional de Mineração) e não se enquadram, portanto, nos riscos definidos pela PNSB (Política Nacional de Segurança de Barragens), Lei 12.334/2010.

Ao final de 2019, a empresa contava 3.090 funcionários diretos e 1.150 terceirizados. Do quadro próprio, 112 eram alocados na área corporativa em Salvador; 1.376, na metalurgia em Pojuca; 1.291, na mineração (sendo 1.048 em Andorinha, 165 em Campo Formoso e 78 em outros municípios); e 311, na área florestal em diversos municípios. A Ferbasa é a maior produtora de ferro-ligas do Brasil e se posicionava no ano passado entre as dez maiores empresas da Bahia e entre as 36 maiores da região Nordeste.

3. Caracterização, produtos e mercados

Mineração de cromita

A atividade de mineração ocorre em Campo Formoso, a céu aberto, com reservas para mais dois anos, ao ritmo de 140 mil t/ano. O local está em processo de continuidade da lavra para subterrânea, o que pode estender as operações para oito ou dez anos.

A mineração subterrânea no complexo de Andorinha é referência mundial em práticas de mecânica de rocha. A capacidade é de 370 mil t/ano, o bastante para mais de 80 anos de lavra, em mais de 100 km de galerias. Consideramos a mineração o "coração" da Ferbasa – a "joia da coroa", por assim dizer. A empresa é a única produtora integrada de FeCr do continente americano. As reservas de cromo são um ativo que não pode ser replicado – e por isso têm valor estratégico. É o ativo mais valioso, a nosso ver, embora o balanço patrimonial não considere o valor do minério contido, apenas os custos, em grande parte já amortizados, para pesquisas e desenvolvimento das galerias e demais investimentos associados.

Em fato relevante comunicado ao mercado em 2010, a empresa estimava que suas reservas minerais de cromo no complexo de Andorinha seriam, na realidade, de 40 milhões de toneladas, e não 13 milhões como então eram dimensionadas. De fato, é como se o depósito de cromo tivesse duas dobras, em vez de projetar-se para profundidades maiores do subsolo. Ou seja: a Ferbasa como que teria descoberto duas novas minas no mesmo sítio. Restaria apenas detalhar sua disposição para explorar de modo mais racional e preciso e com menor custo.

O desenvolvimento de novas tecnologias com equipamentos de raios X aumenta a vida útil das minas, transformando depósitos conhecidos, mas sem valor comercial devido ao custo de extração, em reservas comerciais, sem que isso exija novas sondagens ou pesquisas minerais, nem que pilhas de material já processado precisem ser reprocessadas, para extração de algum minério que ainda contenham. Além das reservas no subsolo, a Ferbasa possui cromo contido numa pilha de material estéril, mas ainda rica em minério, para seis ou sete anos de consumo, como se fosse uma mina a céu aberto, ao lado da unidade de beneficiamento, e a custo muito baixo.

A seguir detalhamos o projeto Hard Lump, que envolve esse processamento pelas máquinas de raios X.

Hard Lump e separador por sensor de raios X

O projeto Hard Lump está associado à mineração, e consiste no aumento da recuperação de minério extraído da mina subterrânea por meio de sensores de raios X. Tal tecnologia permite recuperar mais minério e reduzir custos, gerando excedentes para exportação. A Ferbasa estima redução de 20% no custo unitário do minério produzido entre 2018 e 2022, quando o projeto estiver concluído com uso de até oito sensores (seis já estão instalados e em operação) e a curva de aprendizagem estiver concluída.

O minério responde por cerca de 40% do custo de produção do FeCr e trará significativo aumento na competitividade da empresa, não só em relação à exportação da liga como também do minério, tendo em vista enormes reservas e a aceleração de sua monetização. Se, de fato, os 20% de redução nos custos do minério forem atingidos, o custo do FeCr terá redução de 8%. Um ganho extraordinário.

De acordo com a expectativa da empresa, um excedente de 20 mil t/mês poderá ser exportado. Isso fará da Ferbasa uma fornecedora regular para a China (principal mercado mundial, como veremos mais adiante). A utilização dos equipamentos de raios X é um grande avanço tecnológico da companhia e não pode ser aplicado na África do Sul, devido à característica do minério local, basicamente de superfície e do tipo UG2 (fino e não processável pelo equipamento). Os sensores separam basicamente o tipo *lump* (granulado), característico de mineração subterrânea e de maior granulometria.

Os sensores utilizam, além dos raios X, identificador de cor (espectrômetro), luz infravermelha, classificação eletromagnética através da condutividade e permeabilidade e raio laser, que identifica densidade, características superficiais e cores.

A fabricante norueguesa de sensores Tomra diz que seus equipamentos processaram cerca de 145 milhões de toneladas em 2019. Isso significa nada menos que 113 mil toneladas de CO_2 a menos lançadas na atmosfera. Um processo de mineração mais eficiente consome menos combustíveis.

A Ferbasa usa equipamentos de separadores de raios X da já citada Tomra e da alemã Steinert, ambas fabricantes de equipamentos utilizados em economia circular, reversa e em reciclagem.

O equipamento fabricado pela Steinert substitui 150 pessoas que faziam coleta manual do minério. A capacidade de processamento inicial esperada é de 5 mil t/mês, atingindo 150 mil t/ano de resíduos reprocessados, com teor de 13% a 18% de minério contido. Isso deve gerar material com 38% de Cr_2O_3 (óxido de cromo ou cromita).

A Steinert, fundada em 1889, está presente no Brasil desde 2007. Sua área inicial de atuação foi separação magnética de materiais. Em 1987 começou a atuar na seleção de metais não ferrosos. Uma das principais aplicações de seus equipamentos é a separação de metais em pilhas de rejeitos ou material estéril, para recuperar mineral contido, como no caso da Ferbasa, anteriormente citada.

A Tomra estima sua participação no mercado de mineração entre 40% e 50%, com 163 sensores instalados no mundo. O texto adiante foi extraído do *website* da Tomra, que qualifica seu equipamento como uma "mudança do jogo" no processamento mineral, uma verdadeira revolução tecnológica de grande amplitude. Os equipamentos são operados por três pessoas, principalmente no monitoramento.

Tivemos oportunidade de visitar o local e verificar o funcionamento das máquinas, além de observar a instalação de duas novas unidades em setembro de 2017. Segundo constatamos, a produtividade estava acima do esperado pelos próprios fabricantes e era passível de novas melhorias e ajustes operacionais realizados pelos técnicos da Ferbasa.

A seguir está o esquema simplificado do equipamento, com a recepção do material a ser reprocessado. No final, após os sensores avaliarem e reconhecerem cada partícula de minério ou estéril, ele separa, por meio de um sistema de sopros, o minério desejado e o rejeito final (estéril), lançados em duas pilhas separadas.

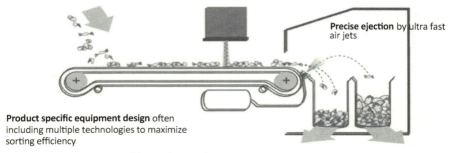

Fonte: Tomra Sorting Solutions

A TRIGONOMETRIA DOS INVESTIMENTOS

Além do projeto de Hard Lump, a Ferbasa desenvolveu parceria com a UFMG (Universidade Federal de Minas Gerais) para recuperação de rejeitos gerados no processamento de concentração de finos de minério, processados na unidade de beneficiamento molhado. A empresa diz que o processamento de 3 milhões de toneladas destes rejeitos poderá recuperar minério contido com cerca de 8% de Cr2O3 (ou 240 mil toneladas). Os rejeitos são tratados e depositados em barragens consideradas de baixo risco (cinco) e em nove tanques de armazenamento de água, praticamente sem impacto ambiental.

Projeto de automação estacionária

A Ferbasa pretende, com este projeto, reduzir de forma significativa o consumo de energia elétrica nas operações da mina subterrânea, graças à operação remota dos equipamentos. Isso vai reduzir custos operacionais, aumentar a segurança e melhorar as condições de trabalho. Os operadores ficam numa sala de controle, monitorando os equipamentos remotamente. O grande desafio é a transmissão de sinais através de wi-fi; afinal, são até 600 m de profundidade e mais de 100 km de galerias no interior das minas. Trata-se de tecnologia de ponta, uma vez mais mostrando que a empresa é referência mundial em mineração subterrânea e segurança do trabalho.

Operações do biorredutor

A Ferbasa possui cerca de 65 mil ha (hectares) de áreas florestais próprias, das quais cerca de 26 mil ha com reflorestamento de eucaliptos – matéria-prima para produção do carvão vegetal utilizado como biorredutor na produção de ferro silício (com impacto neutro na emissão do CO_2). Além do biorredutor, a energia elétrica consumida na produção de ligas é 100% de origem hídrica e eólica. A China é o maior produtor (cerca de 75%) e exportador de ferro silício do mundo, mas utiliza coque como redutor – o que emite 3,5 toneladas de CO_2/t de FeSi – e energia térmica de carvão. Os gases que geram o efeito estufa produzidos nesse processo são dignos de fábulas: cerca de 9,5 toneladas de CO_2 por tonelada de FeSi produzido.

O FeSi é uma liga indispensável na produção de aço carbono como elemento desoxidante (retira o oxigênio associado ao ferro). São necessários cerca de 50 kg para cada tonelada de aço. É desnecessário comentar o que isso representa em termos ambientais – e como isso ressalta ainda mais o diferencial do FeSi brasileiro (único do mundo a usar biorredutor) e da Ferbasa.

Além dos investimentos em genética, processos e mecanização do manejo e em operações florestais, a Ferbasa alocou R$ 66 milhões no processo de carvoejamento, substituindo fornos "redondos", operados manualmente, por fornos retangulares 100% mecanizados, com ganhos em eficiência e reduções de custos e consumo de madeira (até um excedente para comercialização surgiu). O biorredutor representa o segundo maior custo do FeSi (em primeiro vem a energia elétrica), 100% em moeda local, substituindo coque importado e gerador do efeito estufa.

Redutor coque

Metalurgia é a ciência de extração de metais de seus minérios, incluindo as ferro-ligas. A indústria siderúrgica depende em larga escala do carvão mineral metalúrgico. A Ferbasa, no entanto, usa o biorredutor, como já apontamos. O coque usado na siderurgia é obtido mediante destilação do carvão mineral. Sua função é suprir o calor necessário às reações químicas, permitindo a eliminação de óxidos indesejáveis na forma de gases (fusão dos metais), separando a escória do metal, e suprir carbono (que se dissolverá no metal). Contaminantes como enxofre e fósforo são altamente indesejáveis (além da recomendação de manter o conteúdo de cinzas abaixo de 8%).

Até o fim do século 17, o combustível utilizado na metalurgia era o carvão vegetal, que se foi tornando cada vez mais difícil de encontrar (pode estar aí uma das razões de a Europa ter hoje apenas 3% de cobertura florestal em sua área). Essa escassez chegou a ameaçar o progresso da Revolução Industrial. A Inglaterra (berço dessa revolução) passou a importar madeira devido a essa escassez. O carvão mineral não era uma opção: o elevado teor de enxofre tornava o ferro e o aço quebradiços quando aquecidos.

A TRIGONOMETRIA DOS INVESTIMENTOS

O problema foi resolvido pela ciência, mediante aquecimento lento do carvão em locais abertos, sem queimar, liberando os gases voláteis como o enxofre. Esse método é conhecido como coqueificação, que proporcionou um salto tecnológico da indústria metalúrgica – e bélica: a Inglaterra passou a produzir canhões muito mais poderosos que os dos franceses, por exemplo, conquistando sua supremacia militar e marítima. Um pouco de história é sempre útil e fonte de conhecimento.

Em 12 de dezembro do ano passado, a Ferbasa fez o seguinte comunicado ao mercado:

PARCERIA COMERCIAL ESTRATÉGICA

A CIA DE FERRO LIGAS DA BAHIA – FERBASA (B3: FESA3 e FESA4) vem a público informar aos Srs. Acionistas e ao mercado em geral que, em continuidade ao que já vem sendo exposto nas apresentações de resultado, concretizou a negociação de parceria comercial com empresa sediada na Colômbia para a aquisição de Coque Metalúrgico, com vigência inicial de 01 (um) ano, podendo ser renovado por iguais períodos, em linha com seu planejamento estratégico.

Tal parceria assegura o fornecimento de coque de excelente qualidade para a Ferbasa, além de ser estratégica: futuramente, isso poderá ser traduzido em investimento na Colômbia por meio de aquisição desse fornecedor, conforme informado em teleconferências públicas e reuniões. Veja a seguir um *slide* obtido numa dessas apresentações:

Fonte: Relação com Investidores - Ferbasa

Metalurgia

Baseada em Pojuca, a atividade de metalurgia compreende oito fornos dedicados ao ferro cromo e seis ao ferro silício, totalizando 14 fornos.

Ferro cromo alto carbono (FeCrAC): é uma liga de cromo, ferro, silício e outros elementos. Tem uso principalmente na produção de aço inoxidável, ao qual confere a propriedade de resistir à oxidação, corrosão ou enferrujamento. Possui teor de carbono acima de 4%. Além do minério de cromo, as ligas utilizam o coque mineral, podendo ser adicionado biorredutor.

Ferro cromo baixo carbono (FeCrBC): a liga de baixo carbono é semelhante à de alto carbono, mas seu teor de carbono fica abaixo de 0,15%. Ela é usada para corrigir teores de cromo sem provocar variações indesejáveis nos de carbono. Para produção de aço inoxidável, seu emprego é o mesmo do FeCrAC – a diferença é o preço, significativamente mais alto.

Ferro silício cromo (FeSiCr): liga com os mesmos elementos do FeCr. Usada como insumo para produção de FeCrBC – ou seja: grande parte do que é produzido é consumido pela empresa, adicionando cromo e silício às ligas.

Ferro silício 75% (FeSi75%): liga produzida a partir de quartzo de alta pureza (próprio da Ferbasa), minério de ferro, sucata e biorredutor. O produto *standard* é utilizado como elemento antioxidante na produção de aços e elemento de liga. O de alta pureza (HP – *high purity*) vai na produção de aços especiais (ou "elétricos") e aços silicosos de grão orientado ou não orientado (utilizados em motores, geradores, transformadores, compressores herméticos para geladeiras, *freezers* e sistemas de refrigeração e motores para veículos híbridos e elétricos). O ferro silício produzido com biorredutor é superior ao produzido com coque – que gera uma série de contaminantes e tem um impacto ambiental bem mais severo. Portanto, o ferro silício produzido pela Ferbasa pode ser considerado "verde", ou de baixo impacto ambiental. Todos os fornos da empresa possuem filtros de manga, retirando material particulado que seria lançado na atmosfera.

A TRIGONOMETRIA DOS INVESTIMENTOS

Energia elétrica

A energia elétrica é insumo essencial na produção de ferro-ligas. A Ferbasa é caracterizada como eletrointensiva (está entre as maiores consumidoras de energia da região Nordeste). Ao lado do minério de cromo, a energia elétrica é o principal custo da Ferbasa, como se vê na imagem abaixo:

Composição dos Custos de Produção – 1S20

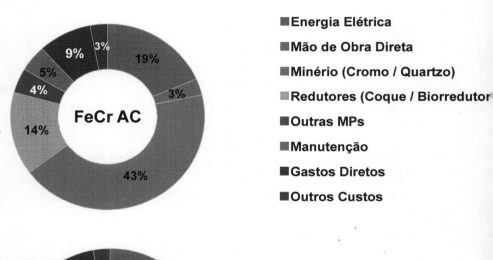

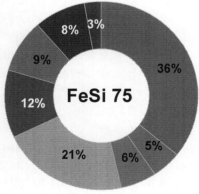

Fonte: Relação com Investidores - Ferbasa

Com base nestas informações e em outras divulgadas pela empresa, estimamos um custo de R$ 124 milhões de energia elétrica no 1S20 (25,4% do total), ou cerca de R$ 250 milhões anualmente, e de R$ 143 milhões de minério (cromo e quartzo), ou 29,3% do total, seguido por redutores (biorredutor e coque) com R$ 81 milhões (16,6%). Juntos, representam 71,3% dos custos totais.

Fazendo uma analogia com o corpo humano, podemos dizer que a mina de cromo é o coração da Ferbasa, seu principal ativo e não replicável; a energia elétrica é o pulmão; e os redutores, o estômago – que fornece o carbono necessário. O custo da energia elétrica equivaleu a 16,8% das receitas da empresa (não considerando a consolidação com a BW) e o minério, a 20,8% no 1S20.

A imagem a seguir ilustra a disponibilidade de energia elétrica da empresa:

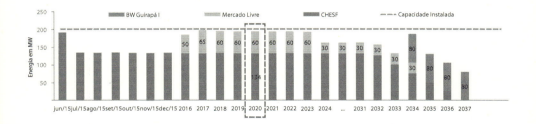

Fonte: Relação com Investidores - Ferbasa

A capacidade efetiva da metalurgia é de apenas 85%: o custo da energia no horário de ponta (18h a 21h) chega a triplicar para as empresas que atuam em mercados regulados. Isso inviabiliza economicamente a atividade nesse período. Com isso, a Ferbasa é obrigada a desligar os fornos – o que causa um impacto de cerca de 15% em sua capacidade efetiva. Perde-se em produtividade e em custos adicionais para o reaquecimento dos fornos.

Em caso de problemas no fornecimento de energia, com queda abrupta da geração no sistema CHESF, a Ferbasa desliga automaticamente seus fornos, e passa a operar com uma espécie de *buffer*, ou reserva de emergência. Isso compromete parte da produção, sem que haja nenhum tipo de remuneração ou compensação.

A tarifa "branca" é aquela no período normal, fora da ponta.

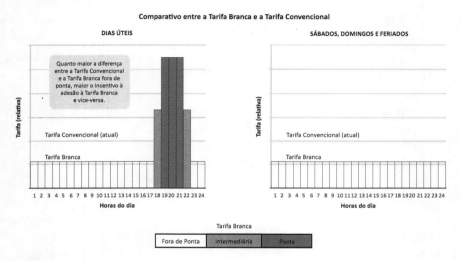

Fonte: ANEEL

4. Mercado

Para entender o mercado em que a Ferbasa atua, faremos uma separação entre o FeCr e o FeSi75%. Ambos se relacionam à siderurgia, mas suas características são distintas; e suas perspectivas e variáveis, diferentes.

Ferro cromo

Para entender o mercado de ferro cromo, utilizaremos algumas ilustrações de empresas internacionais que resumem bem a dinâmica e as perspectivas:

CHROME MARKET

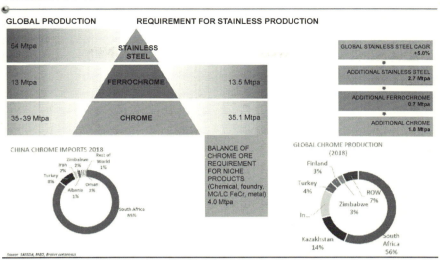

Fonte: Demonstrações Financeiras - Tharisa Chrome

O principal destino do minério de cromo e do ferro cromo é o aço inoxidável. A África do Sul é responsável por cerca de 56% da produção mundial de minério de cromo, detém 75% das reservas mundiais e responde por 85% do fornecimento à China – que, como já apontamos, é o maior produtor mundial de FeCr e aço inoxidável: neste ano, deve responder por 60% do consumo mundial do aço inox, sem possuir reservas de cromo. Em 2019, a China consumiu 64,2% da produção mundial de ferro cromo, com a África do Sul como sua maior fornecedora.

Essa dinâmica deverá acelerar-se. A China vem consumindo aço inox com crescimento de dois dígitos, seguida por países asiáticos em desenvolvimento – em particular a Índia – e demandando quantidade crescente de minério e ferro cromo. A oferta desta liga se dará na própria China, já que a África do Sul passa por graves problemas estruturais, entre eles uma escassez crônica de energia elétrica.

Cerca de 95% da energia elétrica na África do Sul são gerados em termelétricas movidas a carvão, da estatal Eskom, que enfrenta graves problemas financeiros e não tem capacidade de investir. O racionamento de energia é uma realidade no país, seguido do esperado aumento robusto de preços: nos últimos cinco anos, a alta acumulada é de 46%, contra inflação de 24% no mesmo período. Fica explícito que o custo da energia subiu quase o dobro da inflação. Num período mais longo de 15 anos, o preço da energia elétrica subiu 300% em dólar, reduzindo drasticamente a competitividade da indústria de ferro cromo do país, ficando cada vez mais dependente do minério. Para abril de 2021, já está autorizado um aumento de 15% e outros serão necessários para promover mais investimentos no setor elétrico.

Nos mesmos cinco anos, o rand (a moeda do país) desvalorizou-se 26,2% (próximo à inflação), sendo que 11,5% de perda ocorreram nos últimos 12 meses. A indústria do país inevitavelmente perde competitividade. Várias empresas produtoras de FeCr entraram em processo de recuperação judicial, com poucas perspectivas de restabelecimento financeiro, uma vez que o buraco (sem trocadilho) em que estão metidas só se aprofunda.

O real perdeu 50% em cinco anos (40% só nos últimos 12 meses), mudando completamente o cenário de competitividade entre Ferbasa e empresas sul-africanas – especialmente pelo efeito cambial e pelo custo da energia: neste ano, o reajuste na África do Sul foi de 8,8%, contra menos de 3% da Ferbasa; para a brasileira, esperamos, para 2021, reajuste inferior a 4% (na África do Sul, como já apontamos, está armada a bomba relógio para estourar em 15%). Câmbio e energia são variáveis fundamentais, pois os reajustes de preços são determinados principalmente na África do Sul, e a Ferbasa se beneficia indiretamente da diferença de desvalorização entre as moedas e do custo da energia elétrica.

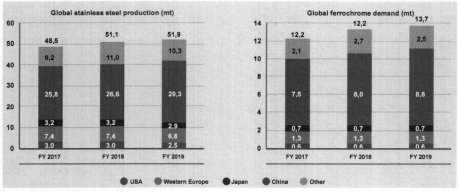

Fonte: Merafe Resource - Relatório Investidores

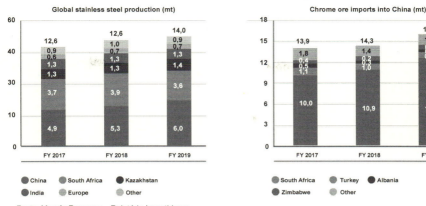

Fonte: Merafe Resource - Relatório Investidores

A imagem a seguir mostra que, para produzir 1 tonelada de aço inox, são consumidos 600 kg de minério de cromo. Diversos fatores determinam o consumo de aço inox, mas um dos principais catalisadores e aceleradores desse processo é a urbanização de países em desenvolvimento e com grandes contingentes populacionais ainda concentrados em áreas rurais (China e Índia são exemplos). Renda *per capita*, substituição de materiais, uso mais disseminado na arquitetura, bem como crescimento do PIB e do consumo em países emergentes – tudo isso continuará a influenciar a demanda do produto, num ritmo de crescimento acima de 5% ao ano (ou mais de duas vezes acima do crescimento do uso do aço carbono, cuja matéria-prima é basicamente o minério de ferro).

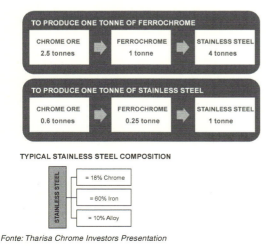

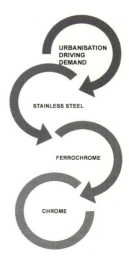

Fonte: Tharisa Chrome Investors Presentation

Cabe aqui detalhar esses 85% de dependência chinesa em relação ao suprimento sul-africano de minério de cromo.

A maior parte do minério (60%) da África do Sul provém de uma formação geológica em diversas províncias conhecida como BIC (Bushveld Igneous Complex), numa camada denominada UG2 (Upper Group 2). A formação geológica da BIC data de 2 bilhões de anos, com uma extensão de 370 km nas províncias, e fica depositada próxima à superfície. No entanto, a África do Sul e essa província mineral sofrem com problemas logísticos – gargalos nos modais ferroviários e rodoviários e nos portos, interrupções, greves, bloqueios etc.

Essa formação geológica guarda as maiores reservas mundiais de platina, paládio, ródio, irídio e rutênio – em suma: PGMs (Platinum Group Metals), ou metais nobres. Associado aos PGMs está o cromo, na forma de finos, extraído como subproduto dos demais metais. Embora seja de baixa qualidade, a China desenvolveu sua indústria de ferro cromo baseada neste tipo de minério, que leva a um maior consumo de energia no processo metalúrgico. No entanto, o preço relativamente baixo da energia acaba compensando essa ineficiência.

Com a crescente demanda por PGMs, os preços vêm aumentando nos últimos anos, bem como a produção dos metais e do subproduto cromo – que é exportado a qualquer preço para a China como resíduo (até por conta da escassez de energia elétrica, não há demanda adicional na África do Sul). Isso tem baixado os preços do minério (e do FeCr). A China, mesmo não dispondo de minério, dispõe de coque e energia elétrica em abundância; seu mercado de aço inox consome toda a produção local de FeCr e a torna a maior importadora da liga.

Assim, abastecido em abundância pelo minério sul-africano a preços baixos, o país asiático consegue produzir FeCr com custos menores, limitando a alta dos preços, mesmo com forte demanda e crescimento significativo nos últimos anos.

PGM PRODUCTION
(koz)

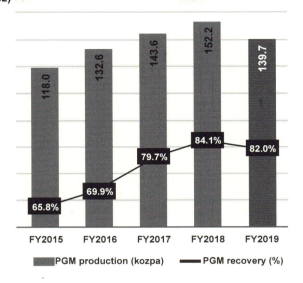

CHROME PRODUCTION
(Mt)

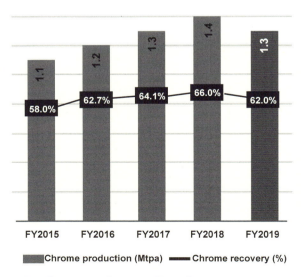

Fonte: Demonstrações Financeiras - Tharisa Chrome

O índice de recuperação dos PGMs é de aproximadamente 1,5 g por tonelada processada e a produção é denominada em milhares de onças (28,3 gramas). As imagens a seguir ilustram o comportamento inverso dos preços dos PGMs e do cromo:

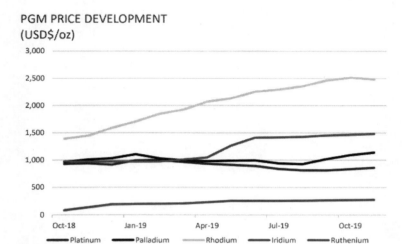

Fonte: Demonstrações Financeiras - Tharisa Chrome

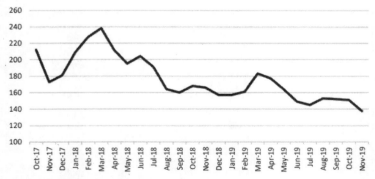

Fonte: Demonstrações Financeiras - Tharisa Chrome

Mais recentemente, já se observa um movimento inverso, com o cromo subindo de preço. Entre abril e 12 de outubro, o rand se valorizou 13,5% em relação ao dólar, reduzindo as receitas em moeda local. Isso vem comprometendo a rentabilidade das empresas sul-africanas.

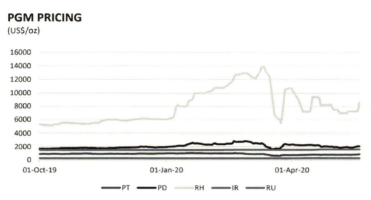

Fonte: Tharisa Chrome Investors Presentation

Fonte: Relação com Investidores - Tharisa Chrome

A TRIGONOMETRIA DOS INVESTIMENTOS

As imagens a seguir ilustram o comportamento dos preços de alguns PGMs da Impala (uma das maiores produtoras mundiais), o efeito câmbio e receitas em rand (balanço anual, encerrado em setembro de 2020), bem como a cesta de produtos:

ACHIEVED METAL PRICES

Fonte: Annual Report - Implats

A imagem a seguir ilustra o crescimento nada menos que extraordinário da China no mercado mundial de aço inox, com o relativo encolhimento dos mercados europeu e americano (o chinês é mais de dez vezes maior que este último). Um dos fatores que explicam isso é que as indústrias de países em desenvolvimento, como China e Índia, dispõem de pouca oferta de sucata; já os mercados mais desenvolvidos fazem uso de uma porcentagem maior desse material, fruto da reciclagem. A demanda por produto primário, portanto, é menor.

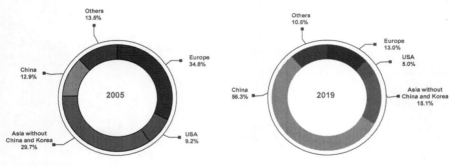

Fonte: Merafe Resources

Nas imagens a seguir, vemos o crescimento anual composto (1980-2019) do consumo do aço inox em relação aos demais metais e o descolamento em relação aos plásticos nos últimos anos:

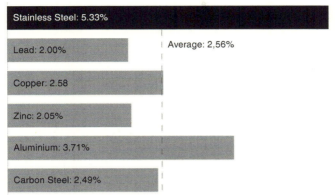

Fonte: ISSF World Stainless Steel Organization Stainless Steel in Figures 2019

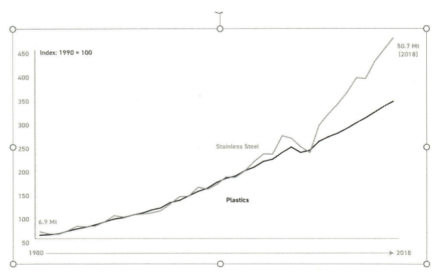

Fonte: ISSF World Stainless Steel Organization Stainless Steel in Figures 2019

A próxima imagem mostra a vergonhosa posição do Brasil como consumidor *per capita* de aço inox: acima apenas de África do Sul e Indonésia (e abaixo de "potências" como Tailândia, Turquia e México). A China, embora tenha consumo – tanto absoluto quanto relativo – elevado, dispõe de um potencial de aumento ainda muito grande devido ao crescimento na renda *per capita* e à contínua urbanização (mesma situação da Índia). Comparativamente, Taiwan apresenta consumo *per capita* três vezes superior ao da China continental (o que é até assustador), e o da Coreia é duas vezes maior que o chinês.

GDP PPP per capita versus stainless steel use per capita, Source: IMF, ISSF, World bank, CRU, SMR

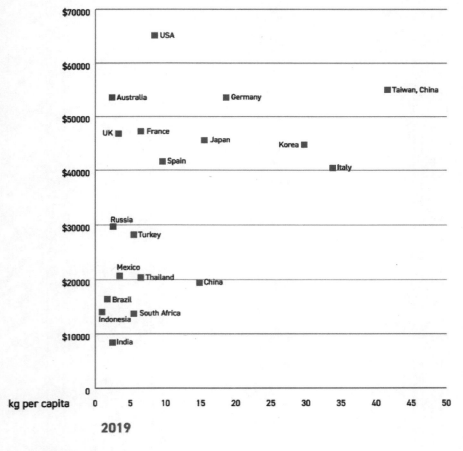

Fonte: IMF, ISSF, World Bank, CRU, SMR

Para fechar: as diversas variáveis nos levam a inferir que o mercado mundial de aço inox continuará crescendo a um ritmo superior a 5% ao ano, puxado por China e países asiáticos (notadamente a Índia). A oferta de minério depende de muitas variáveis, pois está concentrada na África do Sul e, lá, nas mãos de empresas produtoras de PGMs, como Anglo American, Lonmin, Impala e Glencore. Os preços dependem de uma série de variáveis combinadas – taxa de câmbio, crescimento econômico, oferta e preço de energia na África do Sul, mercados dos PGMs etc.

Uma grande mudança neste cenário seria o governo sul-africano taxar a exportação de minério de cromo: os custos seriam repassados aos chineses e as empresas sul-africanas produtoras de FeCr ganhariam fôlego. Essa possibilidade já foi aventada no passado e não seria grande surpresa se voltasse à mesa ou fosse mesmo aprovada. O desemprego na África do Sul beira os 30%, a indústria de ferro-ligas faz água e os sindicatos ligados ao setor são muito ativos – violentamente ativos, se me faço entender.

Ferro silício 75%

O ferro silício é produzido com redutor (coque ou vegetal), quartzo como fonte de sílica, ferro (sucata, minério ou gusa) e outros elementos, como cálcio e alumínio, e fusão movida a energia elétrica. Sua forma mais comum pode ter concentrações de 45%, 75% ou 90% de silício ou sílica. A principal função do ferro silício na siderurgia é desoxidar o aço – ou, mediante reações químicas, consumir o oxigênio do minério de ferro (cuja forma mais comum é a hematita, Fe_2O_3). Também pode ser usado com a mesma função em outras ligas.

A China responde por 66% do consumo e 70% da produção mundial do ferro silício – o que a coloca como a principal exportadora. A disponibilidade de coque e energia elétrica e a pouca importância que o país atribui aos impactos ambientais do uso do carvão mineral explicam sua dominância, além da demanda pela indústria siderúrgica.

Essa dinâmica vem mudando, no entanto. O governo chinês já mostra preocupação com questões ambientais e pretende reduzir sua emissão de 3 bilhões de toneladas anuais de CO_2 – nada menos que dez vezes o que emitem os EUA – e seu consumo de energia elétrica – produzida principalmente em usinas térmicas movidas a carvão. O país taxa em 20% as exportações do FeSi a fim de inibi-las e impõe restrições ambientais na produção de eletrointensivos.

Além da China, quem se destaca na produção e exportação são Rússia, Brasil, Noruega e Malásia. Não é o caso aqui de irmos mais fundo na análise deste mercado; em linhas gerais, o que se pode dizer é que há na China uma tendência muito forte de recuperação de preços, com a retomada da produção de aço, e uma redução na oferta chinesa e malaia de FeSi75%. A Malásia está deslocando parte da produção de FeSi75% para ligas de ferro manganês ou silício manganês, também usadas em siderurgia e aparentemente mais rentáveis.

No Brasil, a demanda pelo FeSi75% tem aumentado com a volta das operações de alguns fornos da indústria siderúrgica que haviam sido desligados. Isso tende a reduzir a oferta de FeSi75% brasileiro para exportar. A Ferbasa é a maior produtora de FeSi75% no Brasil, responsável por cerca de 40% da produção – e 80% destinados ao mercado externo.

Neste ano a Ferbasa duplicou a capacidade de produção do FeSi75% HP (*high purity*), com teores mais baixos de impurezas como cálcio, alumínio, fósforo e enxofre. Além disso, o produto HP passa pelo lingotamento – processo que dispensa o uso tradicional de "piscinões" (derramamento do produto em forma ainda líquida) pela máquina que produz os lingotes, conforme ilustrado a seguir:

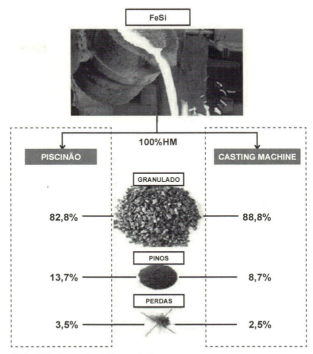

Fonte: Relação com Investidores - Ferbasa

Este tipo de FeSi destina-se à indústria de aços especiais, na categoria de elétricos. Vem em duas formas: aço de grão orientado (GO), com seus cristais organizados e direcionados proporcionando maior magnetização; e aço de grão não orientado (GNO), com dispersão na orientação dos cristais, proporcionando propriedades magnéticas semelhantes em toda a chapa de aço.

O aço elétrico GNO é utilizado nos núcleos de geradores e motores elétricos, reatores de sistemas de iluminação, compressores de geladeiras, *freezers* e em equipamentos de ar-condicionado. Já os aços GO e super GO são utilizados em núcleos de transformadores e geradores, proporcionando mais eficiência e menor consumo de energia elétrica. A Aperam (ex-Acesita e controlada pela ArcelorMittal) é a única produtora deste aço no Brasil e utiliza biorredutores em 100% de sua produção, o que torna seus produtos "verdes". A WEG é uma das maiores clientes da Aperam e usuária deste tipo de aço. A Ferbasa exporta

100% de sua produção nesse segmento, com maior valor agregado e rentabilidade em relação ao FeSi75% *standard*.

Tendo em vista a redução de emissões de CO_2 e a eficiência energética, acreditamos que o FeSi75% HP tem grande potencial de crescimento de mercado, por meio de troca de equipamentos energeticamente ineficientes e do avanço dos veículos híbridos e elétricos, além do mercado de consumo que envolva refrigeração.

Silício metálico

A Ferbasa não produz esta liga de silício – muito parecida com o FeSi, mas mais eletrointensiva e pura, usando as mesmas matérias-primas e cavacos de madeira.

O silício metálico produzido no Brasil é considerado um dos melhores do mundo, pelo uso de quartzo de elevada pureza e carvão vegetal (biorredutor). O país produz cerca de 200 mil toneladas anualmente, 100% destinados a exportações. Existem diferentes níveis de pureza e aplicações:

- O de menor pureza ou refino é o grau metalúrgico (98,5% de silício), utilizado em siderurgia e metalurgia (inclusive alumínio);

- Os de grau químico e grau solar (99% de silício) são empregados em fibras ópticas, polímeros de silicone, borrachas, próteses, fármacos. O de grau solar aparece em placas fotovoltaicas de geração de energia solar (mercado amplamente dominado pela China);

- O de grau eletrônico (99,9%) é utilizado em *chips*, semicondutores e equipamentos eletrônicos.

O refino e o grau de pureza são a grande barreira tecnológica. A China importa produtos de menor pureza e realiza o processo de purificação, tecnologia que o Brasil não domina.

FERBASA – CIA. DE FERRO LIGAS DA BAHIA

5. Rotas de crescimento

A energia elétrica (como detalhamos ao falar dos produtos) é o insumo-chave da Ferbasa. Tanto o ferro cromo quanto o ferro silício dependem da eletricidade no processo metalúrgico. Há muitas variáveis a respeito dos investimentos em energia, a começar da total substituição do fornecimento pela CHESF pela geração própria, com uma redução significativa de encargos regulatórios. Também se pode pensar em simplesmente investir em energia, proporcionando quantidade adicional para expandir a capacidade metalúrgica. E pode-se pensar num uso combinado de ambas as estratégias.

Por exemplo: tome-se por base o comunicado de Unipar e AES ao mercado, de que realizarão investimentos de R$ 700 milhões para instalação de parque eólico com capacidade de 155 MW instalados – equivalente a 78 MW de energia assegurada, dos quais 60 MW serão vendidos à própria Unipar por 20 anos. Esta energia assegurada equivale ao parque BW adquirido pela Ferbasa, com valor econômico de R$ 812 milhões (com base de janeiro de 2018, como já detalhamos). Estimando-se um financiamento de 70%, o capital próprio necessário representaria R$ 210 milhões – que, dividido igualmente entre as partes, demandaria R$ 105 milhões de cada parceiro.

Um investimento similar, nas mesmas condições, seria facilmente absorvido pela Ferbasa, que possui mais de R$ 200 milhões em créditos tributários de PIS e Cofins recuperáveis nos próximos dois anos. Isso antes mesmo de concluir um investimento da mesma magnitude e que representa suprimento de energia pouco maior que 50% do fornecido pela CHESF (ou um avanço de 37% sobre o consumo atual, mantendo-se o contrato da CHESF inalterado).

Com base neste mesmo empreendimento, mas com o dobro do tamanho como referência, a Ferbasa poderia substituir 100% do contrato da CHESF com investimento de R$ 1,4 bilhão. Assumindo parceria de 50% com uma empresa operadora de energia, o desembolso para a Ferbasa seria de R$ 210 milhões – praticamente o valor equivalente aos créditos tributários. Tudo sem pressionar seu fluxo de caixa. Na condição de autoprodutora, além de reduzir os custos, ao fim de 20 anos o investimento estaria pago com o equivalente (ou até menos) ao valor da compra de energia da CHESF. Ou seja, as despesas em energia seriam transformadas em investimento.

As demais possibilidades são:

- Expansão da atividade mineradora com excedentes para exportação;

- Aumento da produção de FeCr e FeSi75%;

- Novos negócios, como silício metálico, e aquisição da fornecedora de carvão na Colômbia.

Caso os investimentos em energia e carvão fossem, de fato, levados a cabo, a Ferbasa se tornaria a única empresa do mundo 100% integrada e, exceto pelo consumo de coque que não pode ser substituído, talvez, no futuro, com novas tecnologias, operações sem impacto ambientais relevantes. Isso se daria especialmente pelo uso de 100% de energia eólica e biorredutores, tornando a Ferbasa uma empresa "verde", fato de grande importância na cadeia de produção do setor siderúrgico e consumidores de aço.

Para o FeCr, novos investimentos dependem da expansão da capacidade da Aperam. A operação da empresa no Brasil, além de ser a mais rentável do grupo, é a única que utiliza biorredutores – e é também a única a produzir inox com carvão vegetal. A empresa opera um laminador de 500 mil t/ano de capacidade, dividida em 350 mil t/ano para inox e 150 mil t/ano para aços elétricos. A construção de nova planta seria um investimento muito grande e com escala superior a 1 milhão de t/ano. Mas, sem mercado regional, dependeria de exportar para Europa e Ásia, mercados já concorridos, além do que, como a Aperam conta com mais duas plantas na Europa, isso canibalizaria sua produção local.

Acreditamos, portanto, apenas na viabilidade de novo laminador, algo em torno de 200 mil t/ano, 100% dedicado a aços elétricos – cujo mercado é crescente –, elevando a capacidade da Aperam em 33% (coisa de 50 mil t/ano). Com isso, 150 mil t/ano na capacidade de produção de inox seriam liberadas (um incremento de 43%). A capacidade adicional de aços elétricos poderia gerar demanda para o FeSi75% HP da Ferbasa, o mesmo valendo para o FeCr, devido à maior produção do aço inox. Se isso se concretizasse, a Ferbasa poderia até aumentar sua capacidade de FeCr, possivelmente ao lado da mina e com forno (ou fornos) de maior escala – 50 mil t/ano, talvez. Perto da mina, custos com logística e fretes cairiam. Tudo isso, no entanto, é conjectural, e independe da Ferbasa – tendo sempre em mente a necessidade de dispor de energia elétrica adicional.

Até aqui, falamos de crescimento. Falemos, agora, de diversificação: o silício metálico seria uma possibilidade bem interessante. Esse material demanda praticamente as mesmas matérias-primas do ferro silício, sendo apenas mais eletrointensivo (voltamos ao *wild card* do baralho siderúrgico: a energia elétrica). A principal concorrente da Ferbasa em ferro silício, Minasligas, tem capacidade de 120 mil t/ano de FeSi75% (inclusive HP) ou 80 mil t/ano de silício metálico. Os mesmos fornos seriam utilizados, mas, com o processo de refino mais intenso, a capacidade em toneladas diminui. A Minasligas tem 57 mil ha de terras e 26 mil ha utilizados para eucalipto e biorredutor (escala praticamente idêntica à da Ferbasa).

6. Governança

A Ferbasa, já na origem, era uma sociedade de capital aberto – o registro na CVM é de 28/02/1961. Desde 2011, é listada no nível 1. A imagem a seguir ilustra a composição acionária da empresa em 30 de junho deste ano, com a FJC controlando 98,8% das ações ON (que controlam a empresa) e 50,39% do capital total (incluindo ações PN). Os fundos sob gestão da Trígono Capital eram, em 30/06/2020, o segundo maior investidor, com 2,7% do capital total e 4,05% das ações PN.

Acionistas	ON	%	PN	%	TOTAL	%
Fundação José Carvalho	29.086.696	98,80%	15.416.000	26,18%	44.502.696	50,39%
Trígono Capital	400	0,001%	2.385.000	4,05%	2.385.400	2,70%
Dimensional Funds	-	-	1.417.982	2,41%	1.417.982	1,61%
4UM Investimentos	-	-	510.100	0,87%	510.100	0,58%
Ações em tesouraria	40.000	0,14%	3.183.300	5,41%	3.223.300	3,65%
Outros acionistas	312.904	1,06%	35.967.618	61,09%	36.280.522	41,08%
Totais	29.440.000	100,00	58.880.000	100,00	88.320.000	100,00

Fonte: Relação com Investidores - Ferbasa

A imagem a seguir ilustra a evolução em número e o tipo de acionistas (pessoas físicas e institucionais) e a liquidez diária média (ADTV) nos últimos cinco anos:

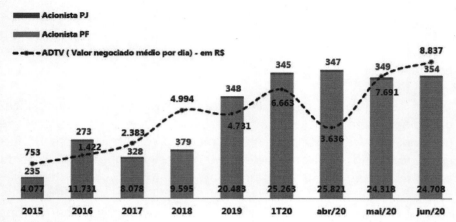

Fonte: Relação com Investidores - Ferbasa

A seguir vemos a distribuição de dividendos nos últimos dez anos, sendo que nos últimos cinco anos o total distribuído representou 60% do lucro líquido (*payout*) ou 47%, se excluirmos 2016, ano atípico. Em 2019, dividendos e juros sobre capital (JCP) distribuídos às ações PN montaram a R$ 1,35/ação, equivalente a um *yield* de 7,17% em relação ao preço de R$ 18,82.

Neste ano foram adiantados R$ 0,16609/ação PN de JCP, equivalente a um *yield* de 0,88%. A Ferbasa enquadra-se, assim, como empresa *small cap* (valor de R$ 1,6 bilhão) e pagadora de dividendos, mas não é incluída em nenhum dos índices da B3, devido à baixa negociabilidade de suas ações (embora com ADTV próximo a R$ 5 milhões em 2018 e 2019 e de R$ 8 milhões em 2020). Mesmo após os investimentos em energia elétrica, a Ferbasa não reduziu seus dividendos.

A FJC depende dos dividendos recebidos da Ferbasa para manter suas atividades educacionais, realizar investimentos nas escolas e expandir suas iniciativas e o número de alunos assistidos.

FERBASA – CIA. DE FERRO LIGAS DA BAHIA

"Todo lucro deve ser um meio, não deve ser um fim, nunca. Nunca imaginei uma empresa que tivesse os dividendos como finalidade. O dividendo deve ter uma destinação maior. Essa deveria ser uma preocupação de todo empresário."

"A Instituição está aqui para ser imitada pelos demais empresários, ou pelo menos para inspirá-los, a fim de que possam fazer algo semelhante pelo ensino brasileiro."

"O tempo urge. A história já nos deu mostras de que a sociedade tem um limite de tolerância, que pode estar mais próximo do que se imagina. Não podemos continuar a cercear impunemente as chances de gerações futuras."

"Pensava, às vezes: o que aconteceria se nossa labuta industrial visasse, além dos benefícios materiais, à educação? Imaginei dezenas, centenas de garotos pobres estudando: luzes se abrindo numa multidão de mentes. A desejável associação de administradores, professores, técnicos e operários numa jornada sublime."

– José Carvalho

7. Conselho de administração

O conselho de administração compõe-se de oito membros, eleitos anualmente. Destes, sete são indicados e eleitos pela FJC. Quatro deles foram ex-diretores da empresa – o atual presidente do conselho foi CEO da empresa até se aposentar, quando passou a integrar o colegiado. Um dos membros representa os investidores minoritários, sendo indicado pela Trígono Capital. Os membros do conselho são os seguintes:

- Bárbara Klein de Araújo Carvalho (advogada): neta do fundador José de Carvalho. Pós-graduada pelas seguintes instituições: FGV, FDC, Insead e Harvard. Atuou na Ferbasa entre 2008 e 2013, em diversas funções.

A TRIGONOMETRIA DOS INVESTIMENTOS

- Marta Teixeira Barroso Fernandes (pedagoga): ingressou na Ferbasa em 1979 e aposentou-se em 2014 como diretora administrativa.

- Geraldo de Oliveira Lopes (engenheiro metalúrgico): ingressou na Ferbasa em 1977 e aposentou-se em 2016 como diretor-presidente (cargo que ocupava desde 2009).

- José Ronaldo Sobrinho (engenheiro de minas): ingressou na Ferbasa em 1980, aposentou-se em 2014 como diretor de mineração.

- Sergio Curvelo Dória (químico industrial): ingressou na Ferbasa em 1978, aposentou-se em 2014 como diretor comercial.

- Marcos Sampaio de Souza (advogado e procurador do estado da Bahia): ex-aluno da FJC, e membro independente indicado pela fundação. Atua como advogado junto a grandes grupos empresariais em questões ambientais, comercial, societária, trabalhista e fiscal; é também professor de graduação e pós-graduação em direito. Na Procuradoria do Estado da Bahia é responsável pela inteligência estratégica do órgão. Marcos Sampaio foi aluno do Colégio Técnico da FJC entre 1989 e 2002, como técnico em processamento de dados, trabalhando como analista de sistemas e DBA. Posteriormente formou-se em direito, abrindo sua banca própria de advogados, tornando-se procurador-geral do estado da Bahia em 2004, quando era ainda permitido exercer a advocacia privada.

- Guilherme de Alencar Amado (economista, pós-graduado em administração e contabilidade): tem sólida formação acadêmica, com extensões em instituições de grande reputação no Brasil (FGV, FDC) e exterior (Insead, Manchester e Birmingham). Profissional com larga experiência como diretor financeiro de empresas de grande porte, carreira feita em bancos como diretor (Itaú BBA), atua em consultoria empresarial em finanças e estratégia e é professor associado da Fundação Dom Cabral (FDC) desde 2014. É membro independente indicado pela FJC.

FERBASA – CIA. DE FERRO LIGAS DA BAHIA

- Paulo Roberto Magalhães Bastos (engenheiro metalúrgico): sólida formação acadêmica, com mestrado e extensões em organizações nacionais (Fundação Dom Cabral) e internacionais (Harvard, MIT e Insead) de grande reputação. Construiu carreira executiva entre 1977 e 2010 na Acesita (atual Aperam). Aposentou-se como CEO e participa de numerosos conselhos de entidades empresariais e fundações. Atua há oito anos como conselheiro independente e representante de investidores minoritários – nos últimos três, indicado pela Trígono Capital; nos cinco anos anteriores, indicado pela nossa gestora anterior, seguindo minha indicação pessoal.

Como podemos observar pela breve visita a seus currículos, os membros do colegiado são bastante experientes – quatro deles com longa carreira na própria Ferbasa – e detêm profundo conhecimento do negócio. Os conselheiros independentes acumulam sólido conhecimento nos setores financeiro, jurídico e técnico, complementando o perfil dos demais conselheiros, inclusive com duas representantes do gênero feminino, 25% do colegiado, algo raro no Brasil. O colegiado conta, ainda, com uma representante da família do fundador, tendo ela já o presidido. O atual presidente é Geraldo Lopes, ex-CEO da empresa, na qual desenvolveu toda sua carreira profissional, e ex-aluno da mesma faculdade do Doutor Carvalho, em Ouro Preto, e também ex-aluno de Walter Krüger, um dos mentores do Doutor Carvalho, com quem teve longa relação profissional e até pessoal.

Consideramos esta composição complementar, com viés bastante conservador, apoiando-se em consultorias em assuntos técnicos especialmente ligados a investimentos no setor elétrico, como PSR Energy Consulting e Thymos (duas das mais renomadas empresas do setor) e consultorias de cunho jurídico e societário. O conselho de administração mantém comitês de estratégia, auditoria e recursos humanos como suporte. Todos os conselheiros possuem curso de formação de conselheiros (PDC da Fundação Dom Cabral). Guilherme Amado foi, ainda, instrutor de curso de governança corporativa pela FDC.

8. Fundação José Carvalho

Guardamos para o final aquela que deve ser a porção mais nobre do legado do Doutor Carvalho, já que a FJC representa a missão por ele assumida. A existência e o cumprimento fiel dos desejos dele estão ligados ao sucesso empresarial da Ferbasa e à sua capacidade de distribuir regularmente dividendos aos acionistas, e da sua perpetuação e do legado do seu fundador, sendo essa a mais importante preocupação dos conselheiros e que norteia as decisões estratégicas.

A FJC segue o pensamento humanista de seu fundador ao oferecer oportunidade de desenvolvimento a crianças desfavorecidas, valorizando o indivíduo com autonomia, potencializando o desenvolvimento de suas habilidades e competências e promovendo sua integração à sociedade, contribuindo para o bem-estar da humanidade.

O Doutor Carvalho teve parte de sua educação em escola jesuíta, cuja pedagogia forma pessoas críticas, criativas e dispostas a modificar a realidade e a servir à sociedade e ao meio ambiente. A inspiração para tais princípios vem dos pensamentos de Santo Inácio de Loyola, que, acreditamos, influenciou a linha pedagógica da fundação – o Doutor Carvalho estudou no colégio Santo Inácio, no Rio de Janeiro; lá, teve contato com a filosofia grega – apreciava sobretudo Sócrates – e aprofundou-se em história das religiões.

A FJC é a entidade mantenedora de seis escolas e três projetos socioeducativos. As escolas atendem, anualmente, quase 4 mil alunos, que permanecem em média 14 anos sob os cuidados da instituição, da educação infantil aos ensinos médio e técnico.

Escolas e unidades produtivas

Colégio Técnico (ensino médio): primeira escola criada pela FJC, em 1978, em Pojuca (BA), inicialmente como internato. Já nos passos iniciais ministrava cursos de computação e de tradução e interpretação. Arrojada e inovadora na essência, talvez seja, até hoje, uma das poucas escolas a ter inserido este curso no ensino médio. Atende 465 alunos com 25 professores.

Escola Maria Carvalho (educação infantil e ensino fundamental): fundada em 1987 em Pojuca, batizou a escola em memória à sua mãe. Atende 850 alunos, assistidos por 30 professores.

Escola Rural Tina Carvalho (ensino fundamental): fundada também em 1987, está no município de Entre Rios (BA), recebeu o nome da irmã caçula, falecida ainda jovem. Recebe alunos de 13 municípios e conta com parceria da Embrapa. Atende cerca de 600 alunos com 22 professores, sob regime de alternância de 30 dias em internato e 30 dias em casa, assistidos por professores itinerantes, que visitam residências e comunidades. O curso é bem amplo, ministrando atividades agrícolas e florestais, de fruticultura à zootecnia, e até o manuseio de resíduos sólidos.

Escola Márcio Seno (ensino fundamental e médio): outra escola fundada em 1987, em Andorinha (BA), próxima à mina, recebeu o nome do melhor amigo do Doutor Carvalho – colega de faculdade em Ouro Preto, padrinho de casamento, uma das pessoas por ele mais admiradas e estimadas. Seno foi diretor e um dos idealizadores da Ferbasa. Morreu um ano antes da fundação da escola, que atende 334 alunos de quatro municípios da região, uma das mais áridas da Bahia, com 14 professores. O amigo Márcio teve importante papel no desenvolvimento das minas em Campo Formoso e Andorinha. Justa homenagem.

Escola Denise Carvalho (educação infantil e ensino fundamental): fundada em 1989 em Catu (BA), leva o nome de sua filha, falecida aos 24 anos num acidente automobilístico. Era extremamente engajada nos princípios do pai; formando-se em pedagogia, iria colaborar com os projetos educacionais da FJC. A escola tem 860 alunos e 25 professores, e é uma referência em qualidade de ensino.

Escola Rural Rolf Weinberg (ensino fundamental e educação profissional): última escola da FJC, foi estabelecida em 1990 no município de São João da Mata (BA), segue os moldes da Escola Rural Tina de Carvalho. O nome é uma homenagem ao amigo que abriu as portas da Ferbasa para o exterior – em especial o mercado japonês, onde parcerias realizadas perduram há mais de três décadas. Sua esposa, Regina Weinberg, teve papel fundamental na história da FJC e na Fundação Vitae, criada pela família Weinberg, que manteve diversas parcerias com a FJC por mais de duas décadas (inclusive na criação desta escola). Atende 561 alunos com 25 professores.

Regina Weinberg, polonesa, filósofa pela PUC de São Paulo, naturalizada brasileira, dirigiu a Fundação Vitae entre 1985 e 2006, quando suas atividades foram encerradas; foi esposa de Rolf Weinberg. A Vitae era mantida pela fundação Lampadia, sediada em Lichtenstein, cujos recursos vieram da venda do Grupo Hochchild, que atuava em mineração em diversos países. O Museu Lasar Segall recebeu importantes contribuições da Vitae, que patrocinou centenas de eventos de cunho social e cultural ligados às artes e à literatura. Embora não tenhamos mais detalhes a respeito da relação do Doutor Carvalho com a família Weinberg, acreditamos que o casal Weinberg teve um papel muito importante na história da FJC, assim como José Mindlin, empresário fundador da Metal Leve e integrante do círculo de relações do Doutor Carvalho. A sra. Regina Weinberg recebeu, em 2005, o título de cidadã baiana, comenda concedida em 1996 pela Ordem Nacional de Mérito Científico, e a comenda da Ordem de Rio Branco em 2001, por mérito cultural. Até 2002, a Vitae já havia beneficiado 700 projetos, sendo que apenas em 2001 patrocinou 105 deles, com R$ 15 milhões. Sua mantenedora, a Fundação Lampadia, também atuava no Chile e Argentina onde o Grupo Hochschild mantivera atividade de mineração. A sra. Regina Weinberg foi, ainda, conselheira da FJC.

Epílogo – Como foram os últimos 25 anos e o que o futuro nos reserva?

Após uma detalhada descrição dos negócios da empresa, sua história e da Fundação José Carvalho e de seu idealizador, como foi o desempenho das ações? Os dados que se seguem ilustram como as ações da Ferbasa se comportaram desde o Plano Real e como se comparam aos melhores desempenhos da bolsa de valores nesse período. A empresa foi a que apresentou a maior valorização, segundo a consultoria Economática, tendo como parâmetro sua presença em pelo menos 80% dos pregões. O retorno nominal de 29.615% equivale a 25% anualmente composto, a 3.153% em termos reais, ajustado pelo IPCA (14,6% ao ano, acima do IPCA) e a 5.123% em dólares, o que corresponde a 16,8% ao ano. Como suas receitas são denominadas em dólar, não existe aqui um efeito câmbio, muito ao contrário, o dólar acumulou uma valoriza-

FERBASA – CIA. DE FERRO LIGAS DA BAHIA

ção abaixo da inflação medida pelo IPCA, o que significa que a Ferbasa foi prejudicada pelo câmbio. A Vale, gigante mundial na mineração e no minério de ferro, privatizada em 1997, posteriormente migrando para o Novo Mercado, valorizou-se 16.897%, sendo que seus produtos também atendem à siderurgia – portanto, mercado similar – e sujeita ao efeito câmbio. Banco Itaú e Ambev, gigantes e líderes em seus respectivos mercados, ficaram atrás da Ferbasa. Gerdau e CSN, ligadas à siderurgia e que investiram no exterior, idem. A Bovespa não rendeu nem uma décima parte do que renderam as ações da empresa baiana e, pasmem queridos leitores, o mercado se guia por tal índice e se contenta em apenas obter rendimento semelhante.

Mas o que vem pela frente? A desvalorização do real nos últimos 12 meses, superando 40%, é um fator bastante positivo, já que nossa moeda ficou valorizada artificialmente por muito tempo devido às elevadas taxas de juros que o Banco Central determinava e a políticas equivocadas dos governos anteriores, ao tentar segurar a inflação via câmbio. Conhecendo a empresa há 37 anos, acredito que ela está em seu melhor momento, colhendo os investimentos em tecnologia, energia e melhoria em suas diversas operações. O cenário do setor energético lhe é amplamente favorável em relação ao passado, e as perspectivas em relação à demanda da China de aço inoxidável e aos problemas no fornecimento de minério e FeCr pela África do Sul são igualmente e amplamente favoráveis aos produtos da Ferbasa. A descarbonização que o mundo buscará cada vez mais intensamente, pagando por isso, favorece seus negócios de silício, assim como o aço inox da Aperam, o mais "verde" do mundo, igualmente beneficiado pelo câmbio.

Atribuo 50% do futuro da empresa a condições exógenas, principalmente relacionadas ao mercado siderúrgico e, em especial, aço inoxidável, câmbio e energia. Mas outros 50% dependerão do que seu acionista controlador e seus representantes no conselho de administração determinarão em relação aos investimentos. Também importante será a evolução da governança, como migração para o Novo Mercado, que aumentaria a exposição das ações da empresa e, acreditamos, proporcionaria um salto na liquidez.

Seguimos otimistas, e acreditamos que o futuro nos reserva retornos promissores, talvez até mais positivos do que nos últimos 25 anos.

A TRIGONOMETRIA DOS INVESTIMENTOS

Mas são inúmeras variáveis que se combinam entre si. Além da fantástica valorização do patrimônio que a empresa proporcionou à FJC, os dividendos fizeram jus aos objetivos de seu fundador, Doutor Carvalho, e às crianças que deles se beneficiaram.

Código	Segmento Bovespa	Nominal %	Retorno médio anual Nominal %	Ajustado IPVA %	Retorno Médio Anual Ajust IPCA %	Em Dólares %	Retorno Médio Anual Dólares %
FESA3	Siderurgia	29.615	24,99	3.153	14,61	5.123	16.76
ITUB3	Bancos	27.486	24,63	2.920	14,28	4.843	16,51
ITUB4	Bancos	25.416	24,25	4.018	15,68	4.560	16,25
ABEV3	Cervejas e refrigerantes	24.737	24,12	3.908	15,56	4.436	16,12
ALPA4	Calçados	23.115	23,79	3.647	15,26	4.139	15,82
ITSA4	Bancos	20.440	23,20	3.215	14,70	3.651	15,26
LAME4	Produtos Diversos	20.428	23,20	3.213	14,70	3.649	15,26
LAME3	Produtos Diversos	17.049	22,33	2.668	13,90	3.032	14,45
VALE3	Minerais metálicos	16.897	22,29	2.643	13,86	3.004	14,41
BBDC4	Bancos	13.968	21,39	2.170	13,02	2.469	13,56
BBDC3	Bancos	13.506	21,23	2.096	12,87	2.385	13,42
UNIP6	Químicos Diversos	12.590	20,90	1.948	12,56	2.217	13,11
GGBR4	Siderurgia	12.013	20,68	1.855	12,36	2.112	12,90
CSNA3	Siderurgia	9.797	19,73	1.497	11,47	1.707	12,01
CMIG3	Energia elétrica	7.002	18,18	1.046	10,03	1.197	10,56
VIVT3	Telecomunicações	6.881	18,10	1.027	9,96	1.175	10,49
PETR3	Exploração refino e distribuição	6.239	17,66	923	9,54	1.058	10,07
KLBN4	Papel e celulose	5.620	17,18	823	9,10	945	9,63
POMO4	Material rodoviário	4.884	16,55	704	8,51	810	9,04
GOAU4	Siderurgia	4.541	16,23	649	8,21	747	8,73
PETR3	Exploração refino e distribuição	4.331	16,02	615	8,01	709	8,545
RAPT4	Material rodoviário	3.919	15,57	549	7,60	634	8,12
VIVT4	Telecomunicações	3.497	15,07	481	7,14	557	7,66
CMIG4	Energia elétrica	3.459	15,02	474	7,09	550	7,61
CPLE3	Energia elétrica	2.821	14,14	371	6,26	433	6,78
IBOV	-	2.524	13,66	323	5,82	379	6,33

Fonte: Trígono Capital / Economática

Prezado investidor, obrigado por chegar conosco até aqui, ao longo da verdadeira *Odisseia* que foi conhecer a história deste exemplo de empreendedor, José Carvalho, e seus legados. Buscamos explicar os fundamentos da empresa, instrumento que tornará perenes sua obra e missão de vida. Tentamos demonstrar as razões para mantermos importante alocação de nossos fundos nesta empresa – uma grande escola para este gestor que a acompanha há 37 anos e não tem planos para deixar de fazê-lo. A Ferbasa é um exemplo do poder dos dividendos e, nas palavras do Doutor Carvalho, um meio, e não um fim, e no caso da FJC, um meio de proporcionar educação de qualidade e oportunidades na vida que o Estado jamais proporcionaria. O conselheiro Marcos Sampaio é apenas um dos exemplos, e que justamente atua como conselheiro na Ferbasa e anteriormente atuou no conselho deliberativo da FJC. Creio que nossos leitores entenderão os demais motivos que nos levaram escolher a Ferbasa para esta resenha, quando o tema ESG cada vez mais se torna moda. Para nós, moda é para estilistas e para os vaidosos.

"As duas coisas mais importantes não aparecem no balanço de uma empresa: sua reputação e seus homens."

– Henry Ford

Espero que tenham gostado deste longo relato e que participem do nosso entusiasmo com a empresa, seu futuro e o legado de seu fundador. Agradecemos, uma vez mais, a atenção e confiança depositadas na Trígono e em nossa maravilhosa equipe.

– Werner Roger (Outubro/2020)

12 LUTAR OU FUGIR: A HORA DA DECISÃO

O meio do ano é um bom momento para refletirmos sobre o que fazer com nossos investimentos. Assim como quase tudo na vida, as decisões de investimentos são binárias. Tomar risco e buscar aumento de patrimônio ou manter uma postura conservadora e preservar o capital investido. O ser humano, pelo seu instinto de sobrevivência, reage, na maioria das vezes, seguindo seu impulso animal de proteger sua vida, assumindo atitudes defensivas. Em 1927, essa reação, também chamada de estresse agudo, foi descrita por Walter Bradford Cannon, médico titular do departamento de psicologia de Harvard, como a forma pela qual os animais reagem a ameaças, resultando em uma série de reações fisiológicas, como aumento de adrenalina.

O professor de Chicago Richard H. Thaler, ganhador do prêmio Nobel de Economia em 2017 e um dos fundadores da ciência comportamental, descreve, em seu *bestseller Misbehaving – A Construção da Economia Comportamental*, como o ser humano não reage racionalmente às tomadas de decisões econômicas. Seguimos nossos instintos de preservação e nos abatemos muito mais com as perdas do que nos alegramos com os ganhos, que são facilmente esquecidos. As perdas martelam nossa memória e, a cada vez que devemos tomar decisões importantes, como de investimentos, lembramos das experiências de perdas passadas.

LUTAR OU FUGIR: HORA DA DECISÃO

De maneira análoga, em decisões de fuga ou proteção, nosso instinto animal tende a seguir a manada, pois nos sentimos protegidos pela multidão ou acreditamos que a maioria tem razão. Gestores de investimentos, como seres humanos, reagem principalmente seguindo seu instinto animal. Alguns, para defenderem seu emprego, têm medo de errar sozinhos, preferindo acreditar que seu emprego estará garantido se errarem com a maioria. Afinal, melhor errar em grupo do que correr risco e ser o único a acertar.

Em minha carreira de quase 37 anos no mercado financeiro, passei por vários momentos de muitas incertezas, e foram nestes que observamos, posteriormente, as melhores janelas de investimentos. O gráfico a seguir mostra o comportamento do índice Bovespa em USD corrigido pelo IGP-DI (ajustado pela inflação) nos últimos 40 anos e os diversos pontos de estresse e inflexões. Destacamos as melhores oportunidades: entre 1982 (forte recessão e inflação ascendente) e o Plano Cruzado em 1986; entre 1992 (pré-Plano Real) até 1994; entre 2002 (pré-eleição do candidato Lula) até maio de 2008; entre a forte queda em outubro de 2008 (crise mundial após a quebra do Lehman Brothers) até janeiro de 2010; entre janeiro de 2016 (governo Dilma pré-impeachment) até o momento atual, quando o IBOVESPA bateu seu recorde nominal.

Várias outras janelas se abriram, também seguidas de várias crises e quedas.

Fonte: Trígono Capital / Economática

A TRIGONOMETRIA DOS INVESTIMENTOS

Em minha carreira profissional, atuei 25 anos em grandes instituições norte-americanas na análise de crédito, como Chase Manhattan, Citibank e Western Asset, e 12 anos em *boutiques* de investimentos na gestão de renda variável (ações) na Victoire Brasil Investimentos e agora como um dos sócios fundadores da Trígono Capital. Nos últimos 20 anos, trabalhei em gestão de recursos de terceiros (crédito e renda variável) e, desde 1983, como investidor na bolsa de valores. Este perfil de carreira profissional me obrigou a atuar de forma prudente em crédito e em multinacionais, mas também de forma mais arrojada em renda variável em *boutiques* de investimentos, além de, como todos nós, gerir as finanças pessoais, buscando segurança familiar e aumento do patrimônio.

Além de passar uma visão dos fundos da Trígono, nosso objetivo com esta carta é ajudar os leitores a tomarem decisões pessoais de investimento, passando nossa visão a respeito da conjuntura de mercado, nossas preocupações, apontando oportunidades. Não existem dois investidores com o mesmo perfil de risco, cabendo a cada um de nós adequar nossos investimentos à nossa tolerância a risco, capacidade de poupança, necessidade de preservação ou aumento de capital; ou seguir nossos instintos de fugir (preservar) ou lutar (ampliar). Como gestores de investimentos, estamos sempre expostos a muitos acertos e nenhum elogio; a um erro e muitas críticas. Como investidores e tendo nossa consciência como juiz, buscamos sempre as melhores decisões, baseadas nas informações disponíveis, na experiência e nas melhores práticas de investimentos utilizadas na Trígono.

Oferecemos aos nossos leitores um momento de reflexão antes de seguir um impulso de lutar ou fugir. Estamos, uma vez mais, diante de um momento único que reúne uma combinação de inúmeras variáveis. Caberá a cada investidor decidir o que fazer, ou simplesmente aguardar um pouco mais até que as nuvens se afastem. Mas, quando o céu estiver claro, os preços dos ativos refletirão este cenário, que poderá ser sombrio ou de luz intensa.

– Werner Roger (2º Trimestre/2019)

13

SIR JOHN MAYNARD KEYNES – GRANDE INVESTIDOR E NOSSA REFERÊNCIA

Neste texto faremos um tributo a um dos mais efetivos investidores de todos os tempos, mas cuja fama é de ter sido um dos maiores economistas do século XX, sir John Maynard Keynes (1883 - 1946). Investidores e gestores como Benjamin Graham (1894 - 1976), John Templeton (1912 - 2008), Warren Buffett (90 anos) e Peter Lynch (77 anos) são considerados grandes referências e servem de modelo para muitos. No entanto, nossa crença e filosofia de investimento aproximam-se mais de Keynes e, em segundo plano, de Peter Lynch. Dessa forma, faremos breve descrição de nossas afinidades com Keynes e contaremos algumas curiosidades de quem foi este notável cientista econômico e investidor.

Keynes nasceu em Cambridge, em 1883. Seu pai era professor de economia na Universidade de Cambridge, enquanto sua mãe foi uma das primeiras mulheres a se formar na mesma universidade, tornando-se prefeita da cidade, aos 70 anos. Em 1904, Keynes formou-se em matemática na Universidade de Cambridge, onde também estudou, de

A TRIGONOMETRIA DOS INVESTIMENTOS

maneira informal, economia. Além de suas grandes contribuições para a teoria econômica, Keynes deixou como legado lições como gestor de investimentos dos recursos da King's College – faculdade constituinte da Universidade de Cambridge e local dos estudos de Keynes. Em seus investimentos pessoais, Keynes esteve próximo da bancarrota em três ocasiões, acontecimentos que certamente o influenciaram profundamente. Quando faleceu, em 1946, estava milionário, com recursos a valores atuais acima de US$ 20 milhões, nada mal para um professor universitário e funcionário público.

Como cientista econômico, Keynes escreveu diversos livros que se tornaram clássicos da economia, como *As Consequências Econômicas da Paz* (1919), *Um Tratado sobre Probabilidade* (1921) e *A Teoria Geral do Emprego, do Juro e da Moeda* (1936). Entre seus temas principais estavam o envolvimento e a influência de governos sobre o livre mercado.

Trabalhando no Tesouro Britânico, Keynes foi seu principal representante durante a Conferência de Paz de Versailles – organizada pelos países aliados em 1919, após a derrota da Alemanha na I Guerra Mundial –, mas demitiu-se da posição por não concordar com as imposições impostas à Alemanha. Keynes profetizou a ruína do país com as medidas de Versailles, que teriam como consequência o surgimento do movimento nazista e a II Guerra Mundial. Como argumento de sua tese, escreveu o livro *As Consequências Econômicas da Paz*, que o tornou uma celebridade na Europa e nos Estados Unidos. O livro foi escrito quando voltou a lecionar em Cambridge, ocasião em que possuía investimentos altamente especulativos por meio de alavancagem financeira em até dez vezes o valor investido, fato que o levou à inadimplência junto a seus financiadores. Keynes conseguiu um adiantamento da editora de seu livro e voltou ao mercado especulativo, desta vez bem-sucedido, rapidamente acumulando uma pequena fortuna.

Em 1921, enquanto exercia múltiplas atividades, como o jornalismo, Keynes escreveu seu único livro sobre matemática, *Um Tratado da Probabilidade*. Esta obra é de grande importância na linha de raciocínio de Keynes sobre investimentos, pois propunha que a probabilidade está mais associada a julgamentos pessoais do que

214

a associação de frequências, distribuição de ocorrências ou eventos futuros. Assim, o britânico foi um dos primeiros a considerar as questões comportamentais na tomada de decisões de investimentos, nas quais o emocional prevalece sobre o racional, conforme escrevemos no início desta carta.

Ainda em 1921, Keynes foi nomeado gestor número dois dos recursos da King's College e, em 1924, passou à condição de gestor chefe. Naquela época, havia uma legislação de meados do século 19 que regulava os investimentos das faculdades ligadas a Oxford e a Cambridge, e que determinava investimentos apenas em ativos conservadores. Keynes segregou os recursos da faculdade em dois fundos, o regulado – que representava 92% dos recursos –, e o não regulado, que ele batizou de Nest (Ninho) e tinha autonomia total dos 8% restantes, pois se encontrava fora da regulação. Por meio do Nest ele revolucionou a forma como fundos institucionais eram geridos e alocou praticamente todos os recursos disponíveis em ações, algo inimaginável até então. Keynes permaneceu gerindo o patrimônio financeiro da King's College até sua morte, em 1946.

Em 1946, o Nest representava 64% dos recursos da King's College, em razão dos elevados rendimentos obtidos, e poderia ter sido ainda maior, pois os dividendos recebidos não eram reinvestidos, ao custear as despesas da faculdade. Entre 1924 e 1946, Keynes multiplicou o patrimônio do Nest em 12,6 vezes, com retorno anual médio de 12,3%, enquanto o mercado acionário britânico caiu 15% no mesmo período, devido principalmente à crise de 1929 e à II Guerra Mundial, que devastou a economia britânica.

Com os recursos da venda de investimentos imobiliários, principalmente propriedades agrícolas que cobriam despesas da faculdade por meio de arrendamentos, Keynes dizia que preferia especular em ações, que tinham seus preços determinados a cada dia, a investir em ativos ilíquidos cujo valor era totalmente desconhecido e sem cotação. Todos os dados relativos à sua gestão são conhecidos, o que permite uma perfeita avaliação de sua estratégia e de seu estilo de investimento. Resumiremos, a seguir, em que ele acreditava e o que praticava, muito próximo de nossa filosofia de investimento.

TOP-DOWN

No início da sua carreira de gestor do fundo Nest, Keynes usava o processo *top-down*, acreditando que, em razão de seu conhecimento em economia, poderia prever melhor os ciclos econômicos e os desempenhos setoriais. Devido ao mal desempenho inicial do Fundo, ele percebe que, pela imprevisibilidade dos acontecimentos, seu conhecimento não trazia nenhuma vantagem em relação ao mercado. Ademais, com o mercado usando as mesmas informações, este acaba comportando-se da mesma maneira e leva à sobrevalorização das mesmas ações dos setores preferidos.

BOTTOM-UP

Keynes passa a focar mais detalhadamente na análise das empresas. Ao acordar, dedica pelo menos meia hora lendo relatórios e balanços publicados nos jornais. Ele não gostava de grandes conglomerados econômicos, pois preferia empresas mais fáceis de analisar àquelas com uma miríade de negócios combinados, o que torna difícil saber de onde vêm os bons e os maus resultados. Keynes gostava de empresas e setores simples, que ele podia entender com mais facilidade. Graham usava o mesmo raciocínio e Buffet, seu pupilo, citou Keynes várias vezes em suas cartas anuais aos investidores, chegando a dizer que o Keynes investidor foi tão brilhante quanto o pensador econômico. Na Trígono, usamos o mesmo princípio. Deixamos os ruídos macro de lado, dedicando-nos profundamente à análise das empresas, e evitamos negócios e conglomerados complexos.

DIVIDENDOS

Um princípio que norteava os investimentos de Keynes era o de que investir é uma atividade de projetar rendimentos por meio de dividendos, enquanto especular é adivinhar o comportamento do mercado. Vários estudos demonstram que, para investidores de longo prazo, os dividendos representam a maior parte do ganho em ações, pois independem do comportamento do mercado e dependem exclusivamente das empresas investidas. Somos 100% solidários a essa premissa, sendo os dividendos um dos três vértices que compõem nossa metodologia de investimento e que formam nosso trígono de seleção de empresas.

SETORES

Keynes gostava do setor industrial. As fabricantes de veículos Austin Motors e Leyland, esta última que controlava as então britânicas Jaguar, Mini e Land Rover, foram posições importantes. Na década de 1920, o setor automotivo era considerado de tecnologia. Um século mais tarde, os veículos autônomos também são intensivos em tecnologia. Tais setores cíclicos oferecem oportunidades, pois investidores *top-down* vendem ou evitam setores puramente por fatores macroeconômicos e não pelos fundamentos das empresas, dando assim oportunidades para aqueles que usam o *bottom-up* de montar posições em empresas desprezadas. Atualmente, os fundos da Trígono estão aproveitando tais oportunidades em setores cíclicos, como o de *commodities* e o industrial, que estão com preços estabelecidos pelo mercado muito aquém do valor justo ou intrínseco.

CONCENTRAÇÃO

Keynes e Buffet seguem o mesmo princípio e contrariam a crença que diversificar reduz o risco. Keynes buscava poucas empresas que ele estudava e conhecia bem, mesmo que no curto o prazo as condições do mercado e dos negócios pudessem ser desfavoráveis, pois ele estava sempre preocupado com o longo prazo, desde que a empresa possuísse ótimos administradores. Essa estratégia segue o princípio de ter poucos ovos no cesto, mas cuidar bem dele. Um cesto com muitos ovos resultará na quebra de muitos deles na turbulência. O mesmo se pode dizer a respeito de um cesto cheio de maçãs, situação em que maçãs podres apodrecem todas em volta. Keynes dizia aos investidores que, em vez de diversificar com muitas ações, era melhor investir em empresas que tinham exposição contrária a determinados riscos, como taxa de câmbio ou taxas de juros, neutralizando riscos fora do controle. Observamos que os preços das *commodities* seguem direção oposta à da taxa de câmbio, já que muitas *commodities* importantes são produzidas em países emergentes sujeitos à oscilação do câmbio. Fazendo uma analogia, Keynes investiria atualmente em ações da Tesla e em mineradoras de lítio. Caso o minério encarecesse demais, prejudicando os custos dos carros elétricos, ele ganharia com a empresa de mineração. Seguimos o princípio da concentração, com as cinco maiores posições representando entre 60% e 70% de nossos fundos, e sempre diversificando as empresas relacionadas a *commodities*, como mineração, química e agronegócio, cada uma sujeita a diferentes variáveis.

CONTRÁRIOS

Graham e Keynes tinham a mesma filosofia a respeito de navegar na contramão do mercado. Citando Graham, Keynes dizia que o Senhor Mercado todo dia compra e vende pela cotação do dia. No entanto, como o Senhor Mercado também é maníaco-depressivo, um dia ele acorda deprimido e joga os preços para baixo. Em outro dia, eufórico, vai às compras e coloca os preços nas alturas. Os gestores racionais agem exatamente no sentido contrário do Senhor Mercado e aproveitam os momentos de euforia e depressão para fazer suas vendas e compras na direção oposta. Como gestores, podemos aproveitar oscilações das ações sem nenhum motivo e ajustar as carteiras mantendo o percentual desejado. Dependemos essencialmente de nossos investidores para aproveitar os momentos de depressão do Senhor Mercado. No entanto, ao ler os informes negativos, a maior parte das pessoas – incluindo o Senhor Mercado – acaba sendo contaminada pelas notícias e entra em depressão, vendendo suas ações ou reduzindo seus investimentos relacionados ao mercado acionário.

EPÍLOGO

Em sua última viagem à América, Keynes foi convidado para as reuniões inaugurais do Banco Mundial e do FMI, em Nova York, mas se aborreceu profundamente nesses eventos. Até então um admirador do estilo pragmático e do espírito colaborativo dos EUA, Keynes ficou indignado pelo fato de o país estar tentando tomar vantagem de sua forte posição econômica em decisões das duas instituições. Os demais países, em razão de sua fragilidade, apoiam os americanos não porque querem, mas porque são obrigados devido à necessidade de ajuda econômica de que precisam. Desapontado, ele abandonou seus planos de férias, tomou um trem para Washington e, na noite de 19 de março de 1946, sofreu um sério infarto. Após recuperar-se, em 11 de abril, ele jantou com o presidente do Banco da Inglaterra e comentou esperar que a "mão invisível" de Adam Smith pudesse tirar o Reino Unido do buraco econômico em que se encontrava, contrariando sua tese econômica de dez anos atrás. No dia 21 de abril de 1946, Sir Keynes faleceu em sua cama, em casa, onde costumava trabalhar e ler os balanços e relatórios de empresas.

No dia 22 de abril, o obituário escrito pelo *The Times* afirmava que, para encontrar um economista com influência comparável, era necessário retornar a Adam Smith.

Esperamos que tenham apreciado esta leitura na qual, humildemente, tentamos contar um pouco do que aprendemos com este gigante das finanças e cujos ensinamentos aplicamos, na medida do possível, na gestão de nossos fundos.

– *Werner Roger (Setembro/2019)*

14
UM GUIA DE ORIENTAÇÃO PESSOAL PARA INVESTIMENTOS

Nesta resenha, usaremos eventos e personagens bíblicos como forma de ajudar os leitores a tomarem decisões relacionadas a seus investimentos – e mesmo em questões pessoais.

Três Reis Magos: diz a tradição bíblica cristã que três Reis Magos visitaram Jesus após seu nascimento, trazendo como presentes ouro (símbolo de realeza), incenso (representa divindade) e mirra (caracteriza humanidade).

Fazendo um paralelo, elegemos nossos Três Magos dos Investimentos:

- **John Maynard Keynes** (1883 - 1946),
- **Benjamin Graham** (1894 - 1976) e
- **Charlie Munger** (96 anos).

Estes "magos" trouxeram notável contribuição ao mundo dos investimentos. Estudaram e praticaram (no caso de Munger, ainda pratica) princípios com os quais estamos alinhados e que buscamos praticar.

Cada um escreveu livros importantes:

KEYNES

Autor de mais de 20 obras, com destaques para *As Consequências Econômicas da Paz* (1919 – logo após a 1ª Grande Guerra), *Um Tratado sobre Probabilidade* (1921, exercendo seu talento matemático) e, talvez o mais importante, *A Teoria Geral do Emprego, do Juro e da Moeda* (1936). Keynes foi um notável investidor, e o primeiro a investir em ações recursos institucionais (no caso, da King's College, que administrava recursos e reservas financeiras das universidades de Cambridge e Oxford), permanecendo como CIO (gestor chefe) de 1924 até o ano de sua morte, 1946. Além de gestor da King's College, Keynes foi um grande investidor e especulador pessoal, usando alavancagem financeira (que lhe trouxe também enormes perdas, tendo chegado mesmo a quebrar em 1920, em apostas erradas em moeda). Destarte, foi talvez o precursor dos *hedge funds*, ou fundos multimercados, investindo em ações, dívidas de governos, moedas, *commodities* e imóveis.

Em nossa resenha mensal de setembro de 2019 dedicamos a ele uma seção intitulada *Sir John Maynard Keynes, Grande Investidor e Nossa Referência*. Lá, resumimos a história deste notável mago da economia e dos investimentos. Aqui, reproduzimos parte do epílogo escrito por Werner Roger acerca da breve história sobre o economista, por entendermos que se relaciona muito à política americana e aos dilemas enfrentados pelo ministro Paulo Guedes – adepto de Adam Smith, mas que neste momento deve estar revendo conceitos e buscando apoio nas crenças de Keynes:

"Em sua última viagem à América, Keynes foi convidado para as reuniões inaugurais do Banco Mundial e do FMI, em Nova York, mas se aborreceu profundamente nesses eventos. Até então um admira-

A TRIGONOMETRIA DOS INVESTIMENTOS

dor do estilo pragmático e do espírito colaborativo dos EUA, Keynes ficou indignado pelo fato de o país estar tentando tomar vantagem de sua forte posição econômica em decisões das duas instituições. Os demais países, em razão de sua fragilidade, apoiam os americanos, não porque querem, mas porque são obrigados devido à necessidade de ajuda econômica de que precisam. Desapontado, ele abandonou seus planos de férias, tomou um trem para Washington e, na noite de 19 de março de 1946, sofreu um sério infarto. Após recuperar-se, em 11 de abril ele jantou com o presidente do Banco da Inglaterra e comentou esperar que a "mão invisível" de Adam Smith pudesse tirar o Reino Unido do buraco econômico em que se encontrava, contrariando sua tese econômica de dez anos atrás. No dia 21 de abril de 1946, Sir Keynes faleceu em casa, onde costumava trabalhar e ler os balanços e relatórios de empresas. No dia 22 de abril, o obituário escrito pelo The Times afirmava que, para encontrar um economista com a influência comparável, era necessário retornar a Adam Smith."

GRAHAM

Britânico como Keynes, é considerado o pai da estratégia *buy and hold* (ou compre e mantenha) e entre os vários *papers* que escreveu está o clássico dos clássicos *Security Analysis* (Análise de Valores Mobiliários, em tradução livre), de 1934, em parceria com David Dodd, quando ambos lecionavam na Universidade de Columbia. Atualizado em várias edições subsequentes, este livro deu base ao conceito de *value investing* (investindo em valor, em tradução livre). Foi editado após a Grande Depressão, o que conferiu ainda mais importância aos seus pensamentos.

A obra explora os conceitos de investimentos especulativos de longo prazo. Mas seu livro mais conhecido e verdadeira referência é *O Investidor Inteligente*, publicado pela primeira vez em 1949 e com várias edições (a última revisada por Graham é de 1973). No Brasil, a primeira edição em português foi publicada em 2007 pela editora Nova Fronteira. A obra, verdadeira "bíblia" prática dos investidores, reforça o conceito de *value investing*, com horizonte de longo prazo e em empresas sólidas. Também faz parte das nossas crenças e práticas.

UM GUIA DE ORIENTAÇÃO PESSOAL PARA INVESTIMENTOS

MUNGER

Ainda é ativo. Tive a oportunidade de conhecê-lo pessoalmente em 2006, num evento da Western Asset Management (WAM) em Pasadena, na Califórnia (tive o prazer de trabalhar na WAM por dois anos, de 2005 a 2007). Palestrando numa empresa 100% dedicada à gestão de recursos de renda fixa, Munger brincou logo no início, dizendo estranhar ser convidado, pois ele mesmo não investia em renda fixa. Contou sua história pessoal e de como conheceu casualmente, em 1959, seu amigo Warren Buffett em um jantar – foi um "amor à primeira vista", tal o alinhamento das visões de ambos sobre investimentos. Desde então, são sócios.

Munger talvez seja, além do grande inspirador Graham, a pessoa que mais influenciou Buffett nas tomadas de decisões e nos princípios de investimentos, e é considerado seu braço direito (Buffett também cita Keynes como grande inspirador). Munger iniciou seus estudos em matemática em 1941 na Universidade de Michigan, abandonando o curso em 1943 para servir à Força Aérea Americana durante a 2ª Grande Guerra. Voltou a estudar em Harvard (direito), onde se formou, em 1948.

Grande estudioso em diversos assuntos, Munger tem como grande inspirador Benjamin Franklin (1706 - 1790), considerado um dos norte-americanos mais notáveis. Franklin, além de líder revolucionário, foi religioso calvinista, um dos grandes maçons americanos, cientista conhecido pelos estudos da eletricidade, ministro, diplomata, editor de jornais e figura entre os pais da independência americana. Em 1732 começou a publicar o famoso *Poor Richard's Almanack* (atualizado durante 25 anos consecutivos), sob o pseudônimo Richard Saunders; cobrindo os mais variados assuntos, o *Almanack* tornou-se uma das publicações mais populares nos EUA.

Inspirado em Franklin, Munger escreveu o seu *Poor Charlie's Almanack*, publicado em 2005 e 2006. Recebi do próprio autor a edição autografada no evento da WAM em Pasadena e considero o livro mais completo sobre investimentos, filosofia, conhecimentos gerais, psicologia comportamental nos investimentos etc. Embora tenhamos Keynes como referência, há uma grande admiração por Munger, mago do conhecimento generalista e investidor, sempre nos inspirando por meio da leitura do seu *Almanack*. Para aqueles que dominam o inglês e se interessam em aprender sobre investimentos, filosofia e tantos outros assuntos, a obra de Munger é um investimento mandatório, verdadeira bíblia para investimentos e para a vida cotidiana. Tenho em comum com Munger o interesse por investimentos, por história e pelo método da tentativa e erro.

Caros leitores, desculpo-me pela exposição extensa sobre esses "magos" dos investimentos, mas todos são fonte de referência para o que vem a seguir (e por eventuais equívocos ou maus conselhos, também desde já peço perdão).

Sobre os Sete Pecados Capitais:

1. **Avareza:** apego demasiado aos bens materiais e dinheiro, deixando Deus em segundo plano. Creio que muitos investidores, de fato, apegam-se ao dinheiro e deixam de desfrutar aquilo que ele proporciona. Nos investimentos, podemos apegar-nos a tipos específicos, setores ou empresas. Desfrute a vida: tire férias, invista o seu tempo na família e nos amigos, alargue seu universo de investimentos e se desfaça daquilo que não mais atenda a seus objetivos.

Conselho: desfrute a vida e seja flexível.

2. **Inveja:** desconsideração dos seus próprios desejos, bênçãos, e cobiça e priorização do que pertence a outros. O investidor acredita que os outros sabem mais e têm informações privilegiadas (o que pode ser considerado um crime, portanto, cuidado), e deseja participar deste grupo. Não admite ficar fora de um IPO porque as corretoras de valores indicam que a demanda é dez vezes maior do que será ofertado. Ele se desfaz de seus investimentos e segue recomendações de terceiros, pois acredita que "a galinha do vizinho é mais saborosa".

Conselho: esqueça os outros e se desfaça daquilo que não lhe é mais útil, priorizando os próprios objetivos e necessidades.

3. **Ira:** sentimento de rancor, ódio descontrolado. Gera vontade de vingança e desejo de extirpar a causa da raiva. É uma das emoções humanas mais intensas e destrutivas. O sentimento de perda é um dos piores nos investidores, levando-os a uma cautela excessiva (menos frequente) e a decidir no calor do momento. Leva a impulsos ou decisões como "nunca mais investirei em bolsas de valores ou em determinados ativos", ou a voltar-se contra alguém, consultor ou entidade supostamente responsável pelas perdas. Pessoas com tais sentimentos muitas vezes dedicam uma idolatria cega àqueles que proporcionaram ganhos. Esse sentimento de ira recai sobre pessoas, ativos ou empresas vistos como culpados pelas perdas, mas quem sofre com esse sentimento esquece que é ele o responsável final por decisões de investimentos.

Conselho: respire fundo, relaxe, e pense dez vezes antes de tomar decisões precipitadas. Em investimentos não cabem as palavras vingança e remorso.

4. **Gula:** mesma palavra em latim. Desejo insaciável, além do necessário, prazer em comida, bebidas, drogas e até sexo. Busca da satisfação imediata e intensa, também se aplica a dinheiro, ou ganho rápido, desprezando o princípio de investir no longo prazo. Aceita tomar muito risco, especulação, alavancagem financeira desmedida.

Conselho: moderação e busca por retornos com horizonte no longo prazo, garantindo uma aposentadoria tranquila em vez de enriquecimento rápido por meio de riscos excessivos que muitas vezes se traduzem em perdas definitivas.

5. **Luxúria:** sentimento parecido com a gula, é o desejo sensual, material e egoísta. É o deixar-se dominar pelas paixões, o apego ao prazer imediato, a crença em que aquilo que está dando certo continuará a dar certo. Em investimentos, há um estilo, ou técnica, conhecido como *Momentum*. Esse estilo/técnica privilegia investimentos na tendência recente dos mercados, setores ou ações. É muito valorizado por quem aprecia a análise gráfica ou técnica, como se denominam (com a qual não

compactuamos). Alguns investidores com esse perfil investem em opções que podem gerar ganho rápido e substancial, aumentando as apostas – com o risco inerente de ver tudo, como se diz no jargão financeiro, subitamente "virar pó". É típico também dos investidores em criptomoedas (palavra que, a título de curiosidade, compartilha a mesma raiz etimológica da palavra cripta – sepulcro, segundo o *Dicionário Houaiss da Língua Portuguesa* – ou encriptar, relacionado a código secreto ou seguro, cabe ao leitor decidir).

Conselho: devagar se vai ao longe, como diz o dito popular. Ou seja: passos lentos e seguros levarão ao destino da mesma forma, com a vantagem de proporcionar o desfrute dos prazeres da vida sem os excessos ou as perdas bruscas.

6. **Preguiça:** do latim *prigritia*, representa inatividade, desleixo, negligência, falta de empenho, de natureza física ou psíquico-emocional. Em investimentos, associamos esta palavra a carência de diligência ao apoiar-se em análises rasas e rápidas. Acreditar apenas na conclusão de terceiros, não realizar as próprias análises e pesquisas, falta de interesse na aprendizagem. Mostra acomodação em investimentos de baixo risco e retorno. Investidores com tal perfil se apegam à zona de conforto e abdicam de mudanças, pela inércia e carência de vontade de se abrir a perspectivas e possibilidades diferentes de investimentos. Adoram mitos, mesmo que ilusórios, idolatram falsos profetas.

Conselho: pesquise, estude, leia biografias de investidores ou gestores que já provaram o sucesso. Como se diz, em inglês: *move!*, aja, saia da inércia e do conforto. Troque o WhatsApp por leituras construtivas – livros e *e-books* certamente não faltam.

7. **Soberba:** do latim *superbia*, é sinônimo de vaidade, orgulho e arrogância. Para o filósofo São Tomás de Aquino, era um pecado tão grande que deveria ser separado dos demais. A falsa humildade deriva igualmente da soberba. Esses atributos são típicos de pessoas que atingiram grande sucesso pessoal, profissional e político, e daí adquiriram excesso de confiança.

UM GUIA DE ORIENTAÇÃO PESSOAL PARA INVESTIMENTOS

Grandes derrotas militares são exemplos do que pode advir desse pecado (erro crasso – Crasso, general romano que ficou famoso por derrotar a revolução comandada pelo gladiador Espártaco, considerado o mais rico romano da história, perdeu a vida e sofreu uma das mais desastrosas campanhas militares de Roma na Pérsia). Para investidores, e especialmente nós, gestores, é um grande risco. Acreditar na infalibilidade, eliminar da memória erros cometidos e fixar-se apenas nos sucessos, tudo isso reduz nossa aprendizagem com erros passados. Investidores soberbos costumam ancorar decisões de investimentos em eventos futuros que consideram positivos, ignorando sinais negativos. Desprezam opiniões alheias. A psicologia comportamental em investimentos considera este um dos maiores riscos: a autoconfiança exagerada, baseada no sucesso recente ou recorrente. Observamos tal comportamento em *blogs*, portais, *youtubers*, consultorias etc., alardeando seu conhecimento ou receitas para enriquecimento rápido e fácil. Aqueles que acreditam e seguem cegamente tais promessas reúnem vários dos pecados capitais acima explicados.

Conselho: para combater ou minimizar esse pecado, talvez o maior e mais perigoso de todos, é necessário cultivar humildade, estudo, gratidão e solidariedade. Agradeça a Deus e a todos que o ajudaram no sucesso, reconheça que somos meros instrumentos e não a fonte do sucesso, e compartilhe com a sociedade, família, amigos e colegas profissionais os frutos obtidos.

Explicados os pecados (e como evitá-los ou mitigá-los), vamos aos Dez Mandamentos que nos ajudam a conduzir investimentos ao sucesso. Tais mandamentos são opiniões particulares ancoradas em diversas fontes, além de experiência pessoal e profissional.

Antes de começar a investir (na verdade, isso é benéfico a qualquer momento), as pessoas ou investidores devem fazer uma espécie de autoanálise – colocar-se questões básicas como objetivo, horizonte, tolerância a perdas, capacidade de poupança ou investimento no longo prazo, reservas financeiras, previdência complementar, conhecimento das diferentes alternativas de investimentos e riscos associados. Muito importante é tentar estabelecer a necessidade de uma renda após a aposentaria e como será obtida – se via previdência social, FGTS, previdência complementar ou investimentos em carteira própria (incluindo ações, fundos de investimentos, imóveis para renda, poupança etc.).

O ideal é escrever estes pontos e todo ano revisá-los, avaliando os investimentos e se fazem sentido. Os mandamentos que elencamos não estão em ordem de importância – diferentes pessoas têm diferentes necessidades, perfis de risco, renda, patrimônio acumulado etc. Trata-se de um guia que, esperamos, será útil para estabelecer uma carteira de investimentos para atingir os objetivos.

1. **Paciência:** não espere retornos rápidos, reavalie frequentemente por que investiu e se esses motivos ainda estão presentes. Muitas vezes nos desfazemos de investimentos muito rapidamente e depois nos arrependemos por não respeitarmos o prazo que estabelecemos inicialmente. Para ações ou fundos de ações, recomendamos prazo de pelo menos três anos.

- Aquele que tiver paciência terá o que deseja (Benjamin Franklin).

- As ações são o maior mecanismo de transferência de riqueza dos apressados aos tranquilos (Warren Buffett).

2. **Conhecimento:** Warren Buffett sempre diz que devemos investir em nosso círculo de competência. Evite investir no que não conhece, como imóveis, criptomoedas, "negócio fantástico" ou qualquer ativo simplesmente porque está "rendendo bem" e os amigos supostamente estão ganhando. O mesmo vale para ações: não compre ações de empresas ou setores que não conhece bem só porque estão subindo e "todo mundo" está recomendando.

- Eu acredito na disciplina de dominar o melhor que outras pessoas já descobriram. Não acredito em simplesmente ficar sentado e sonhar com tudo por si mesmo. Ninguém é tão inteligente (Charlie Munger).

UM GUIA DE ORIENTAÇÃO PESSOAL PARA INVESTIMENTOS

- Não tenho o conhecimento inato. Simplesmente amo o passado e adoro investigá-lo (Confúcio, considerado um dos mais influentes filósofos e pensadores chineses, exemplo de ética, justiça e valores humanos).

- Os investimentos em conhecimento geram os melhores dividendos (Benjamin Franklin).

3. **Disciplina:** reavalie com frequência por que investiu, se ainda faz sentido, se o prazo determinado ainda está dentro do objetivo inicial. Se possui recursos disponíveis, invista continuamente em vez de desperdiçá-los trocando de carro todo ano ou gastando sem necessidade apenas porque tem "dinheiro sobrando". Em investimentos, temos de ser como monges budistas ou iogues indianos.

- A disciplina é a mãe do êxito (Ésquilo, dramaturgo grego considerado o pai da tragédia).

- Não precisamos ser mais espertos do que os outros. Precisamos ser mais disciplinados (Warren Buffett).

4. **Ler e estudar:** aprenda todo dia. Amanhã saberemos mais do que hoje. Pesquise e conheça em que vai investir. Um professor de matemática da faculdade (que me reprovou, inclusive) dizia que ninguém consegue comer um boi num dia só, mas podemos comer um bife todo dia. Portanto, não adianta estudar apenas na véspera da prova. O mesmo serve para investimentos. Estude, estude, estude. Se a disciplina é o caminho, o estudo é o modo de trilhá-lo. Devagar se chega longe – mas isso se não pararmos de caminhar. Este mandamento está associado a conhecimento e disciplina, e todos se reforçam mutuamente.

- É impossível para um homem aprender aquilo que ele acha que já sabe (Epiteto, pensador e filósofo grego).

5. **Evitar a teimosia:** não confunda teimosia com paciência. Quando erramos numa decisão de investimento, insistir em comprar

mais porque ficou mais barato pode resultar em ainda mais perdas e impede que recuperemos essas perdas por meio de outros investimentos. A esperança de que surja um fato novo não corrige nossos erros e apenas protela ações corretivas.

- Teimosia e estupidez são gêmeas (Sófocles, pensador e dramaturgo grego).

6. **Não apostar:** apostas são um divertimento que nada têm a ver com investimentos. Corridas de cavalos, cassinos e até pôquer a dinheiro podem ser boas diversões, mas coloque na conta o lucro do estabelecimento e os impostos, e o prejuízo é quase certo para a maior parte dos jogadores. Investimentos que dependem de fatores fora de controle, eventos extraordinários, *inside information* (que é crime), tudo isso são apostas, e a probabilidade de sucesso é baixa. Evite este tipo de atitude. Melhor se divertir em Las Vegas ou Punta del Leste.

- Nunca faças apostas. Se sabes que vais ganhar, és um patife, e se não sabes, és um tolo (Confúcio).

7. **Distinguir preço de valor:** se você não consegue calcular ou estimar o valor de determinado investimento, esqueça. Você compraria um automóvel ou uma casa baseando-se apenas no preço do anúncio? Antes da compra você terá, por óbvio, pesquisado e analisado outras ofertas. Investir em ações é o mesmo. O mercado anuncia a cada segundo quanto a média dos investidores lhe oferece para que você compre. O investidor ou comprador determina o valor justo. Quanto maior este for em relação ao que o vendedor lhe oferece, mais atraente é o investimento.

- Por algum motivo, as pessoas se baseiam nos preços e não nos valores. Preço é o que se paga, valor é o se leva (Warren Buffett).

- O mercado é cheio de *experts* que sabem o preço de tudo e o valor de nada (Philip Fisher, renomado investidor e referência em investimentos).

8. **Não diversificar excessivamente:** o excesso de diversificação, na realidade, representa falta de confiança ou desconhecimento. Uma carteira de sete a 15 ações, a depender do tamanho do capital investido ou horizonte de investimento, está adequada. Obviamente a diversificação depende da tolerância ou do perfil de risco do investidor. Investimentos em renda fixa têm como objetivo preservar o capital, renda variável visa ao crescimento do capital no longo prazo. Investimentos em outros ativos (moedas ou ouro, por exemplo) podem servir como diversificação, mas também podem trazer perdas substanciais, especialmente se o investimento ocorrer durante crises: na normalização dos mercados, os preços também caem.

- Não invente nem adivinhe o que o mercado está fazendo. Descubra empresas que você compreenda e concentre-se nelas (sir John Maynard Keynes).

- A diversificação é uma proteção contra a ignorância. Faz pouco sentido para quem sabe o que está fazendo (Warren Buffett).

9. **Não acreditar na racionalidade do mercado:** como observamos neste momento, o mercado age em bloco (como verdadeira manada), independentemente de os investidores serem principiantes ou gestores experientes e sofisticados. Como em todas as crises passadas, os preços dos diversos ativos sofrem enormes flutuações, e após a normalização podem voltar à condição anterior, em alguns casos superando a situação prévia com grande margem. Ninguém consegue prever o futuro nem adivinhar os pontos máximo e mínimo das ações ou ativos financeiros. Se não precisar dos recursos, evite negociar em momentos de grande estresse. A perda será quase certa.

- Se você quer ter resultados melhores do que a maioria das pessoas, faça as coisas de forma diferente da maioria. A época de maior pessimismo é a melhor para comprar, e a de otimismo, a melhor para vender (sir John Templeton, um dos maiores investidores da história; filantropo, trabalhou até sua morte aos 95 anos).

"As pessoas não conseguem prever o que irá acontecer no mercado de ações."

– *Benjamin Graham*

10. **Investir em empresas sólidas e que pagam bons dividendos:** comprar e vender ações apenas de olho no ganho de capital não passa de aposta, esperança de que alguém vá pagar mais caro por algo que você está comprando hoje. Investimentos em ações devem objetivar renda, e esta depende de dividendos, e ganho de capital, mas este depende do mercado e não da empresa investida. Empresas bem geridas, com práticas socioambientais e de governança adequadas, bons negócios ou atuação em nicho com barreiras à entrada de competidores, estão fadadas a se valorizar no longo prazo e, principalmente, proporcionar renda consistente. Dividendos permitem o desfrute desta renda ou novos investimentos na empresa. Surge aí um círculo virtuoso.

- A ambição universal dos homens é viver colhendo o que nunca plantaram (Adam Smith).

Com este décimo mandamento, resumo muito do que acredito, do que aprendi, pratiquei, errei e continuo a praticar, tendo os maravilhosos mestres aqui citados, e outros mais, como referência. Dividendos são como frutos de uma árvore que alguém semeou, cuidou e deixou para a posteridade, para que nossos herdeiros ou sucessores se alimentem e plantem tantas outras.

Para finalizar: investir é como um pêndulo. Oscila entre a ciência e a arte, e o acaso e o inesperado se intrometem de tempos em tempos. Para alguns, tais eventos são azar ou crises; para outros, sorte ou oportunidades. Cabe a investidores e gestores decidirem como agir nesses momentos: lamentar ou seguir rumo a um futuro melhor que há de vir. Esperamos que esta possa ter sido uma contribuição, mesmo que modesta, para ajudar nossos leitores e investidores a gerir seus próprios recursos financeiros.

Esperamos ter despertado a curiosidade e a vontade de aprender um pouco mais neste misterioso e fascinante mundo dos investimentos.

"Os investimentos em conhecimento geram os melhores dividendos." (Benjamin Franklin)

– *Werner Roger (Abril/2020)*

15 *SHOULD I STAY OR SHOULD I GO?*

Para alguns de nossos leitores, talvez o título desta resenha seja familiar – pode, inclusive, ter embalado momentos da adolescência de um ou de outro: trata-se do nome de uma canção de grande sucesso da banda inglesa The Clash (1976 -86). A canção está no álbum *Combat Rock*, de 1982 (que tem ainda outro *hit* do grupo, *Rock the Casbah*), o quinto da carreira do grupo. A banda notabilizou-se por ser uma das primeiras do cenário do *punk rock* inglês, já na metade final dos anos 70; o álbum *Combat Rock*, no entanto, fazia um uso mais livre das influências musicais de seu líder, Joe Strummer: ska, reggae, jazz, funk. Alguns chegam a classificar essa fase final do The Clash como *world music* (um exagero), estilo pelo qual Strummer (morto em 22 de dezembro de 2002) de certa forma enveredou em sua carreira posterior, solo ou com as bandas The Mescaleros e The Pogues. Para os fãs, um breve *remember*.

Mas essa passagem relâmpago pela história da música pop vem a quê? Bem, creio que o mercado, como a banda The Clash, possui um caráter mutante – esta, em termos de gênero musical; aquele, em relação a investimentos: ora racional, ora emocional, eufórico ou depressivo. O título da canção nos parece uma analogia com o atual momento do mercado. Mesmo a estrofe inicial da música (aqui, em tradução livre) ilustra o momento atual da bolsa:

SHOULD I STAY OR SHOULD I GO?

Querida, você tem de me dizer/
Devo ficar ou devo ir?/
Se você disser que você é minha/
Eu ficarei aqui até o fim dos tempos/
Então você tem de me dizer/
Devo ficar ou devo ir?/

Para nós, a "Querida" são ações de excelentes empresas e que gestores e investidores que seguem os conselhos de Warren Buffett (que celebrou 90 anos em 30 de agosto e continua com a agilidade mental de quando tinha um terço dessa idade) conservam, independentemente do comportamento dos preços das ações (mercado) ou de ciclos econômicos. No jargão do mercado praticam o *buy and hold* (compre e mantenha).

Será que devemos ir – buscar novas oportunidades junto a dezenas de empresas? Atualmente há cerca de 40 em processo de abertura de capital e listagem das ações em bolsa de valores, o conhecido IPO (em português, Oferta Pública Inicial). Esse movimento de lançamento de ações remete à década de 1970, quando o Brasil viveu o Milagre Econômico (um crescimento anual do PIB similar ao da China nos melhores tempos); a 1986, no embalo do Plano Cruzado (quando supostamente teria sido debelada a inflação crônica); e finalmente a 2004/07, o último *boom*, com mais de 60 novatas debutando no mercado acionário.

Agora vamos a mais um pouco de história. Voltando à década de 1970, não podemos deixar de citar o caso Merposa. Tamanho era o apetite por IPOs que, para qualquer nova ação oferecida, havia enorme procura. A maior corretora da época (recomendo uma rápida busca no Google a respeito) era a M. Marcello Leite Barbosa. Líder absoluta, havia revolucionado o mercado de corretagem com cerca de 1.400 funcionários, fez uma brincadeira oferecendo ações da Merposa (M... em Pó S/A), despertando grande interesse em reservas. Afinal, o PIB do Brasil crescia em dois dígitos e a bolsa subia mais de 400% em um ano e meio (em meados de 1971). Era natural que houvesse forte apetite por novas ações – recentemente, houve algo semelhante com as criptomoedas.

A TRIGONOMETRIA DOS INVESTIMENTOS

Curiosamente, passaram pela corretora nomes como Marcel Telles e Jorge Paulo Lemann (Ambev), Salvatore Cacciola (do famoso – e falido – Banco Marka) e Antônio José Carneiro (sócio de Ronaldo Cézar Coelho no banco Multiplic e na financeira Losango), um dos maiores investidores em bolsa de valores do país, conhecido como Bode.

A corretora acabou numa ruidosa quebra, mas essa história é longa; quem quiser detalhes, vai encontrá-los em *Os Leite Barbosa – A Saga da Corretora que Revolucionou o Mercado*, do jornalista especializado em economia George Vidor. Embora na década de 1970 eu ainda não atuasse no mercado, meu sogro atuava e comprou ações da Unipar no IPO, mas foi fraudado. Como lembrança, mantive os recibos de subscrição e a perda de dinheiro que meu querido sogro sofreu (não tivesse perdido, talvez aumentasse o dote do meu casamento). De meu pai também mantenho como recordação ações de algumas "Merposas" que viraram apenas um pedaço de papel, para não dizer pó.

Mas, voltando a tempos mais recentes: entre 2004 e 2007 o PIB do Brasil cresceu à razão de 4,75%, em média, a cada ano. Esse desempe-nho, de certa forma, explicava o acesso de novas empresas, tendo em vista certo otimismo com a economia. Mas como explicar uma quanti dade de novas empresas listadas em meio 1) a uma pandemia? 2) à maior recessão da história do Brasil? 3) a tantas incertezas no horizonte? Uma euforia dessa magnitude é típi ca do movimento chamado Bull Market, a alta consistente do mer cado normalmente associada ao crescimento da economia e a boas perspectivas.

Do último *boom* vieram ao mercado nomes como Vivax, Company, Datasul, MMX, Abyara, Gafisa, GP Investimentos, Klabin Segall, PDG, Camargo Correa Desenvolvimento Imobiliário, Renar Maçãs, OHL, UOL, Lupatech, Brasil Ecodiesel, Brascan Residencial. Algumas foram vendidas, fecharam o capital, tornaram-se "zumbis" ou simplesmente mudaram de nome. Para nem falar das demais X do empresário Eike Batista, na época considerado um Midas ou um novo Barão de Mauá e, hoje, um criminoso condenado que deixou um rastro de enormes prejuízos a investidores imprudentes que cega ou ingenuamente acreditaram em suas narrativas.

Muitos de nossos leitores certamente não têm boas lembranças dos fatos mencionados (alguns podem inclusive ter pesadelos), especialmente do legado do Sr. X. Mas podemos pinçar alguns bons nomes: São Martinho, Iguatemi, Localiza, Natura, Porto Seguro, Energias do Brasil, Totvs, Equatorial e M. Dias Branco. Não somos contra os IPOs – muito ao contrário –, mas muitas vezes os preços não fazem sentido, especialmente se comparados aos de empresas já conhecidas, com excelentes fundamentos e bastante descontadas. Investidores novatos e mesmo alguns com boa bagagem, incluindo gestores, apegam-se a narrativas, promessas de crescimento e perspectivas setoriais.

Na resenha de agosto usamos o título *"Nem tudo que reluz é ouro: o momento é de separar o joio do trigo"* (lembrando ainda o saudoso Raul Seixas), em alusão à safra de resultados e ao início do movimento de listagem de novas empresas. Mas a quantidade de IPOs em processo cresceu assustadoramente, e nossa experiência, especialmente em 1986 e depois em 2004/07, nos ensinou que toda cautela é pouca e que talvez o sucesso de uma boa escolha traga embutido um componente significativo de acaso (quem sabe até maior que o de racionalidade).

O refrão final da canção do Clash diz:

Devo ficar ou devo ir agora?/
Se eu for, haverá problemas/
E se eu ficar, haverá o dobro/
Então você tem de me dizer/
Devo ficar ou devo ir?
De nossa parte, ficamos.

– Werner Roger (Agosto/2020)

16

QUEM PLANTA, COLHE. QUEM GUARDA, TEM. A PACIÊNCIA É A FONTE DA RECOMPENSA

"Grandes criações neste mundo
Foram destruídas por guerra e disputa.
Quem protegeu e preservou
Ganhou a mais bela recompensa."

– *Johann Wolfgang von Goethe*

O pequeno poema que abre esta resenha é do alemão Johann Wolfgang von Goethe, tal como citado na abertura do livro *O Fim do Século 20 e o Fim da Era Moderna*, do historiador húngaro-americano John Lukacs. Goethe (1749 - 1832) foi um dos intelectuais mais destacados na história das artes e do pensamento. Abrimos com uma pequena citação sua porque acreditamos que, características particulares à parte, a essência do que o poeta diz ali se aplica ao que fazemos – e ainda mais num ano como 2020. Três quartos dele já se passaram, e creio que um ano

QUEM PLANTA, COLHE. QUEM GUARDA, TEM.
A PACIÊNCIA É A FONTE DA RECOMPENSA

nunca passou tão depressa – nem foi tão estranho e desafiador, pelo que se viu e viveu até aqui, não acham?

Infelizmente, e queremos deixar isso manifesto, este será o ano em que muitas famílias terão se despedido de forma prematura – dolorosamente inesperada, na verdade – de entes queridos vitimados pela covid-19. A todos que passam ou ainda passarão por tal situação, nossos mais sinceros sentimentos.

Para nós, gestores de investimentos, a responsabilidade aumentou; afinal, as finanças pessoais e familiares ganharam relevância ainda maior. Desta forma, agradecemos a confiança em nós depositada. Esperamos não os ter decepcionado, mas não estamos satisfeitos com o que fizemos até agora. Nossos fundos têm desempenhado muito melhor que o mercado, mas não consideramos esse resultado bom o bastante. Se Deus quiser, viraremos juntos – e bem – esta página, e com desempenho ainda melhor. Lembremos que desafios e infortúnios fazem parte da vida, e com eles é que aprendemos. Nosso desejo é termos atendido as expectativas até aqui e, quem sabe, excedê-las ao final deste ano.

Mas voltemos ao tema "investimentos". Talvez alguns de nossos leitores não saibam: minha formação acadêmica foi em agronomia (1977 - 1981). Isso talvez chegue como uma espécie de esclarecimento para aqueles que veem um viés meu para empresas relacionadas ao agronegócio. Além disso, a agronomia é uma engenharia e, acredito, um dos cursos universitários mais ecléticos. Estudamos ciências exatas – física, química, matemática, estatística, programação (já na década de 1970) –, enveredamos pelas humanas – economia e microeconomia – e vamos além, com bioquímica, botânica, biologia, fitopatologia, geologia e meteorologia, passando pelas mais importantes atividades agrícolas, construções rurais, mecânica (ufa!) e dezenas de outras matérias. Nós, graduados nessa área, temos de saber de tudo um pouco. Somos, portanto, generalistas por natureza, ou pela formação acadêmica, mas é a vida profissional que mais nos ensina.

Enveredei pela senda das finanças, começando no banco Chase Manhattan em 4 de outubro de 1982 – vão-se aí já 38 anos, sendo os 22 últimos na gestão de recursos de terceiros e desde 1997 como gestor de

A TRIGONOMETRIA DOS INVESTIMENTOS

renda variável da estratégia *small caps*. Nos nove anos anteriores, fui diretor de crédito e risco no Citibank e no Western Asset Management. O aprendizado não termina nunca e, já com algum distanciamento na história, posso dizer que minha natureza generalista provou ser uma grande ajuda na formação profissional e também na pessoal.

E como aprendemos nas salas de aula e nas práticas de campo, uma boa colheita depende de preparar o solo, selecionar boas sementes, plantar no tempo certo, adubar de acordo com as necessidades, cultivar de forma adequada com máquinas modernas e eficientes. Mas não só: pragas, doenças e ervas daninhas têm de ser combatidas. O resultado disso tudo é ter a colheita no momento oportuno, mas ainda não marca o fim do trabalho: há que se armazenar corretamente, para vender bem, com o melhor preço e proteger a preciosa safra contra fungos, insetos e umidade. Pode-se ouvir aqui Goethe recitar seu poema.

Investimentos seguem a mesma trajetória: muito estudo, cuidado na seleção das empresas no momento de comprar, conversa contínua com gestores das companhias, espera pelo tempo necessário, venda na ocasião mais apropriada, pelo preço que julgamos correto. As seringueiras (vejam o viés agindo) demoram até sete anos para começar a sangrar e gerar renda. Profícuas, são perenes, e colhemos seus frutos anualmente. Ações são parecidas: algumas demoram a dar resultados e outras pagam excelentes dividendos, como frutos colhidos e o látex transformado em borracha e suas mais diversas aplicações, desde delicadas luvas cirúrgicas até os resistentes pneus de aviões e bólidos da Fórmula 1.

Desde o início da pandemia, muita coisa mudou e, como já dissemos em resenha anterior, quem sobrevive e predomina não é o maior, mais forte e nem o mais rápido. Charles Darwin ensinou que aquele que melhor se adapta ao meio ambiente terá probabilidade maior de sobreviver. Foi o que se deu com as indefesas e lentas tartarugas. Diferentes espécies do simpático quelônio, cada uma com suas características muito peculiares, podem ser encontradas em várias partes do planeta.

QUEM PLANTA, COLHE. QUEM GUARDA, TEM.
A PACIÊNCIA É A FONTE DA RECOMPENSA

Nós não somos tartarugas, mas seguimos seu exemplo e vamos nos adaptando. Os balanços das empresas, as conversas com seus gestores e a observação do que se passa nos setores, nas cadeias de produção etc. são os indicadores de sobrevivência. Também nos orientam a posicionar nossa estratégia e alocar o capital de nossos estimados investidores naquelas que, acreditamos, serão as sobreviventes, renderão os melhores frutos (ops, dividendos) e proporcionarão crescimento dos lucros, com balanços fortes e gestão eficiente e responsável, sempre observando as boas práticas de ESG.

Na agricultura, há muitos riscos à espreita: ventanias, geadas, chuvas torrenciais, ataques inesperados de insetos, pragas e doenças e preços. No mundo real e nos investimentos há igualmente muitas nuvens ameaçadoras e eventos inesperados. As eleições americanas (e seus candidatos, que julgo despreparados para cargo de tamanha envergadura), estímulos econômicos, covid-19 e vacinas são ainda pontos de interrogação. Ventos de través também são as economias cambaleantes (exceto China e alguns tigres asiáticos) e a miríade de variáveis no *front* doméstico: Renda Cidadã, risco fiscal e refinanciamento da dívida pública, continuidade das reformas etc.

Vamos nos ajustando e seguindo em frente. O retrovisor, importante como possa ser, perde para o para-brisa, como bem sabe quem conduz um veículo. Nossa orientação é para o futuro, e as mudanças causadas pela pandemia deixarão marcas profundas em vários setores e empresas. "Tudo vai voltar à normalidade", acreditam muitos analistas e investidores. Talvez os dinossauros, se os imaginarmos por um instante como os animais racionais que habitam as fábulas do grego Esopo, acreditassem em algo assim enquanto viam uma imensa nuvem de poeira cobrir o céu após o impacto de um gigantesco meteoro na Terra.

Queridos investidores, estamos cultivando nossas plantações (fundos) da forma que entendemos ser a melhor possível. O dólar é nosso principal defensivo e adubo, e as sementes são muito bem selecionadas. Irrigamos cuidadosamente nossas plantinhas (empresas investidas) com informações obtidas incessante e incansavelmente. A cada trimestre observamos a saúde e o vigor delas e, se necessário, fazemos modificações. Até aqui, cremos que nos saímos relativamente bem, mas as boas colheitas ainda estão a caminho. Os resultados a serem apresentados pelas empresas até meados de novembro mostrarão se fizemos nosso dever de casa e cuidamos bem das nossas lavouras e se teremos boas colheitas e silos cheios.

Creio que sim. Esperamos ter plantado o bom trigo – aquele do pão que nos alimenta diariamente – e que o joio fique de fora. Desta forma, desejamos trazer aos nossos investidores uma ceia de Natal saborosa, fruto de trabalho cuidadoso, e que nossos silos permaneçam repletos de bons resultados, dividendos generosos e que 2021 seja o ano da grande colheita. As dificuldades e desafios são nossos combustíveis, e a plena satisfação de nossos investidores é o nosso propósito. Proteger e preservar aquilo que "guerra e disputa" podem pôr a perder, e colher no futuro as belas recompensas. Puro Goethe.

– *Werner Roger (Setembro/2020)*

17 ABREM-SE AS CORTINAS E COMEÇA O ESPETÁCULO

Como sabem os leitores que acompanham nossas resenhas, explicamos nossa visão de mercado, nossas estratégias e nosso processo de investimento por meio de analogias e história. Já o fizemos lançando mão de diversas referências: a Bíblia, grandes economistas, literatura, música pop, MPB e outras. Na resenha anterior usamos a agricultura como referência – devido às suas óbvias similaridades com o universo do investimento: saber plantar, ter paciência para colher etc. Aqui, nossa referência para ilustrar este texto será o teatro.

DRAMATIS PERSONAE

Covid-19
Mercados financeiros estrangeiros
Mercados financeiros brasileiros
Prefeitos, governadores e governo federal
Sociedade em geral

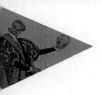

ATO I – CENA ÚNICA

Na primeira resenha deste ano, no início de janeiro, contamos nossa experiência na crise de 2008 – não temos nenhum talento para sermos a Cassandra da Mitologia Grega, mas como que antecipávamos ali os acontecimentos que estavam prestes a se desenrolar. Cassandra era filha de Príamo, rei de Troia que viu a cidade ser tomada pelos gregos (Homero contou essa história na *Ilíada*). Cassandra era uma das favoritas do deus Apolo, que concedeu a ela o dom da profecia. Mas, como os deuses gregos eram bastante volúveis, Apolo se irritou com a favorita e a amaldiçoou com a descrença geral. Depois disso, ninguém mais acreditou no que dizia Cassandra.

Não temos (e nem queremos ter, por falar nisso) o dom da profecia: como bem colocou Sófocles na *Antígona*, nada de tamanha relevância se incorpora ao mundo dos mortais sem vir desacompanhado de uma maldição. Colocamos o que dissemos naquela resenha, então, na conta da coincidência, nada mais que isso. A trama que iria desenrolar-se ainda não estava clara, mas já se podia dizer que algo estranho pairava no ar. Esse foi o Primeiro Ato.

ATO II – CENA ÚNICA

Na segunda resenha do ano (no Segundo Ato, se podemos dizer assim), publicada em 15 de fevereiro, o drama já se fazia mais visível. Transcrevemos abaixo o que dissemos então:

> *"Nossa atividade como gestor de investimentos é sempre uma caixinha de surpresas. Após a trégua assinada em 15 de janeiro na disputa comercial entre EUA e China, o país asiático volta a assustar o mundo (e, em particular, o mercado financeiro) ao tornar a palavra* **coronavírus** *a mais importante e temida no momento. Não é hora, ainda, de discutir mérito ou extensão das preocupações que ela causa nem o impacto que poderá ter na economia mundial ou nos investimentos. Informações e novidades sobre o surto, até aqui, têm seguido o padrão mutante do vírus."* Comentário atual: padrão mutante que ficou ainda mais forte.

Poucos meses se passaram, mas uma certa segunda onda de covid-19 parece já ser bem real na Europa, com novos *lockdowns* (a palavra estava até um tanto esquecida, depois de tanto se falar nisso ali perto de abril ou maio) e risco crescente de recessão. A aparente repetição da história (a interpretação da história como cíclica é tipicamente grega; a noção de avanço progressivo é mais própria do cristianismo) poderia levar de volta ao pânico inicial com que os mercados globais reagiram.

Diante, então, de mais um risco de pânico, convido aqueles que ainda não tiveram a oportunidade de ler a resenha do mês passado a conferi-la: lá, reproduzimos na íntegra (com comentários atuais) a edição de outubro de 2008 (*Por trás do pânico, surge uma oportunidade*). A situação é diferente, mas o momento de crise e oportunidade é semelhante.

Uma vez mais o ideograma abaixo reflete a situação atual.

Fonte: Comunidade SEBRAE e Trígono Capital

O pânico e seus efeitos podem ser maiores do que sua causa.

A TRIGONOMETRIA DOS INVESTIMENTOS

ATO III – CENA ÚNICA

Mas nossos dirigentes políticos (em especial os prefeitos), cientes da gravidade da situação, deram pouca atenção e mantiveram as festividades de carnaval, incluindo desfiles de blocos e todo tipo de aglomerações. O governo federal, por outro lado, antecipou-se aos acontecimentos, mas um dos órgãos de imprensa mais críticos a ele se manifesta da seguinte forma:

> ### Mesmo sem confirmar coronavírus no Brasil, governo decreta emergência
>
> **ESTADÃO** conteúdo
> Mateus Vargas, Julia Lindner e Gilberto Amendola
> Brasília
> 04/02/2020 07h30
>
> Mesmo sem caso do novo coronavírus confirmado no Brasil, o governo Jair Bolsonaro reconheceu "emergência de saúde pública em território nacional" por causa do avanço da doença, elevando o grau de risco ao nível 3, o mais alto na escala. O anúncio foi feito nesta segunda-feira, 3 pelo ministro da Saúde, Luiz Henrique Mandetta. Na China, onde o vírus foi registrado pela primeira vez em dezembro, o surto causou 426 mortes e mais de 20 mil casos. Ao menos 24 países já reportaram infectados.
>
> A emergência foi antecipada para dar mais "agilidade administrativa" ao governo para compras de equipamentos de segurança, como máscaras e luvas para agentes de saúde, assim como para a operação de retirada de brasileiros na região de Wuhan, na China, epicentro da doença. Na semana passada, o governo descartava a repatriação, mas anteontem anunciou que vai resgatar os brasileiros que estão no local, após pressão do grupo. A mesma medida foi adotada por outros países, como Estados Unidos e Japão.

Neste dia 4 de fevereiro de 2020, o IBOVESPA estava praticamente estável no ano, acumulando baixa marginal (-0,08%), enquanto o índice Small Caps SMLL exibia alta de 3,5% no ano. O mercado praticamente ignorava os sinais.

Sexta-feira, 21 de fevereiro, véspera de carnaval: o IBOVESPA caía 1,7% no ano, o índice Small Caps SMLL subia 1,94%, vida seguindo seu ritmo normal. Assim termina o Terceiro Ato: em ritmo de folia, com prefeitos omissos, população exposta a foliões estrangeiros e brasileiros

ABREM-SE AS CORTINAS E COMEÇA O ESPETÁCULO

voltando da Europa de suas férias – verdadeiros cavalos de Troia, que me perdoem os gregos.

Chega o carnaval. Mercados financeiros por aqui fechados. Eis então que o pânico se instala quando o vilão mostra definitivamente sua identidade e seu poder destrutivo. Estarrecido, o público acompanha, da plateia, os acontecimentos, e torce para que o vilão seja rapidamente aniquilado. Com nossos mercados fechados, observamos o que se passa no exterior, presos a nossos assentos, de braços amarrados, ou nos blocos carnavalescos. O carnaval perde sua graça e alegria. Por que, ora, haveria motivo para folia? Para investidores e para qualquer um envolvido no mercado financeiro, ela se transforma em terror. Termina o Terceiro Ato.

ATO IV – CENA ÚNICA

É 23 de março, pouco mais de um mês após o Carnaval. O IBOVESPA cai a seu nível mínimo, 63.570 pontos; no ano, perde 45% e o índice SMLL, 47,9%.

Remetemos, no entanto, ao ideograma chinês e à nossa história de 2008. Investidores vendem suas posições a qualquer o preço, ordens de resgates chegam aos gestores, que simplesmente as cumprem. Como nas melhores tragédias gregas, a história se repete. O vilão leva grande vantagem. Fim do Quarto Ato.

ATO V – CENA ÚNICA

Os "mocinhos" da história reagem ao vilão – e não era sem tempo (ou, para usar a expressão popular, "demorou"). Já estavam todos perdendo as esperanças. Bancos centrais e governos tomam uma série de medidas para reativar as combalidas economias. A China – onde se manifestaram os primeiros casos da doença – recupera-se rapidamente. Promessas de vacinas se espalham, o mundo vai se acalmando e aprendendo a conviver com o vilão, traiçoeiro e invisível, como a gripe espanhola pós-Primeira Guerra Mundial. Desgraça pouca é bobagem, desculpem minhas palavras, mas nossos an-

A TRIGONOMETRIA DOS INVESTIMENTOS

tepassados passaram por situações muitíssimo piores do que nós atualmente. Meu avô e padrinho de batismo, Oswald Müller-Roger[1]

---

[1] *Dr. Oswald Müller-Roger nasceu em Heidelberg, filho do atacadista de tabaco Karl Müller, que teve 12 filhos. O pai, preocupado com o futuro de seus filhos, possibilitou que todos tivessem formação superior. Todos tiveram grande talento literário, e ainda podem ser encontradas obras de alguns deles. Uma de suas seis meias-irmãs alcançou renome com o codinome Lina Sommer, poetisa em dialeto. Suas poesias bem humoradas, no dialeto palatino, continuam sendo publicadas nos dias de hoje, numa série de volumes, e são apreciadas por recitadores. Suas criações serão alvo de outro contexto. Os demais irmãos autores serão honrados posteriormente.*
*Dr. Müller-Roger foi um homem de múltiplos interesses. Após formar-se em medicina, adquiriu suas primeiras experiências no exterior trabalhando como médico numa tropa de proteção na atual República dos Camarões. Essa estada mais longa num país tropical marcou o jovem médico, que, a partir desse momento, sentiu uma necessidade urgente de ir para longe. Quando a situação na Alemanha do pós-guerra ficou muito opressiva, sua decisão de deixar a pátria estava madura. Ao responder a um anúncio no Deutsches Ärzteblatt (*Jornal da Associação Médica Alemã*), finalmente obteve êxito: a família deixou Heidelberg para trás, e emigrou para o Brasil. Naturalmente, a condição para isso era que não houvesse qualquer limitação ao pleno exercício da medicina no Rio Grande do Sul. Dr. Müller-Roger foi na frente e, quando conseguiu uma vaga de médico na colônia alemã de Arroio do Padre, sua família pôde, então, seguir para o Brasil. Com isso, teve início uma aventura de quase cinco anos, ricos em experiências, descritas neste livro. Várias situações infelizes e inalteráveis fizeram com que ele retornasse para Heidelberg em 1934 e fixasse residência definitiva em Ilvesheim.*
Além do relato sobre o Brasil, dr. Müller-Roger redigiu outros textos, mas a maior parte deles se perdeu, infelizmente. Dentre eles, o mais interessante é a descrição de eventos perto do final da Segunda Guerra Mundial, no qual relata como ele os vivenciou e os sofrimentos pelos quais passou. Ainda hoje procuramos, em vão, pelo manuscrito de Friedliche Insel (A Ilha de Paz). Essa perda é ainda mais triste, pois os eventos trágicos, bem como a comédia oculta por trás deles, constituíam relatos de primeira mão do autor, e os personagens desse drama apareciam vívidos diante do leitor. – Giselle Welter

ABREM-SE AS CORTINAS E COMEÇA O ESPETÁCULO

(1884 - 1974), foi oficial e médico na Primeira Guerra Mundial, em Camarões, e na segunda. Imaginem um médico, em Camarões, há mais de 100 anos, sem antibióticos. Em 1936 escreveu um livro, *Cinco anos como médico no interior do Brasil*, contando suas peripécias quando aqui esteve, inclusive a razão de sua volta para a Alemanha, pois o então presidente Getúlio Vargas proibiu que médicos estrangeiros exercessem sua profissão em nosso país. Este livro está em processo de tradução do alemão para o português pela minha querida irmã Giselle. Também escreveu uma peça de teatro, talvez daí minha inspiração para esta resenha, intitulada *Xadrez*.

Voltemos ao nosso Ato V: as mortes se acumulam, as vítimas – em particular idosos – vão-se contando aos milhares. Os mais jovens, e especialmente as crianças, são poupados, no que parece um gesto de misericórdia do destino, mas não é: trata-se apenas de uma particularidade do SarsCov 2. Algumas doenças, como a covid-19, são mais agressivas contra adultos. Outras são mais agressivas contra crianças (caxumba e coqueluche, por exemplo). No mundo da tragédia teatral, não há misericórdia ou planejamento: os homens nada podem contra o destino, que não é cruel, nem misericordioso. Ele apenas é.

Como protagonistas desta história, nós, gestores, tomamos providências. Rapidamente reposicionamos nossas carteiras: concentração ainda maior em posições em empresas com receitas relacionadas a moeda estrangeira e forte estrutura de capital; privilegiamos determinados setores e companhias que víamos como vencedores, numa posição até melhor do que na pré-pandemia. Por exemplo:

- Na véspera do carnaval, o fundo Flagship Small Caps concentrava 69% de seu portfólio em sete empresas (na carteira havia 19);

- Em 9 de abril, este percentual já estava em 77%, com 16 empresas;

- Em 31 de agosto, as sete principais posições representavam 86,5% da carteira do Flagship, e o número de empresas fora reduzido para apenas 11 (quase metade da posição pré-carnaval).

Neste período, o mercado reagiu aos vários estímulos, os juros ficaram negativos, a economia encontrou um meio de voltar gradualmente à atividade e aumentaram as esperanças quanto à proximidade de uma vacina. As medidas preventivas foram sendo relaxadas.

O índice S&P500 recuperou-se nos meses seguintes. Referência mais importante no mercado mundial de ações, que iniciara 2020 em 3.231 pontos e em 23 de março (um mês após a derrocada inicial) bateu nos 2.237 pontos – nada menos que 30,8% de queda. Já em 2 de setembro, pouco mais de cinco meses depois de chegar ao fundo, alcançou estratosféricos 3.581 pontos, que representam 10,8% acumulados no ano, alucinantes 60% de ganhos em relação ao seu nível mínimo. Ou seja: o indicador passou por uma das mais vigorosas e rápidas recuperações, novamente em linha com as oportunidades que se apresentam durante as crises e a que tanto nos referimos. John D. Rockefeller (1839 - 1937), maior magnata e filantropo americano, que amealhou uma fortuna equivalente a 1,3% do PIB dos EUA, tinha entre uma de suas frases e pensamentos mais famosos "Sempre procurei transformar desastres em oportunidades".

Mas a Roda da Fortuna ainda não parou de girar. Preocupações com uma segunda onda da pandemia, especialmente na Europa e nos EUA (sobre a eleição, diremos mais à frente), dúvidas em relação à aprovação de estímulos fiscais nos EUA e a reação negativa aos balanços de algumas das principais empresas de tecnologia levaram a uma queda das ações nos principais mercados. O S&P500 fechou outubro em 3.270 pontos, ainda 1,2% acumulado no ano, mas 8,7% abaixo do topo de 2 de setembro.

O mercado brasileiro também se recuperou, ainda que com uma retomada menos vigorosa. O IBOVESPA encerrou outubro

Índice S&P500

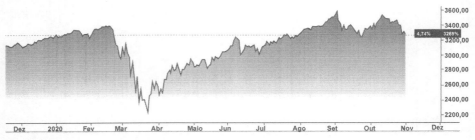

Fonte: Bloomberg

ABREM-SE AS CORTINAS E COMEÇA O ESPETÁCULO

aos 93.952 pontos, negativo em 18,8% no ano, mas 47,8% acima do nível mínimo em março. Convertido para o dólar, no entanto, o IBOV fechou 2019 em 28.696 pontos, e em 30 de outubro deste ano, em 16.279 pontos – uma queda de 43,3%, mais profunda que a de 30,8% do S&P500.

INTERVALO

Com a eleição do democrata Joe Biden nos EUA e as eleições municipais brasileiras, estamos à espera do início do ato final – final deste ano, bem entendido: o fim propriamente dito da peça ainda não está à vista. O vilão da história continua o mesmo, mas agora o drama terá outros personagens importantes que afetarão o curso dos acontecimentos. Vacinas, novos prefeitos e vereadores e um novo presidente norte-americano, com medidas e estímulos econômicos que podem (ou não) adotar, novos *lockdowns* e uma segunda onda da covid-19 – tudo isso. E a maioria na Câmara dos Representantes e Senado.

No Brasil, não faltam dúvidas: destino das reformas, refinanciamento da dívida pública, evolução da pandemia, retomada da atividade econômica e as novas gestões municipais a partir de 2021. De qualquer forma, a queda de 43% em dólar (18,8% nominal) do índice Bovespa reflete prevalência das incertezas, especialmente para investidores estrangeiros; afinal, a bolsa brasileira talvez seja a de pior performance entre as principais, não só dos mercados emergentes, mas do mundo. Novamente remetemos ao ideograma chinês e ao pensamento de Rockefeller.

Na Trígono, nossa estratégia começa a mostrar resultados, e destacamos os demonstrativos de empresas investidas como a Tupy, que surpreendeu o mercado com a alta de mais de 14% em suas ações após a publicação dos resultados do terceiro trimestre – o melhor quarto de ano de sua história, mesmo com volumes de vendas ainda bastante baixos (26% menores que um ano antes).

Destacamos também a Vamos, integrante do Grupo Simpar (Julio Simões), com crescimentos de 48% em receita líquida, 25% no EBITDA e 25% no lucro líquido (todos em relação ao 3T19), mesmo no ambiente desafiador decorrente da pandemia.

– *Werner Roger (Novembro/2020)*

18
TAMANHO NÃO É DOCUMENTO? *SMALL IS BEAUTIFUL*

Temos a satisfação de, encerrado mais um ano, mostrar resultados de nossos fundos que batem seus índices de referência (*benchmarks*) por larga margem (alfa). Por que conseguimos isso (mais uma vez)? Acreditamos que são vários os motivos.

Para começar, temos: nosso processo de investimento diferenciado baseado em EVA, ESG e dividendos, que formam nosso trígono de excelência, a qualidade da equipe de investimentos e o tipo de empresas investidas. Desde seu início, o objetivo da Trígono é focar investimentos nas *small caps*. Já comentamos várias vezes as vantagens destas empresas e mostramos que, a longo prazo, são elas que proporcionam os maiores retornos. Gostaria de enfatizar ainda mais a já grande importância do ESG, presente desde quando a Trígono ainda era uma ideia, um embrião.

Já fizemos uma *live* a respeito de *small caps*, desmistificando a crença de que o retorno dessas empresas é maior porque maior é o risco envolvido. Risco depende de quem é o gestor e como ele realiza seus investimentos, não de a empresa ser maior ou menor em valor de mercado.

A TRIGONOMETRIA DOS INVESTIMENTOS

Algumas grandes gestoras, por não conseguirem atuar nesse nicho – em razão do próprio tamanho, mas também por incapacidade técnica –, abrigam-se na proteção dos índices. Para evitar riscos de performar abaixo dos índices de referência, investem nas empresas maiores e mais líquidas, e explicam a seus investidores que tal escolha se deve ao risco excessivo envolvido nas *small caps*. Será?

Voltamos sete anos, até 30 de dezembro de 2013, para conferir. Verificamos o valor de mercado, à época, de empresas então típicas *small caps* e de outras maiores, fora desse universo:

	30/12/2013	30/12/2020	/\ *	/**
Droga Raia	R$ 4,9 bilhões	R$ 41,3 bilhões	747%	807%
Lojas Renner	R$ 8,0 bilhões	R$ 34,5 bilhões	332%	381%
Localiza	R$ 7,6 bilhões	R$ 51,8 bilhões	585%	664%

E as large caps?				
Braskem	R$ 16,7 bilhões	R$ 22,3 bilhões	33,5%	51,2%
BR Foods	R$ 39,8 bilhões	R$ 17,8 bilhões	- 55,3%	- 52,5%
Oi BR	R$ 156 bilhões	R$ 16,8 bilhões	- 89,2%	- 89,2%

* Sem dividendos   ** com dividendos

Fonte: Trígono Capital / Economática

Apresentamos a variação nominal de valor de mercado e, na última coluna, a valorização das ações considerando a adição dos dividendos recebidos no período.

Baseados nestes simples exemplos, é possível dizer que as empresas *small caps* serão de maior risco? Estas são algumas amostras, mas não são nem de longe as únicas. Conferindo: a Petrobras teve valorização de 90% nos sete anos considerados – muito abaixo das *small caps* apresentadas. A Ambev, símbolo de empresa bem gerida, líder absoluta

254

TAMANHO NÃO É DOCUMENTO? SMALL IS BEAUTIFUL

de mercado, controlada por excepcional grupo de empresários e investidores, rendeu 14,2% em sete anos – e se trata de ação obrigatória em todos os índices e gestores de *large caps*. Ultrapar, cujo nome já enaltece a empresa, considerada uma das de melhor gestão, com negócios de baixíssimos riscos, rendeu negativamente 0,2%, ou zero.

Pois bem: um gestor ou fundo avesso a *small caps* estaria renunciando a estas empresas hoje, e se alguém fizer, daqui a sete anos, o mesmo levantamento que fizemos, a situação se repetirá. Várias *small caps* de hoje terão uma valorização muito maior do que as *large caps* ou *blue chips* atuais. E estaria cheio de Ambev, Ultrapar, Petrobras e BR Foods. Façam a sua escolha.

Um fator bastante importante é o tamanho das gestoras e dos fundos. Basta verificar o desempenho das grandes gestoras para observar que seus fundos não estão entre os de melhor desempenho – o mesmo valendo para os fundos. Quanto maior o tamanho, maior a dificuldade em mudar de posição, com elevado custo de transição, pois a venda ou compra de grandes volumes acabam impactando os preços das ações. Ou seja: quanto menor a liquidez das ações, maior o impacto provocado por grandes operações de compra e venda. Eis porque grandes gestoras e fundos evitam *small caps*. Mas fica mais "lógico" citar o mito do risco.

Podemos também observar fundos que, ao longo de sua história, acumulam excelente desempenho, mas o alfa anual gerado vai se estreitando à medida que o fundo cresce. Na avaliação da performance, isso acaba por passar despercebido, e os gestores ou fundos que geraram tal desempenho, especialmente nas fases iniciais (quando os fundos eram bem menores e as estratégias bastante diferentes, e até os gestores e equipes de investimento) acumularam uma reputação tal que, mesmo sem desempenho superior em anos mais recentes, continuam a receber o crédito pelo desempenho positivo de anos antes. Lembremos: desempenhos diferenciados no passado não beneficiam os novos investidores em tempos atuais nem, por falar nisso, os antigos que mantêm seus investimentos pela satisfação histórica – estes seguem aquele famoso ditado: em time que está ganhando não se mexe.

A TRIGONOMETRIA DOS INVESTIMENTOS

A Trígono, desde o início, adota a estratégia de não crescer a qualquer preço e estabelecer capacidade (ou seja: limitar o tamanho dos fundos de acordo com o prazo de resgate). Desta forma, como o Fundo Trígono Flagship Small Caps cresceu rapidamente entre o final de 2019 e o início de 2020, devido ao seu excepcional desempenho (que foi o que motivou grande parte de investidores a entrar e de consultorias e assessores a recomendarem), decidimos fechar o fundo para captação no FIC (Fundo de Investimentos em Cotas) com prazo de resgate de 30 dias e abrir outro, com prazo de 60 dias. O teto de tamanho do patrimônio do fundo estabelecido para 30 dias era de R$ 250 milhões, na nossa avaliação. A pandemia e a crise (e os resgates), no entanto, fizeram com que o fundo mal chegasse aos R$ 200 milhões.

Para investidores não familiarizados com essa estrutura, o FIA (Fundo de Investimento em Ações) abriga as ações numa única carteira. Já o FIC investe nos FIAs. Assim, estes, de 30 ou 60 dias para resgate, investem no mesmo FIA que abriga as ações. Ambos os FICs, portanto, investem na mesma carteira (a diferença fica apenas nos prazos de resgate). À medida que o FIA aumenta seu patrimônio, a gestora, de forma discricionária, pode fechar o FIC para resgate, abrindo ou não um novo com prazo de resgate mais longo. Quando houve o fechamento do FIC D+30 e foi aberto o FIC D+60, os sócios haviam resgatado metade de seus investimentos 30 dias antes do fechamento; com os recursos do resgate, realizaram os investimentos iniciais no novo fundo de 60 dias. Ou seja: patrocinamos o novo fundo, sacrificando nossa liquidez pessoal em benefício dos novos investidores no FIC D+60.

Mas voltemos ao título desta resenha. *Tamanho não é documento*. Há inúmeros exemplos na História, o mais famoso talvez aquele contado pelo profeta Samuel sobre o pequeno Davi, que desprovido de armadura ou espada derrotou o gigante Golias. Com uma atiradeira, Davi lançou a pedra que acertou a testa de Golias e este, uma vez derrubado, foi por ele decapitado (e, para fazer isso, Davi usou a própria espada do inimigo). Observamos em nosso mercado gigantes serem superados por pequenos. *Small is beautiful*: o que isso tem a ver com o Davi bíblico?

TAMANHO NÃO É DOCUMENTO? SMALL IS BEAUTIFUL

Muitos de nossos leitores talvez tenham ouvido tal expressão – mas, como já discutimos no caso do "entre mortos e feridos...", a origem e o significado podem não ser familiares.

Como nossos leitores já bem conhecem, esclareceremos isso com um pouco de História. Para aqueles menos inclinados às nossas digressões históricas (ou para aqueles que simplesmente não têm tempo neste exato momento), nossas considerações técnicas estão já na próxima parte. Mas acredito (embora, claro, seja suspeito para falar) que a continuação desta leitura será proveitosa e agradável.

A expressão *Small is Beautiful* dá título ao livro de Ernst Friedrich Schumacher (1911 - 1977) publicado em 1973. Seu subtítulo: *A Study of Economics as if People Mattered*.

No Brasil foi publicado com o título *O negócio é ser pequeno* (sem o subtítulo) em 1979 pela editora Zahar, e a tradução para o português baseou-se na 6ª edição do original, de 1976. O que vamos dizer a seguir tem muita relação com a ESG – mas trata de eventos de pelo menos 70 anos atrás, muito antes de a sigla ser criada, e pasteurizada.

Schumacher nasceu em Bonn, em 1911, filho de um professor de política econômica. Estudou inicialmente em Bonn e Berlim e, após receber a prestigiosa bolsa Rhodes (Rhodes Scholarship), em 1930 iniciou a pós-graduação na Universidade de Oxford (Reino Unido) e continuou a estudar na Universidade de Columbia (Nova York, EUA). Nesses lugares, ombreou com alguns dos mais destacados intelectuais, estudiosos e políticos de sua época.

O cunhado de Schumacher foi Werner Heisenberg, que ganhou o prêmio Nobel de Física de 1932 por seus estudos de mecânica quântica – que levaram à descoberta das formas alotrópicas do hidrogênio[1]. Por ocasião da 2ª Guerra Mundial (1939 - 1945), Hitler se interessou pela bomba atômica. Heisenberg, que nunca se filiou ao Partido Nazista e era contra o crescente antissemitismo, pensou em abandonar

---

1. A alotropia (do grego ἄλλος, que significa "outro, diferente") é o fenômeno em que um elemento químico pode gerar duas substâncias simples e diferentes, como carbono e oxigênio.

A TRIGONOMETRIA DOS INVESTIMENTOS

a Alemanha com a chegada dos nazistas ao poder, em 1933, mas seu amigo Max Planck – também ganhador do Nobel de Física (1918) – o convenceu a ficar, de forma a preservar a cultura alemã e sua excelência acadêmica (ambas fortemente golpeadas com a expulsão de intelectuais e cientistas judeus). Em 1957, Heinsenberg participou do desenvolvimento do primeiro reator nuclear alemão e foi diretor do Instituto Kaiser Wilhelm para Física, posteriormente renomeado Instituto Max Planck.

(Que nos perdoe o prezado leitor por nos alongarmos nos fatos históricos, mas Heisenberg tornou-se presidente da Fundação Alexander von Humboldt, nome da escola em que estudei e que já figurou em uma de nossas resenhas. Não pude deixar de aproveitar essas conexões para homenagear minha querida escola).

> **"Especialista é alguém que sabe quais os piores erros que podem ser cometidos na área e os evita."**
>
> – *Werner Heisenberg*

Voltando ao tema: Schumacher retornou com sua família à Inglaterra, em 1937, fugindo da Alemanha hitlerista. Iniciada a 2ª Guerra, Schumacher perdeu o emprego e, por ser alemão, foi preso por três meses. Libertado, viveu os quatro anos seguintes como trabalhador rural – e sem eletricidade, água corrente ou gás. Mas continuou a escrever artigos acadêmicos para complementar sua magra renda.

Um de tais artigos (*Multilateral Clearing*), publicado em 1943, chamou mesmo atenção de John Maynard Keynes (ele e Schumacher já se haviam encontrado em 1929), de quem falamos em resenhas recentes. O artigo *Multilateral Clearing* trata do sistema de liquidação de operações financeiras envolvendo bancos, agentes, países e bolsas de valores, peças fundamentais no funcionamento da economia do sistema financeiro mundial.

Terminada a guerra, Schumacher teve papel importante como assessor econômico na reconstrução da Alemanha. Entre 1950 e 1970, foi economista-chefe do National Coal Board (Junta Nacional do Carvão) do Reino Unido – uma das maiores organizações na época, que chegou a contar com 800 mil funcionários –, criado com a estatização do setor carvoeiro pelo governo britânico em 1946. Sendo então o aquecimento global um fenômeno desconhecido, Schumacher defendia o uso de carvão como principal fonte de energia do mundo e condenava o petróleo – que, segundo ele, atingiria preços exorbitantes e estava localizado em regiões instáveis e sujeitas a conflitos políticos. Schumacher também previu o surgimento da OPEP e problemas relacionados à energia nuclear. Realmente um visionário.

> *"Qualquer tolo inteligente pode fazer coisas MAIORES, mais complexas e mais violentas. É preciso um toque de genialidade – e muita coragem – para se mover na direção oposta."*
>
> *– E F Schumacher*

PENSANDO FORA DA CAIXA

Em 1955, Schumacher foi a Burma (atual Myanmar) como consultor econômico, onde desenvolveu os princípios da **Economia Budista**.

O nome é exótico, e o conceito também: este seria o estudo da economia com abordagem filosófica e espiritual inspirada na doutrina budista. Era um trabalho, chamaríamos hoje, de "fora da caixa". Mas basta olhar um pouco mais para "dentro da caixa" para ver que ele não é assim tão exótico – na verdade, vai parecendo cada vez mais sensato.

Seu princípio fundamental é a relação entre indivíduo, sociedade e natureza. Schumacher examinou a ansiedade coletiva para satisfazer o desejo de consumo, os conflitos que decorrem da necessidade de produzir para satisfazer o consumo e o esgotamento dos recursos naturais.

A TRIGONOMETRIA DOS INVESTIMENTOS

Na última década, a professora de economia Clair Brown, da Universidade da Califórnia-Berkeley (EUA), desenvolveu um modelo de avaliação econômica baseado nos conceitos de Economia Budista e no trabalho do indiano Amartya Sen (prêmio Nobel de Economia em 1998). Para Brown, uma economia com boa performance não é apenas aquela que cresce em termos materiais, mas a que é sustentável em termos ambientais e que garante qualidade de vida à população.

"O desenvolvimento humano, como uma abordagem, lida com aquilo que eu considero ser a ideia básica do desenvolvimento: especificamente, o aumento da riqueza da vida humana em vez da riqueza da economia em que os seres humanos vivem, apenas uma parte da própria vida."

– Amartya Sen

Leia a seguir um breve trecho da entrevista de Brown quando do lançamento de seu livro:

QUE MAIS NOS PODERIA DIZER SOBRE ECONOMIA E BEM-ESTAR?

A relação entre o indivíduo e a estrutura macroeconômica é muito importante. O que digo no Buddhist Economics é que cada um deve fazer o melhor que puder: viver de forma consciente, cuidar das pessoas, deixar uma baixa pegada de carbono, e por aí afora [...]. Mas a outra coisa que é absolutamente indispensável é cada um erguer-se todos os dias e sempre que vir uma injustiça a ser praticada – como acontece hoje nas questões da imigração e do recuo dos Estados Unidos dos Acordos de Paris –, há que vir para a rua e protestar. É imperativo parar as injustiças contra as pessoas, assim como é imperativo parar os ataques ao nosso planeta. Não podemos simplesmente ficar sentados em casa, satisfeitos em como a vida nos corre bem, porque vivemos num mundo muito mais abrangente. E neste momento temos absolutamente de sair para a rua e obrigar os nossos governantes a políticas que protejam as pessoas e o planeta.

TAMANHO NÃO É DOCUMENTO? SMALL IS BEAUTIFUL

O livro *Small is Beautiful* reúne artigos e conferências proferidas por Schumacher entre 1964 e 1977. O autor, embora defendesse o uso do carvão, aborda muitos dos dilemas e problemas da atualidade, especialmente dos países em desenvolvimento que se defrontam com o suposto antagonismo entre crescer e respeitar o ambiente. Eis alguns de seus pensamentos:

- Defesa da ecologia e combate à poluição sob todas as formas e preservação dos recursos naturais;

- Desenvolvimento regional, em vez de urbanização com a criação de grandes metrópoles e proliferação de favelas em seu entorno;

- Alternativas energéticas, esgotamento de combustíveis fósseis, ameaças da energia nuclear e do lixo atômico;

- Criação de pequenas e médias empresas, revertendo a tendência de desumanização do trabalhador (característica das grandes empresas, nosso comentário nos parênteses);

- Transferência de tecnologia adequada aos países em desenvolvimento, uso de tecnologia intermediária, em oposição à sofisticada, mais apropriada para países menos desenvolvidos.

Schumacher não acreditava em modelos matemáticos e simulações computacionais para previsões econômicas. Como os recursos são finitos, o crescimento excessivo terá custos ambientais. Ser pequeno, observa o autor no epílogo do livro, é praticar quatro virtudes essenciais:

- Prudência;

- Justiça;

- Fortitude (força, energia);

- Temperança (autocontrole, moderação).

Com elas, defendia, o homem poderá construir um sistema de produção que não violente a natureza e não mutile o ser humano.

Caros leitores, como gestores de fundos focados em *small caps*, estamos alinhados com muitos dos pensamentos elencados nesta resenha. Acreditamos que empresas menores podem ser mais bem geridas, mais eficientes, com menos impactos ambientais; podem ter uma relação mais humanista com seus empregados e suas famílias; e podem adequar-se mais facilmente aos quesitos de ESG. Chegamos a sacrificar a performance de nossos fundos ao evitarmos empresas que, apesar de lucros excelentes e de estarem supostamente muito descontadas, não seguem critérios de sustentabilidade. Não precisamos citar os casos.

O que muitos investidores parecem ignorar é o fato de que, apesar de parecerem baratas, isso não acontece em razão de o mercado ser tolo. É o exato oposto: investidores "antenados", preocupados com o ambiente e com os impactos de suas empresas na sociedade são os que se afastam cada vez mais dessas empresas – especialmente das grandes corporações orientadas por "lucros a qualquer preço, inclusive o sacrifício ambiental". O barato hoje poderá estar ainda mais barato amanhã, e o suposto preço justo ou múltiplo histórico ficará cada vez mais distante. E como diz o dito popular: "O barato sai caro".

– *Werner Roger (Janeiro/2020)*

19 ISTVÁN KOVÁCS

István Kovács nascera de família humilde em Szeged, na Hungria. Primogênito de quatro irmãos, não queria seguir os passos do pai alfaiate. Ansiava mesmo era ser médico, oftalmologista. Via-se como aluno da prestigiosa Universidade de Debrecen, seguindo os passos do dr. Endre Hõgyes, famoso pela descoberta do reflexo vestíbulo-ocular[1]. Passara a virada para 1914 debruçado sobre livros, preparando-se para as provas de admissão logo no início do ano. Seu esforço foi recompensado: admitido, as aulas começariam em agosto. Comemorou, sentiu-se leve e grato. Mal podia esperar.

Veio o verão, e a manchete dos principais jornais naquele final de junho foi o assassinato do arquiduque Franz Ferdinand, herdeiro do trono austro-húngaro. Tensão máxima – e um mês depois a Grande Guerra (a primeira do tipo, em escala mundial) foi declarada contra a Sérvia[2].

---

1. O reflexo óculo-cefálico (RCO) é um movimento ocular de reflexo que estabiliza as imagens na retina durante o movimento da cabeça ao produzir um movimento ocular na direção oposta ao movimento da cabeça, desta maneira preservando a imagem no centro do campo visual. Por exemplo, quando a cabeça se move para a direita, os olhos se movem para a esquerda, e vice-versa.

2. Franz Ferdinand foi assassinado em Sarajevo, Sérvia.

A TRIGONOMETRIA DOS INVESTIMENTOS

István, então com 17 anos, foi convocado – ele e outros milhões de jovens, que deixaram seus sonhos para juntar-se nas trincheiras dos combates terrestres. Foi, mas sem perder o otimismo. Anos mais tarde, já combalido, contraiu influenza e somou-se às estatísticas da Gripe Espanhola. Quase sucumbiu ao H1N1.

Teve alta aos 21 anos. Sem emprego, sem grandes perspectivas, precisava trabalhar, ajudar em casa, todos haviam sofrido muito com os anos de guerra. Mas a situação econômica do novo Estado húngaro, definido pelo Tratado de Trianon, e a instabilidade política induziram ao início de um período altamente inflacionário. Corrida aos bancos, impostos excessivos, drástica diminuição nos depósitos, rombo fiscal e, por consequência, alta na base monetária em circulação levaram, em 1923, a inflação a 98% ao mês.

István, no entanto, jamais perdeu o otimismo. Havia conseguido emprego como ajudante de cozinha e seu salário – pago semanalmente devido à inflação galopante – alimentava toda a família. Sentia-se um privilegiado diante de tantos sem renda, sem atividade. Casou-se tarde, em 1928, com Anya, descendente de judeus russos, que também havia abdicado compulsoriamente de seus sonhos. Tiveram três filhos e, em 1939, o primogênito foi convocado para defender seu país. Morreu no ano seguinte na Batalha de Stalingrado.

Este já era um episódio de outra Grande Guerra (a segunda, e, até o momento, a última de escala mundial), que devastaria a Europa de novo, pouco mais de 20 anos após a anterior. Em 1944, a Alemanha nazista invadiu sua cidade e começaram as deportações em massa para os campos de concentração na Polônia. Quase meio milhão de judeus húngaros foram enviados em apenas dois meses!

Por pura sorte, conseguiu escapar com sua esposa e dois filhos na calada da noite. Viveu dois anos escondido em Timisoara, na Romênia, após percorrer 150 km em charretes improvisadas que lhe custaram tudo o que tinha. Abandonara seus pais, que nunca mais viu e de cujo paradeiro nunca teve notícia. A guerra terminou e, em 1946, ele voltou à Hungria – então um país devastado, mergulhado no caos monetário.

Economia em hiperinflação, com preços dobrando a cada 15,6 horas, chegava a $1,3 \times 10^{16}$ por mês! Nada florescia neste cenário. István viu-se novamente sem rumo, mas sempre com esperança de dias melhores.

Em 18 de agosto de 1946, 400.000.000.000.000.000.000.000.000.000 (ou 4×10^{29}) pengő viraram 1 forint[3].

Estava então com quase 50 anos, cansado e sofrido. Anya, sem ter superado a perda do filho, estava deprimida e exausta. Não conheciam a vida sem guerra, sem sofrimento. Com a completa estatização da Hungria – de toda a atividade econômica inclusive –, o que lhes restava em 1950? Viram-se sem alternativa e foram para a Argentina terminar seus dias, ele como faxineiro de um hospital, ela como cuidadora num lar de órfãos. Anos de cargas emocionais encurtaram suas vidas. Morreram logo após o golpe militar de 1966, na chamada Revolución Argentina.

Na época das grandes guerras não havia internet, redes sociais, Netflix ou outros paliativos do tipo para amenizar o tédio do confinamento. Mesmo assim, vejo muita gente reclamando da vida nos tempos atuais; fazem uso (e abuso) do clichê do copo meio cheio, meio vazio. Mas nosso personagem húngaro, apesar das adversidades, sempre encarou a vida de forma otimista. A sorte quase nunca esteve ao seu lado – mas o que dele dependeu foi feito, para apaziguar os ânimos em tempos difíceis.

Eu, por natureza, sou um otimista. Não ignoro os fatos e adversidades diárias, mas esse olhar positivo me dá força para vencer as barreiras. Miro lá na frente, nos meus objetivos de longo prazo, pois há sempre a lama do curto prazo a embaçar nossa visão.

---

3. Quando o pengő foi substituído, o total em circulação de toda a moeda húngara era equivalente a 1/1.000 de 1 centavo americano! Muito triste o relato acima, e tudo para provar que a grande maioria de nós nunca viveu uma guerra, um confinamento, um medo de sair às ruas, fome, doença etc. Para nós, privilegiados que nascemos em épocas de paz num país livre, o mais perto (mesmo que muito longe) que vivemos de algo levemente parecido foi e está sendo esta quarentena do coronavírus, que nos cerceia de todas as maneiras.

A TRIGONOMETRIA DOS INVESTIMENTOS

Aqui na Trígono, apesar das adversidades da pandemia, superamos a marca dos R$ 300 milhões sob gestão. Abrimos um fundo de previdência com 100% de bolsa e um dos únicos de mercado com viés para *small caps* – o Trígono PREV 100, junto com a seguradora do Icatu. Performamos, com consistência, entre os melhores em cada uma das nossas estratégias, distribuídas em aproximadamente 12 mil cotistas que se engajam conosco nos mais diversos canais. Além do vasto conteúdo escrito, inauguramos nosso canal no YouTube, e nele semanalmente falamos com nossas empresas, abordamos, com a jornalista Rosana Jatobá, questões ambientais de ESG, discutimos metodologias e aprofundamos nossas teses de investimento. Tudo com transparência e, principalmente, o intuito de educar e disseminar boas ideias.

Claro, o coronavírus desfalca um pouco nosso dia a dia – a equipe se reveza no escritório, mantendo as boas práticas do distanciamento social imposto pela atual realidade. Mas seguimos otimistas, na certeza de que este capítulo passará e de que temos hoje, sim, excelente oportunidade de introspecção e silenciamento, para que abramos novos canais para um mundo melhor e mais altruísta, pois a pandemia pegou todo mundo e o sofrimento coletivo nos une.

O mundo não está fácil em 2020. Março foi um dos meses mais sangrentos que eu já vivi em 30 anos de mercado. Agora, a bolsa anda de lado, estacionada ao redor dos 100 mil pontos. O vírus ainda assusta, as eleições americanas em novembro podem gerar mais volatilidade – enfim, nada está claro ainda. Entretanto, meu lado otimista mira no longo prazo, aquele para o qual apontamos sempre que nos perguntam por qual período queremos ser avaliados. São os famosos três anos (Trígono!) para diluir qualquer evento externo de tensão e para que o mercado possa, de alguma forma, precificar os fundamentos nos ativos em que investimos. Vejam ao lado a rentabilidade real (ajustada pela inflação) do IBOVESPA desde o Plano Real, em fevereiro de 1994, nas janelas de três anos:

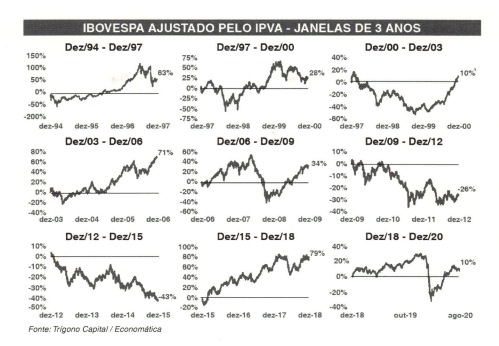

Fonte: Trígono Capital / Economática

Dentre nove períodos trianuais, sete foram de IBOV positivo. Os anos de 2010 a 2015 foram muito ruins: período do governo Dilma, com altas taxas de juros, pouco crescimento e inconsequência fiscal. Não por acaso causaram a perda do grau de investimento atribuído pelas principais agências de *rating*. Foram anos difíceis de letargia crônica. Culminaram no *impeachment* da presidente, como todos já sabemos.

Tudo isso para dizer que bolsa sempre foi de longo prazo – e no longo prazo ela quase sempre tem ganho real. Também por isso somos otimistas: assim como a história nos mostra que a crise atual, sob a perspectiva de outros momentos em que a humanidade ficou exposta a adversidades, não é tão grave assim, o mesmo passado indica que os mercados sempre sobem. Basta alargar o horizonte.

Sejamos otimistas com o que temos e podemos usufruir. Não controlamos tudo – e quando entendemos nossa limitação e nossa capacidade de progresso, principalmente nos períodos mais críticos, ficamos em paz. Essa paz nos traz otimismo e a segurança de dias melhores.

– *Frederico Mesnik (Setembro/2020)*

20 O FUTEBOL É UMA CAIXINHA DE SURPRESAS

Como se diz no jargão popular, "o futebol é uma caixinha de surpresas". A frase nos faz lembrar da derrota do Brasil para o Uruguai por 2 x 1 na Copa do Mundo de 1950, deixando 200 mil brasileiros atônitos, e da mais recente (e ainda mais acachapante) para a Alemanha, por 7 x 1, na Copa de 2014 – quando a surpresa não foi a derrota, mas o placar. Neste dia, em Munique, verificamos *in loco* a discreta comemoração germânica (que se repetiu depois, quando venceram nossos *hermanos* argentinos e ficaram com o título mundial).

Mas, para mim, a maior surpresa e a derrota mais sofrida – que me serviu de grande lição – foi aquela que ficou conhecida como Tragédia do Sarriá: a derrota por 3 x 2 para a Itália em 1982 (para piorar, o empate ainda favorecia o Brasil...), colocando fim ao sonho da conquista do tetracampeonato. O time, então comandado pelo excelente e saudoso Telê Santana, chegou a ser comparado à melhor seleção que vi jogar – a do tri do México, em 1970. Mas o que tinha esse time de tão especial? Ele simplesmente reuniu três magos (como os da resenha do mês passado): Falcão, o também saudoso Sócrates e Zico. Mas (e me desculpem a palavra) o *maledeto* Paolo Rossi acabou com nosso *dream team*.

O FUTEBOL É UMA CAIXINHA DE SURPRESAS

Il Bambino d'Oro, como era chamado, teve reduzida de três anos para dois sua pena de banimento do futebol por participar de fraude na *totobola* (loteria esportiva italiana), justamente para participar do mundial (foi o nosso "azar"). Após passar em branco nas quatro partidas anteriores, Rossi marcou três vezes, e a desacreditada Azurra despachava para casa o Brasil, favorito absoluto, que encantou os fãs do futebol. A Itália sagrou-se campeã mundial e nem tomou conhecimento, na final, da favorita Alemanha, sua maior rival, aplicando-lhe sonoros 3 x 0. Nosso carrasco Rossi tornou-se artilheiro da copa, com seis gols anotados (metade deles aplicados à seleção canarinho numa só partida).

Mas, por que, depois de escrever sobre história e até religião na resenha anterior, este gestor nos vem lembrar desta (triste) história futebolística? Ela e sua relação com a "caixinha de surpresas" se aplicam ao mercado acionário neste momento. Reforça nossa tese contrária à prática de *market timing* e, também, a estrita observância à disciplina, ainda mais necessária nos momentos de incerteza.

Confusão total. Cauteloso e preocupado, o mercado temia o conteúdo da reunião ministerial, bala de prata do ex-ministro Sérgio Moro no peito do presidente desafeto. Ao contrário, o que conseguiu foi meter-lhe no peito uma medalha e obter um palanque eleitoral digital que jamais teve. Antes da divulgação do vídeo, o fluxo de recursos de investidores estrangeiros já havia começado a voltar ao nosso mercado (embora ainda estivesse bastante negativo no mês). Uma importante corretora ligada a um grande banco de investimentos americano indicou o Brasil como atraente opção, quando tudo parecia (parece?) piorar. Outros bancos e consultorias seguem a mesma direção, contrariando mídias internacionais como o *Financial Times*, que criticam o presidente Bolsonaro e o Brasil. Para o mercado financeiro, o que está em jogo é dinheiro, e não crenças ideológicas e preferências políticas.

A pandemia não dá trégua ao Brasil, e mesmo assim o *lockdown* vai ficando para trás. Diante de tantas surpresas (como no futebol) e com a combinação de tantas coincidências (a Itália quase foi eliminada pela seleção de Camarões na primeira fase), um jogador afastado há dois anos do futebol e de participação pífia nos quatro jogos anteriores detona nossa maravilhosa seleção.

A TRIGONOMETRIA DOS INVESTIMENTOS

Isso tudo para dizer que temos de ser pragmáticos em nossa estratégia, deixando de mudar de rumo a cada nova "quase certeza". Como lembrou Benjamin Franklin a seu amigo Jean-Baptiste Le Roy por carta, em 1789, certos nesta vida só podem ser considerados a morte e os impostos (Franklin, aliás, já foi lembrado aqui pelo seu *Almanack* em resenha anterior). Temos de evitar seguir a manada, que aposta sempre no "favorito", como aconteceu com nosso querido Brasil, em 1950, e no fatídico 5 de julho de 1982 (eu, recém-saído de lua de mel, lembro-me bem do gosto amargo que aquele dia deixou na boca).

A lição daquela partida foi que o pragmatismo superou a arte, e que a estratégia defensiva superou o ataque. Algo parecido com isso é o que praticamos no momento: pragmatismo com cautela. O comportamento do câmbio uma vez mais surpreende, e ninguém consegue prever como estará em uma semana ou em um mês (e menos ainda daqui a um ano).

Para reforçar o atual estado da conjuntura, cito uma vez mais o excelente livro *O Andar do Bêbado*, escrito por Leonard Mlodinow, físico, matemático, roteirista da série *Star Trek* e escritor (ele é coautor do *best-seller Uma Nova História do Tempo*, com Stephen Hawking, e de *Ciência e Espiritualidade*, com Deepak Chopra). O livro fala de como nossas vidas e nossos investimentos são submetidos a eventos aleatórios e imprevisíveis, como o recente assassinato de George Floyd e a repercussão dele não só nos EUA, mas no mundo. A lição do futebol e a lógica do bêbado nos ensinam que o inesperado está sempre presente.

O presidente Trump é também uma "caixinha de surpresas", mas com grande poder de ditar o rumo do mercado, ainda que caminhando como bêbado: com reações intempestivas impossíveis de prever. O mercado aguardava no último dia de maio um pronunciamento a respeito da China e de sua imposição de novas sanções ao território semiautônomo de Hong Kong. Muitas ordens de venda estavam prestes a ser disparadas, mas Trump anunciou a saída dos EUA da OMC; sobre Hong Kong, apenas medidas de menor impacto, retirando algumas vantagens comerciais (prejudicando empresas americanas com importantes relações comerciais por lá). A China, por enquanto, fez apenas críticas por interferência em assuntos internos e soberanos e

O FUTEBOL É UMA CAIXINHA DE SURPRESAS

recomendou que estatais deixem de importar grãos dos EUA, causando igual surpresa.

Para finalizar este livro, uma pequena coincidência. Leonard Mlodinow venceu o Prêmio de Pesquisa Humboldt, concedido pela Fundação Alexander von Humboldt (1769 - 1859) a cientistas e estudiosos. A coincidência é que minha formação escolar se deu no colégio nomeado em homenagem a Humboldt, um dos maiores cientistas alemães e mundiais: ele foi etnógrafo, antropólogo, físico, geógrafo, geólogo, mineralogista, botânico, vulcanólogo e humanista. Com perfil investigativo semelhante ao de Benjamin Franklin, sua obra-prima foi *Kosmos*, publicada em cinco volumes de 1845 a 1862. O último deles, póstumo, condensava o conhecimento científico de sua época e sugeria que as leis universais também se aplicam ao aparente caos do mundo terrestre. A meu ver, aplicam-se igualmente ao nosso universo de investimentos: imprevisível, desafiador – autêntica "caixinha de surpresas".

– *Werner Roger (Maio/2020)*

PARA MAIS INFORMAÇÕES:

trigonocapital.com

editoraonline.com.br